# Des profils
# et des hommes

Illustration de couverture : Tydde



ISBN 10 : 2-915647-20-8
ISBN 13 : 978-2-915647-20-4

# Des profils et des hommes

Béatrice Meslé
et Daniel Fromentin

**LES ÉDITIONS DEMOS**
20, rue de l'Arcade
75008 Paris
www.editionsdemos.fr

# SOMMAIRE


Prologue 7

**Tranches de vie chez LMI** 9

Fiche 1
**Ça va sans dire mais…** 43

Fiche 2
**Qu'est-ce que l'analyse transactionnelle ?** 45

Fiche 3
**Les états du moi** 47

Fiche 4
**L'état E (Enfant)** 49

Fiche 5
**Les sous-états E** 51

Fiche 6
**L'état P (Parent)** 55

Fiche 7
**Les sous-états P** 57

Fiche 8
**Comment éviter de se comporter trop souvent en P Sauveur ?** 61

Fiche 9
**Préliminaire à l'état A (Adulte)** 63

Fiche 10
**L'état A** 65

Fiche 11
**Développer son état A sans se fatiguer** 69

Fiche 12
**Autotest : votre PAE** 70

Fiche 13
**Et moi, et moi, et moi… ou le PAE à usage interne** 80

Fiche 14
**Dysfonctionnement du PAE** 82

Fiche 15
**Les transactions** 86

Fiche 16
**Transactions simples parallèles** 90

Fiche 17
**Transactions simples croisées** 96

Fiche 18
**Transactions doubles ou transactions cachées, ou comment dire sans dire tout en disant** 100

Fiche 19
**Les signes de reconnaissances, ou strokes** 107

Fiche 20
**Comment gérez-vous la circulation des strokes ?** 114

Fiche 21
**Test sur les positions de vie** 117

Fiche 22
**Les positions de vie** 120

Fiche 23
**Les « jeux », ou l'art et la manière de tourner en rond** 126

Fiche 24
**Qu'est-ce que le PCM ?** 136

Fiche 25
**Qu'est-ce qu'un type de personnalité ?** 138

Fiche 26
**Type de personnalité empathique** 140

Fiche 27
**Type de personnalité travaillomane** 141

Fiche 28
**Type de personnalité persévérant** 142

Fiche 29
**Type de personnalité rêveur** 143

Fiche 30
**Type de personnalité rebelle** 144

Fiche 31
**Type de personnalité promoteur** 145

Fiche 32
**Les styles de management vus par le PCM** 146

Fiche 33
**Types de personnalité et styles de management vus par le PCM** 148

Fiche 34
**Canaux de communication vus par le PCM** 149

Fiche 35
**Masques, types de personnalité et mécanismes d'échec vus en PCM** 152

Fiche 36
**PCM et inventaire de personnalité** 153

Fiche 37
**Les émotions (dans le cadre de la santé émotionnelle au travail)** 154

Fiche 38
**Quelques éléments relatifs à la notion de flow** 157

Fiche 39
**Le flow et son influence sur les compétences non techniques** 159

Fiche 40
**Qu'est-ce que la PNL ?** 161

Fiche 41
**Les présupposés de la PNL** 163

Fiche 42
**Les filtres** 167

Fiche 43
**Les trois secteurs de l'expérience** 169

Fiche 44
**La synchronisation non verbale** 173

Fiche 45
**Autotest de perception sensorielle** 175

Fiche 46
**Résultats du test** 178

Fiche 47
**Le système sensoriel** 180

Fiche 48
**Repérage du système sensoriel chez l'interlocuteur** 182

Fiche 49
**Application du VAK** 186

Fiche 50
**Les croyances** 190

Fiche 51
**Des exemples de fonctionnements mentaux** 197

Fiche 52
**Comment lever certaines imprécisions du langage ?** 214

**Conclusion** 221

**Bibliographie** 223

# PROLOGUE

Dans cet ouvrage, nous avons voulu mettre à la disposition de nos lecteurs des outils connus issus de différentes approches : l'analyse transactionnelle (AT), la programmation neurolinguistique (PNL), le Process Communication Management (PCM) et le Flow (lui-même issu de l'approche de la santé émotionnelle).

Il ne s'agissait pas, pour nous, en effectuant ce travail, de répondre à une quelconque impulsion « encyclopédiste », mais de regrouper de la façon la plus simple possible des éléments présentés de façon spécifique et « cloisonnée ».

Il va de soi, en effet, pour nous, que ces différentes approches se complètent et permettent, par des éclairages convergents, de répondre à de nombreuses questions en ce qui concerne les relations entre les humains, notamment dans des situations de management.

Nous avons voulu apporter des réponses concrètes à des questions relevant de situations « classiques ». Nous avons choisi de mettre en évidence ces différentes situations dans de petites histoires de management (des saynètes, comme on disait « autrefois »).

Toutes ces situations (pour lesquelles nous rappelons que toute ressemblance avec une quelconque réalité serait purement et totalement fortuite) sont le fruit de notre expérience et relèvent bien sûr strictement de la vie et du travail quotidien dans nombre d'entreprises.

Chaque saynète est complétée par un décodage de la situation décrite permettant de montrer la manière de l'analyser à l'aide des différents outils (ces outils étant proposés en un ensemble de fiches techniques). Des analyses complémentaires et des situations analogues sont proposées afin d'élargir le champ de réflexion.

L'entreprise décrite dans cet ouvrage est une grande société qui fabrique des produits de luxe destinés à un public « haut de gamme ». Ce pourrait être une des grandes entreprises mondiales du luxe. Elle s'appelle LMI : le Luxe Maintenant et Ici...
Du fait de son créneau, elle est française (le luxe, voyons...).

Elle possède les activités suivantes.

- Division des produits d'aide ou développement de la personne et de ses potentialités. C'est la division ADEP.
  Elle fabrique un produit non encore recensé sur le marché : une montre/Palm. Elle est donc une entité de très haute technologie du groupe avec un très fort savoir-faire et une grande capacité de R&D. La production est au cœur de la préoccupation des managers et la qualité en est le moteur. On ne badine pas avec la qualité dans le *luxe « High-Tech »*. On remarquera que le nom de la division montre que produit et concept sont associés.
- Division des produits pour le bien-être de la personne et l'ambiance de vie. C'est la division BEA.
  Cette division produit des « foulards » en soie intégrant un écran tactile permettant d'assurer une communication à distance.

Ces deux divisions de production sont reliées à un siège qui comporte l'essentiel des services-supports du groupe.

Il ne vous reste plus qu'à pousser la porte et à commencer votre voyage chez LMI pour y suivre le déroulement d'une vie quotidienne bien rythmée…

Les auteurs

# Tranches de vie chez LMI

**Au service commercial et plus particulièrement à l'administration des ventes (c'est, entre autres, là que l'on gère les réclamations)**

*Un client appelle. Il vient tout juste d'acquérir une des montres high-tech et haut de gamme dont il rêvait depuis pas mal de temps. C'est une des personnes de l'ADV qui prend la communication et, après l'accueil, le client explique que ce n'est pas la première fois qu'il achète un des produits de LMI. Il rappelle que jusqu'à présent il avait subi de façon assez systématique des retards de livraison qu'il acceptait. Mais la situation lui apparaît actuellement plus grave.*

*En effet, il lui manque la prise USB qui permet d'utiliser la montre comme un PALM.*

*Or c'est précisément pour cet usage qu'il vient de faire l'acquisition de cette montre.*

*Il est donc passablement déçu, d'autant qu'à l'endroit où il l'a achetée, on lui a dit que cela ne pourra pas être corrigé avant une bonne semaine.*

*Or il part en déplacement à l'étranger et, là où il va, il n'existe pas d'enseigne de la marque.*

*De ce fait, il ne disposera d'aucun matériel de tenue d'agenda, alors que cela lui serait indispensable professionnellement.*

*Enfin, ce qui l'étonne le plus, c'est qu'au magasin de LMI (où il se trouve lors de son appel), on lui dit ne pas pouvoir s'engager sur un quelconque délai tant que le responsable ne sera pas revenu. Celui-ci revient en fin d'après-midi alors que le client doit prendre un avion dans moins de deux heures. Son ton montre clairement une certaine exaspération liée à un prix élevé et à une forte attente du fait de l'image de LMI, malgré les assurances répétées (de la part des vendeurs) quant au fait que tout cela va s'arranger bientôt.*

*Dès qu'elle en a la possibilité, la personne de l'administration des ventes lui explique que cela provient de ce qu'il y a eu interversion de deux systèmes de liaison USB, le sien et celui d'un autre appareil se trouvant dans un autre magasin à plusieurs milliers de kilomètres.*

*Cette liaison a donc été immédiatement mise en « attente de réaffectation ». Elle ajoute que cette absence de liaison ne revêt aucune gravité, puisque le stockage des informations peut se faire dans la mémoire de l'appareil qui possède une capacité considérable. Elle précise que tout est mis en œuvre pour résoudre le problème et qu'en règle générale ce genre d'incident n'a jamais dépassé deux jours avant d'être totalement réglé.*

*Visiblement impatienté, le client rappelle qu'il ne peut absolument pas attendre deux jours du fait de l'imminence de son départ et d'une durée de voyage de l'ordre de deux semaines qui ne lui permettra aucune attente.*

*Peu à l'aise, la personne de l'ADV continue à tenter de rassurer le client du mieux qu'elle peut et conclut en disant :*

*– Ne vous inquiétez pas, je fais un rapport de la situation à mon responsable, comme le prévoit la procédure, puis je vous rappelle dès que possible. Il sera là dans moins de trois heures. De toute façon, on vous fera un avoir. Nos hôtesses, dans le magasin, vont vous offrir un petit cadeau afin de vous être agréable. À très bientôt…*

**Commentaires d'une nouvelle embauchée le soir à une amie :**

Et elle a raccroché sans plus attendre, en marmonnant diverses onomatopées… Comme je n'avais pas la possibilité de rester plus longtemps, j'ai demandé quelle allait être la suite des événements et la personne de l'ADV m'a répondu que cela était classique et qu'on ne pouvait pas passer tout son temps avec les mêmes clients, d'autant qu'il y avait fort à faire pour assurer la hot line dans des conditions de forte croissance. Si je voulais en savoir plus, je n'avais qu'à attendre le retour de son chef, car je lui étais tout à fait sympathique, mais elle ne pouvait s'occuper plus longtemps de moi.

## ■ Décodage

Le client paraît s'exprimer à partir de son état du moi « Adulte » (voir fiche 3) dans son discours. Mais les divers éléments relatifs à une certaine irritation indiquent un état interne émotionnel d'énervement et d'anxiété : l'état du moi « Enfant » est présent de façon sous-jacente. Dans le cas d'un état « E » sous-jacent, c'est d'abord celui-ci dont l'interlocuteur doit s'occuper : c'est seulement lorsque l'état du moi « E » est rassuré que la personne peut utiliser son état du moi « Adulte », c'est-à-dire entendre et traiter rationnellement les informations. L'état du moi qui rassure est le « Parent Nourricier ».

Or la personne de l'ADV répond au client depuis son état du moi A (elle reformule correctement et donne des informations) et depuis son état du moi « Parent Normatif » tendance « Persécuteur ».

## ■ Résultat

L'échange est infructueux.

## ■ Propositions

- Changer la personne de l'accueil téléphonique.
- Si on la garde, lui demander de préciser quel est son rôle dans le poste occupé, vers quel objectif elle devrait tendre avec les clients et lui donner les moyens de les atteindre.
- La personne qui répond aux réclamations sera plus efficace si elle utilise des transactions adaptées à la situation.
  - Parent Donnant pour rassurer le E (quelque chose comme « je comprends la complexité de votre situation du fait de votre départ imminent. Cependant,

nous allons voir ensemble quelles solutions sont possibles rapidement ») ; reformulations pour s'assurer que l'on a compris le problème du client, et lui faire savoir que l'on a bien pris en compte son problème (quelque chose comme « l'absence de liaison USB ne vous empêche pas de traiter les différents éléments de votre agenda, même si la lecture sur l'écran de votre montre n'en est pas facile ».

En effet il semble que ce soit ce point qui inquiète davantage le client que la stricte absence de liaison USB. Par contre, il ne sait pas qu'il existe des possibilités de fonctionnement autres lui permettant de faire usage de sa montre comme d'un « palm ».

- Quand on s'est bien calé sur le besoin du client, la personne de LMI utilise des transactions Adulte pour trouver des solutions (elle peut proposer des solutions, par exemple envoyer par messagerie un logiciel de gestion d'agenda adaptable soit sur le micro soit sur le téléphone portable du client. Cela lui permettra de compenser la suppression de son agenda papier).

  On peut aussi demander au client ce que LMI pourrait faire pour minimiser les conséquences de l'absence de liaison USB.

## ■ Travail d'un groupe « bonnes pratiques » de l'ADV

**Comment faire pour améliorer les choses ?**

| **Des causes possibles de cet échange infructueux** | **Des solutions possibles** |
|---|---|
| Erreur de casting : la personne de l'accueil n'est pas compétente pour répondre aux réclamations clients. Vérifier si c'est toujours le cas ou si cette incompétence (difficulté à écouter et/ou trier les informations et/ou proposer des solutions) est liée à un contexte stressant.<br><br>La « culture » de l'entreprise ou du service fait que :<br>– les consignes sont trop restrictives (« en l'absence du chef, vous ne prenez aucune initiative », par exemple) ou les procédures ne prévoient pas tous les cas de figure et il n'y a pas toujours de réponse appropriée (mais la personne de l'accueil n'est pas, ou ne se croit pas, autorisée à imaginer des solutions possibles) ;<br>– les consignes sont trop contraignantes (« vous avez trois minutes pour traiter un appel » par exemple) ;<br>– il n'y a pas de consigne précisée (« débrouillez-vous pour satisfaire le client » et implicitement, s'il n'est pas satisfait, c'est que vous vous y êtes mal pris). | – LMI assure une formation complémentaire, sous une forme qui reste à déterminer (tutorat, formation externe...).<br>– La personne change de poste et LMI recrute quelqu'un d'autre pour la gestion de l'AVD.<br>– Permettre à la personne de gérer son stress pour que l'état émotionnel ne perturbe pas trop l'aspect cognitif.<br><br>Faire remonter l'information des difficultés liées à la culture pour obtenir une modification des consignes et connaître sa marge de manœuvre. |
| Surcharge de travail | Analyse de poste |

■ **Et si cela durait ?**

– Si la situation actuelle durait : conflit ouvert avec risque de violences verbales (et/ou physiques si face-à-face).
– S'il y a répétition de la situation : perte de clientèle.
– Risque pour le personnel : ces situations sont génératrices d'émotions négatives pour les personnels concernés. Elles sont, à strictement parler, à l'origine de « NON FLOW » (voir les fiches 38 à 40 [1]). Elles sont donc à la source de comportements « antiproductifs », voire de dépression pour les personnes concernées. Il est primordial de mettre en place des moments spécifiques permettant de « destresser » les personnes en évitant ainsi de les exposer trop longuement à ce type de situation.

**Situations relevant de la même problématique :**

– Gestion de réclamations ;
– Gestion de dysfonctionnements ;
– Toute situation potentiellement conflictuelle.

**Pour mieux comprendre**

Fiche 1
Fiches 2 à 7 (AT)
Fiches 26 à 31 (PCM)

**DANS UNE USINE DU DÉPARTEMENT ADEP**
**(PRODUITS D'AIDE AU DÉVELOPPEMENT DE LA PERSONNE ET DE SES POTENTIALITÉS)**

*Dès son arrivée (4 h 25), Patrice, le responsable de l'atelier des montres/Palm, constate un manque de personnel, d'autant plus crucial que ce produit est en pleine croissance, depuis son lancement cinq mois plus tôt.*

*Il appelle le chef d'atelier des foulards à écrans tactiles qui est sur le même site. Celui-ci n'étant pas présent à ce moment, c'est Jenny, pilote d'installations automatiques de décorations des foulards, qui répond. Elle lui dit qu'elle ne peut prendre aucune décision avant l'arrivée de son chef qui sera très probablement là vers 8 h 20. Elle explique que, pour cette raison, elle ne peut absolument pas envoyer des personnes de son équipe pour le moment (même si tout le monde n'est pas à pleine charge de travail), et elle ajoute que personne dans son équipe n'a envie d'aller dans l'atelier pour y travailler plus de deux heures, du fait des conditions de travail plutôt difficiles. Patrice remercie Jenny et dit qu'il va se « débrouiller autrement ». Et il raccroche.*

---

(1) Voir également l'ouvrage de Charles-Henri Amerdt, *La Santé émotionnelle au travail*, Éditions Demos.

*Pourtant, il sait (et Jenny le sait autant que lui…) que même en lançant à plein régime les installations qu'il a pu mettre en route avec le personnel présent, il ne pourra pas absorber la demande, alors que l'atelier foulards/écrans tactiles est en surcapacité.*

*En plus, tout cela se profilait depuis deux jours en fonction des prévisions du service planification de l'usine.*

*Chacun sait aussi dans l'entreprise qu'un fonctionnement dégradé avec manque d'effectif peut entraîner des diminutions des niveaux de qualité des produits, voire même des en-cours, sources d'erreurs ultérieures.*

*À 6 h 40 précises, Sam, l'ingénieur superviseur de production, arrive à l'usine et se dirige vers le bureau de Patrice. Patrice le met immédiatement au courant de la situation et ajoute : « C'est toujours comme cela ! »*

*Sam réagit instantanément en disant à Patrice qu'il aurait dû l'appeler tout de suite et il ajoute : « Je vais te régler ça vite fait bien fait ! »*

*Aussitôt, il prend un téléphone et se met en relation avec Jack, un vieux copain de promo, actuellement ingénieur superviseur de production. Ils trouvent rapidement un compromis : Jack se fait fort de persuader Léo, le chef d'atelier sous sa responsabilité, de « prêter » le personnel nécessaire.*

*Sam se tourne vers Patrice et dit : « Tu vois, Patrice, c'était simple, maintenant tu vas pouvoir rattraper le temps perdu ! ».*

## ■ Décodage

Dans un premier temps, Patrice réagit en Adulte : il cherche des solutions, conformément à la demande du service de planification. Jenny se positionne en Enfant Soumis par rapport à son responsable (on peut faire l'hypothèse, qui resterait à vérifier, que « son » ingénieur superviseur et/ou son chef d'atelier a (ont) un comportement Parent Persécuteur ou Sauveur vis-à-vis de sa (leur) collaboratrice) et n'a donc aucune autonomie dans les prises de décision.

La dernière partie de son intervention concernant les personnels de son atelier qui ne veulent pas passer plus de deux heures dans l'atelier de Patrice laisse supposer qu'elle y met un sous-entendu, donc une transaction cachée (voir fiche 18) et qu'il existe des « jeux » entre les différents responsables des entités de production. Apparemment, Patrice ne tombe pas dans le piège, il ne relève pas le sous-entendu de Jenny et s'en tient à son comportement A (alors que l'état E Soumis fait appel chez l'interlocuteur au P, soit Persécuteur soit Sauveur). Toujours en A, il informe Sam. Sam se présente en P Sauveur, qui comme souvent est aussi proche du P Persécuteur. Il utilise des relations de complicité (E) avec Jack, qui, si elles lui permettent de régler le problème actuel, excluent Patrice de la relation. Dans sa dernière phrase, il se positionne en OK+ / OK– (voir fiche 22) par rapport à Patrice.

### ■ Résultats

Le problème lié au manque d'effectifs dans l'atelier des montres/Palm est réglé. Il l'est pour ce jour et pour l'équipe du matin. L'absence de rationalité dans la procédure fait qu'elle n'est pas reproductible. Or, d'après la remarque P de Patrice – « C'est toujours comme ça » –, le problème n'est pas exceptionnel. Les employés qui trouvent toujours (seuls) des solutions aux problèmes de l'entreprise sont précieux parce qu'ils font preuve d'imagination et sont créatifs dans des circonstances exceptionnelles.

Par contre, ils ne font pas avancer la résolution de problèmes récurrents. Sur le plan relationnel, ils ne font pas non plus progresser les collaborateurs en termes d'autonomie et de confiance en soi. Le positionnement fréquent d'une personne en OK+ / OK– (ce qui est le cas des Persécuteurs mais aussi des Sauveurs) peut générer des jeux (« jeu » au sens AT, voir fiche 23) préjudiciables en termes d'efficacité pour l'entreprise et qui peuvent être coûteux sur le plan humain. L'absence apparemment totale de délégation du responsable de l'atelier de Jenny mériterait d'être analysée plus profondément ; elle semble poser problème.

### ■ Et si cela durait ?

Cette situation est typiquement celle de la « débrouille relationnelle » qui va de pair avec une certaine absence de clarté dans les modes de fonctionnement de l'entreprise. Apparemment, peu de règles sont édictées au niveau de celle-ci (dans les entreprises « réelles », on justifie cette absence par le fait que les fonctionnements sont ainsi beaucoup plus souples... et donc bien plus efficaces...). En fait, cette insuffisance, voire absence de règles (quelle que soit la façon dont elles sont concrétisées dans l'entreprise) crée d'importantes zones de flou dans lesquelles chacun met en place ce qui lui permet de se « débrouiller ». Or une des règles (non écrite !) mais bien connue de chacun d'entre nous, et cela dès le plus jeune âge, est que pour réussir à se débrouiller, il faut... un bon relationnel (si possible tel que les autres soient peu ou prou obligés de passer par nous ou par notre « réseau », avec, pourquoi pas ? une « cotisation » à payer pour utiliser ce réseau...). Si ce type de comportement perdure, c'est le nombre de « baronnies » en tout genre, et non la performance de l'entreprise, qui va s'accroître !

Qui plus est, ce genre de structuration de l'espace entreprise s'accompagne régulièrement d'états du moi P Sauveur (avec de nettes tendances vers le P Persécuteur) qui est celui avec lequel réagit Sam à son arrivée.

On comprend bien que, dans cette entreprise, ce n'est pas l'enthousiasme en ce qui concerne le travail dans l'atelier où se trouve Patrice, probablement pour des raisons de « qualité de vie au travail ». L'ennui, c'est que, si cela dure, il sera difficile d'assurer le minimum de remplacement nécessaire en cas de sous-effectif (quel que soit le sureffectif éventuellement constaté ailleurs...). Cela peut alors conduire à une mise en place d'effectifs supplémentaires permanents et, globalement, à un accroissement d'effectifs qui sera acceptable... tant que tout ira bien et que l'entreprise sera en croissance.

### ■ Situations analogues

Que ce soit dans les entreprises de services ou dans les entreprises industrielles, de nombreuses situations analogues se rencontrent dès que des « redistributions » temporaires d'effectifs sont nécessaires du fait de variations d'activités entre les différents secteurs de l'entreprise. Or c'est souvent de la capacité d'adaptation de l'entreprise que découle sa meilleure réponse à la demande client (ou même à la demande du marché). Les adaptations internes sont souvent difficiles ou impossibles, faute de prise de décisions aux niveaux de direction et d'encadrement correspondant. Les principales raisons de ces difficultés d'adaptation sont probablement un manque de préparation (« routine ») qui permettrait d'y répondre beaucoup plus rapidement et efficacement. La « mise en routine » de ce type de situations peut se faire si les conditions psychologiques au niveau de la direction et de l'encadrement, ainsi que les conditions sociologiques (communication et compréhension au niveau de l'ensemble du personnel) sont « claires » et permettent des fonctionnements prévisibles dans le cadre de véritables « processus relationnels ».
Les situations de débrouilles relationnelles sont généralement fréquentes dans la plupart des entreprises et ne sont pas dues aux seules difficultés de répartition des effectifs et de leurs grands équilibres. Elles se produisent dès que l'absence de règles (écrites ou non !) se manifeste. Elles sont fréquentes dans le management de projet, mais aussi dans toutes les situations de transversalité ne faisant pas strictement appel aux systèmes relationnels classiquement fondées sur les notions de hiérarchie. Or, les situations de management transversal tendant à devenir de plus en plus fréquentes, il est nécessaire de mettre en place, dans les entreprises qui le pratiquent, des modes de fonctionnement cohérents avec ce dernier. La débrouille relationnelle est probablement nécessaire si ses mécanismes sont clairement identifiés et font l'objet d'une réflexion permanente permettant leur mise au point et leur amélioration au cours du temps.
La débrouille relationnelle accompagnée des phénomènes de renforcement permanent des baronnies développe le cloisonnement et les non-performances (du fait des accumulations de retards liés aux blocages rencontrés).

**Pour mieux comprendre**

Fiche 1
Fiches 22 (AT)
Fiches 26 à 31 et 34, 35

**DANS UNE USINE DU DÉPARTEMENT BEA**
**(PRODUITS POUR LE BIEN-ÊTRE DE LA PERSONNE ET L'AMBIANCE DE VIE).**

*Jean, responsable du site, reçoit un auditeur interne qui a pour mission de faire le point sur les différentes actions de rationalisation mises en place dans l'entreprise depuis huit mois.*

*Après lui avoir exprimé sa satisfaction de voir un auditeur sur le site, Jean lui avoue que, dans cette boîte, ce ne sont pas les problèmes de management qui manquent, et il ajoute qu'il est temps de faire quelque chose avant que cela ne se dégrade encore plus.*

*Jean emmène d'ailleurs l'auditeur vers les installations et lui montre « le dernier bijou de la technologie de LMI installé depuis trois jours : il s'agit d'une nouvelle unité polyvalente et automatisée, capable de travailler six fois plus vite, mais avec un coût de revient deux fois plus élevé pour le moment. Il lui confie ses inquiétudes en ce qui concerne la mise au point de cette installation (il rappelle qu'il sait de quoi il parle puisqu'il a été l'un des premiers à avoir rejoint le groupe et qu'il a été le premier superviseur industriel).*

*En fait, ces nouvelles installations viennent d'être mises en route à la place de quatre installations un peu plus anciennes qui ont été placées dans un nouveau site en plein démarrage (cela permettant à ce nouveau site de démarrer dans les meilleures conditions qu'en inaugurant de très nouvelles installations). Or les nouvelles machines tombent fréquemment en panne et parfois pour des durées de plusieurs heures, provoquant des retards importants dans les livraisons.*

*Il note qu'en appelant Lionel, le responsable de la maintenance centralisée, celui-ci lui a dit que le système de supervision globale à distance ne lui a rien signalé en ce qui concerne la dernière panne.*

*Il s'interrompt parce que son cellulaire est en train de biper, Lionel lui confirmant son arrivée dans un moment.*

*Il propose à l'auditeur d'aller prendre un café en attendant l'arrivée de Lionel ; cela lui permettra aussi de lui présenter différents éléments, d'autant qu'il ne voit pas bien comment présentement améliorer la situation. L'arrivée de Lionel sera salutaire.*

## ■ Décodage

Jean se présente en P Donnant (en manifestant sa satisfaction) puis en P « neutre », basé sur des généralités de fonctionnement de l'entreprise en ce qui concerne les différents problèmes et pas sur la prise en compte de l'interlocuteur : Jean ne sait probablement pas encore exactement ce que l'auditeur vient faire sur son site. Ce n'est pas le fait que Jean ne sache pas précisément ce que fait l'auditeur qui montre qu'il ne s'intéresse pas à lui, c'est le fait qu'il ne le lui demande pas. Il reste en P quand il émet des jugements de valeur sur le management de l'entreprise, ces affirmations n'étant accompagnées d'aucun fait ou exemple concrets. Après le bref passage en A lorsqu'il décrit les nouvelles installations et une percée dans le E (en ce qui concerne ses inquiétudes). Passage en E Soumis et Victime (il ne voit pas comment améliorer la situation, au point où on en est).

### ■ Résultats

Jean est en manque de strokes (fiche n° 19) positifs sur la reconnaissance de son travail : il se pense compétent (du fait de ses « états de service » antérieurs) mais non reconnu.

### ■ Proposition

Un entretien entre Jean et ses responsables pour évaluer ses compétences et son implication dans l'entreprise.

### ■ Et si cela durait ?

Si Jean continue dans la voie de la non-écoute manifestée vis-à-vis de l'auditeur, il ne réussira pas à tirer quoi que ce soit de l'intervention de ce dernier et, sait-on jamais, cela pourrait s'avérer... dommageable pour lui. À terme, l'auditeur pourrait même garder de son premier contact avec Jean une impression « mitigée » ! Et ne serait-ce pas à des attitudes de ce type que Jean doit ce qu'il décrit en position de victime ? N'aurait-il tout simplement pas « vu » venir des transformations dont il ne prend conscience qu'actuellement alors qu'elles lui avaient été annoncées auparavant ?
À terme, quelle sera la crédibilité de Jean en interne s'il n'a pas la capacité d'écoute lui permettant d'anticiper les situations dont ensuite il se plaint amèrement ?
Il reste à déterminer si, conjointement à cette attitude, son (ses) responsable(s) n'aurai (en) t pas un socle de personnalité – en PCM – typiquement PROMOTEUR, alors que lui-même aurait un socle RÊVEUR ? Rien dans cette saynète ne permet de le supposer avec certitude, mais rien ne permet de réfuter cette hypothèse. Or, si tel est bien le cas, on se trouve dans une situation difficile sur le plan managérial (voir fiches 30, 32, 33 et 34).
Comme indiqué dans les propositions ci-dessus, la situation ne doit pas durer et devra faire l'objet d'un traitement par un entretien entre Jean et ses responsables. Si cela n'est pas le cas, la situation ne pourra que se dégrader à cause du désengagement de Jean.

### ■ Situations analogues

Classiquement, les fonctions techniques « au service » du système « productif » de l'entreprise (que l'entreprise se situe dans le domaine de la prestation ou dans celui de la production de biens) peuvent générer des situations du même type que celle dans laquelle se trouve Jean.

C'est par exemple le cas des responsables de systèmes informatiques, d'une très forte compétence technique mais peu connue (quand elle n'est pas totalement ignorée) du reste de l'entreprise dont ce n'est absolument pas le métier.
De ce fait, il est relativement fréquent de voir les responsables de ces fonctions réagir à la façon de Jean. Ils sont « conscients » de tous les problèmes de l'entreprise qu'ils considèrent comme plus ou moins insolubles sauf par eux-mêmes et sur lesquels ils jettent un regard « blasé ».

**Pour mieux comprendre**

Fiche 1
Fiches 19 et 20 (AT)
Fiches 30, 32, 33, 34 (PCM)

**DANS UNE USINE DU DÉPARTEMENT ADEP, NON LOIN DU SIÈGE PARISIEN**

*À 10h30, alors que les indicateurs montrent un pic de production prévu par le planning central de production, l'ordonnancement de la maintenance industrielle du groupe, au siège parisien, décide une intervention d'urgence sur le site, suite à des problèmes signalés les deux jours précédents sur plusieurs installations.*
*Bertrand, chef de cet ordonnancement central, intervient directement auprès des ingénieurs du site. Il prend, à distance, le contrôle de toutes les installations et annonce par interphone qu'il arrête ces dernières pour réparer les processus automatiques défectueux. Il leur demande de ne pas s'inquiéter et leur dit : « Je vais vous remettre ça en route d'ici à deux petites heures et vous n'aurez plus de soucis comme ces deux derniers jours. À tout à l'heure. » Et il coupe la communication. Il ralentit les machines pour préparer son intervention.*
*Au ralentissement des machines, Alex, superviseur de toute la fabrication du site, prend conscience que quelque chose est en train de se passer. Pour lui, c'est indiscutable, toute baisse de régime ne peut que réduire la cadence de travail et va modifier considérablement les plannings. Or, de cela, il a horreur. Il inspecte aussitôt son écran de contrôle et comprend qu'une intervention à distance est en train d'être déclenchée. Sans une hésitation, Alex intervient en disant à voix forte : « De quoi ils se mêlent, à la maintenance ? »*
*Puis, faisant savoir à la cantonade que ce n'est pas la maintenance qui doit tenir les objectifs de production, Alex décide de reprendre le contrôle des installations en précisant que la maintenance n'aura qu'à se débrouiller pour intervenir à un autre moment.*
*Et immédiatement, il se met aux commandes du pupitre central, passe en mode « urgence absolue », coupe la prise en main à distance et relance toutes les installations de la zone. Tout le monde se remet au travail.*

**■ Décodage**

Bertrand et Alex ont tous les deux des fonctionnements comportementaux dits de « référence interne » (voir fiche 51). Il n'y a pas d'échange direct entre les deux hommes, ce qui ne leur donne aucune chance de pouvoir se mettre d'accord. Alex réagit en OK+ / OK– par rapport à Bertrand. Les ingénieurs ne sont pas pris en compte et sont soumis à deux ordres contradictoires.

**■ Résultats**

Un rapport de force ne peut que s'installer entre les deux hommes et ils vont jouer en gagnant-perdant. Les ingénieurs se comportent en E Soumis par rapport à Alex et en E Rebelle par rapport à Bertrand.

**■ Propositions**

- Échanges directs entre les deux responsables.
- Leur apprendre des négociations gagnant-gagnant.
- Établir des règles pour les interventions de maintenance (« procédures » d'intervention de maintenance, voire règles de communication bien définies dans les relations interservices).
- Accord des deux responsables pour donner les mêmes directives aux collaborateurs et montrer un consensus au sein de l'encadrement.

**■ Et si cela durait ?**

Dans toute situation de « production » (de produits comme de prestations), il est fréquent de faire appel à des installations plus ou moins complexes, fragiles et coûteuses. C'est probablement le cas ici. Les services (services généraux, services maintenance, services informatiques...) qui ont la responsabilité des interventions nécessaires au retour à la normale sont centralisés ou non. Le fait de disposer d'un système central (comme c'est le cas ici) ne change pas la problématique des interventions. Dans notre histoire, la difficulté vient du fait que, face à de réels problèmes constatés par les personnels, une intervention est décidée et mise en œuvre sans tenir compte de la disponibilité des installations.
Au-delà du décodage précédemment proposé, ce type de situation, en se prolongeant, conduira à une quasi-rupture entre les deux responsables, Bertrand et Alex. Il est probable qu'alors chacun essaiera de jouer de son niveau hiérarchique et de son relationnel dans l'entreprise pour parvenir à ses fins... en oubliant éventuellement le véritable but, qui est le meilleur service au client, et, à cette fin, une bonne marche des installations.
La dérive liée à ces comportements en référence interne de chacun des protagonistes, serait probablement un « combat des chefs » comme il peut en exister quelle que soit la taille de l'entreprise. Généralement, cette dérive s'accompagne d'une parfaite démobilisation des personnels (ici ceux d'Alex) qui auront rapidement compris que la meilleure solution est de « compter les

points » entre les deux adversaires, voire de prendre plus ou moins parti pour l'un ou l'autre (et cela en alternant éventuellement les prises de parti...).
Il est tout à fait probable que l'autorité des deux responsables en sera fortement affectée, de même que celle d'autres responsables, aux yeux des personnels concernés. La seule conséquence possible, à terme, d'une telle « relation » entre responsables sera une inefficacité croissante ; avec, à terme, « l'effondrement » de l'un des protagonistes au profit de l'autre... à moins qu'une autorité supérieure ne procède à un arbitrage et ne parvienne à mettre les deux responsables... en face de leurs responsabilités de management pour l'obtention des résultats de l'entreprise.

### ■ Situations analogues

Toutes les situations où des services interviennent de façon transversale et doivent prendre en compte les impératifs d'un client interne à la fois dans le but de revenir à un fonctionnement normal et dans celui de maintenir le niveau de prestation fournie au client final.
Cela est très fréquent en ce qui concerne les systèmes d'information et notamment les CRM (systèmes informatiques orientés vers la relation client et permettant d'assurer la traçabilité des diverses relations entre l'entreprise et ses clients). En tant que client, on s'entend alors dire, par les interlocuteurs de l'entreprise que l'on appelle, que, malgré toute leur bonne volonté, ils ne sont pas en mesure (pour l'instant, pour la matinée, pour l'après-midi, pour la journée...) de fournir ou de recueillir les informations nécessaires au bon déroulement de la prestation. Après quoi, il est ajouté : « merci de bien vouloir nous rappeler dans... ». Et, si le client n'en éprouve pas le besoin, il ne rappellera pas...

**Pour mieux comprendre**

Fiche 22 (AT)
Fiches 31,35, (PCM)
Fiches 38 à 40 (Santé émotionnelle)
Fiche 51 (PNL)

**DANS LA SALLE DE RÉUNION DU CONSEIL DES PARTENAIRES À PARIS, 10 HEURES**

*Les onze membres du conseil arrivent chacun à leur tour et se placent directement autour de la « table ronde » dans le fauteuil qui leur est habituellement attribué. Les arrivées se succèdent de 9 h 55 à 10 h 20, heure d'arrivée du dernier membre (comme il le dit souvent à son propos : « last but not least »), John Barin, le président. En attendant le début de la réunion, les premiers arrivés se sont plongés dans leurs dossiers ou sont entrés en liaison avec un collaborateur, via leur portable.*

*Le président salue l'assemblée d'un « bonjour à tous », rappelle l'ordre du jour (immuablement le même à chaque réunion...) et la nécessité de ce type de réunion qui « permet à chacun d'entre nous d'être au courant de ce que font les autres. Vous en êtes tous d'autant plus convaincus que tout va très vite chez nous, avec cette belle croissance qu'il nous faut constamment assurer, et cela "coûte que coûte". Autant vous dire tout de suite que je suis très satisfait de notre dernier trimestre qui a vu une croissance de presque 5 % et nous a permis de prendre une telle avance que notre principal concurrent européen fera probablement l'objet d'un rachat de notre part dans quelques mois ». Suivent alors diverses annonces sur des rachats ou des fusions avec des partenaires de l'entreprise. Puis John annonce : « Bon, maintenant, comme d'habitude, notre petit tour de table. Par qui commence-t-on ? »*
*Chantal V., la collaboratrice habituelle du président, prend la parole : « Je vais parler en premier si vous n'y voyez pas d'inconvénient, car je vais malheureusement devoir vous quitter à 11 h 30 au plus tard pour aller rencontrer les acheteurs d'un grand groupe client qui assure la distribution de nos produits sur Singapour. » (Sourires discrets de cinq des autres membres et échanges de regards entre eux.) « En ce qui me concerne, je vais faire court afin que personne ne perde un temps dont je suis la première à savoir combien il est précieux. Il faut que nous restions tous efficaces au cours de ces réunions afin que chacun puisse s'exprimer convenablement. Tout d'abord, il me faut remercier notre président pour la qualité des contacts qu'il m'a permis de nouer avec différentes relations. Je pense que cela représente au moins 40 % de l'accroissement du CA de mon département sur cette dernière période. Rapidement, voici les principaux succès de mon département qui, rappelons-le, représente 30 % de tout le CA réalisé par les onze divisions actuelles de notre groupe. » Pendant vingt-cinq minutes, Chantal (que ses collègues surnomment CV) énumère les contrats probables, potentiels, certains à venir ou sur le point d'être signés, « des faits et chiffres indispensables à tous ; vous comprendrez aisément qu'il fallait tout de même donner des points de repère qui vous sont absolument nécessaires pour piloter votre propre activité et éviter des impairs avec les clients d'envergure. Enfin, et pour terminer, je voudrais vous rappeler que nous travaillons tous pour faire croître le potentiel commun ».*
*En aparté, un des participants dit à son voisin : « C'est à ne pas le croire, elle ose dire des trucs pareils, quand on pense qu'elle pouvait aider la croissance en Arabie Saoudite et que, pour des raisons personnelles, elle a fait capoter le plus gros contrat de ma division dans cette région... »*
*Après trente-cinq minutes d'intervention, Chantal termine son propos. Aussitôt, le président la remercie « pour ses propos, son fort engagement et son dévouement à la société ».*
*Audrey prend alors la parole. Les chiffres montrent une croissance assez faible sur la période et elle les présente avec fougue, les émaille de quelques anecdotes qui font sourire l'assemblée. Après huit minutes d'intervention, elle cède la parole à*

*son voisin et le président la remercie d'un sourire amical en la félicitant pour ses « bons résultats, tout de même ».*
*Gaël Lescott prend le relais. Il annonce ses principaux chiffres, les faits marquants, quelques contrats en cours et à venir. Puis, neuf minutes après sa prise de parole, il demande « la mise en place d'une réflexion destinée à résoudre les aspects techniques et commerciaux relatifs aux désordres de plus en plus nombreux dans le cadre de la nouvelle gamme de montres/PALM, surtout avec la dernière génération de machines. » Il donne quelques chiffres (pertes d'image, de clientèle, avoirs et indemnités divers...). Et il ajoute : « Je propose qu'un groupe d'ingénieurs et d'opérateurs se réunisse sur le sujet afin de poser toutes les bonnes questions et de rechercher les pistes de solution. Bien entendu, ce groupe sera piloté par la direction qualité. »*
*Le président ne dit rien, fait la moue ; le silence s'établit pendant quelques secondes, puis il déclare : « Je ne crois pas que le moment soit réellement bien choisi ; la charge de travail est telle que nous avons besoin de toutes les énergies et ne pouvons pas consacrer du temps à cela. Nous pourrons probablement nous en occuper dans deux ou trois mois. De plus, Gaël, je pense que vous surestimez l'impact de ces petits inconvénients. Rien de très grave, au fond ; à peine quelques jours ou heures de retard pour quelques très rares clients. Pas vraiment de quoi s'alarmer. Allez, à vous Kate ! » Et il se tourne vers la voisine de Gaël.*
*C'est alors que Chantal s'incline respectueusement en direction du président qui lui répond par un petit signe de main amical. Elle appuie sur le bouton de la porte et disparaît dans le couloir.*
*Le visage de Kate (qui a l'Arabie saoudite dans son portefeuille commercial) manifeste un désappointement devant le départ de Chantal. Elle présente d'une intonation neutre l'ensemble des éléments de sa division puis exprime son désir de parler de difficultés rencontrées suite à l'intervention de Chantal dans son secteur. Le président lui coupe aussitôt la parole pour lui rappeler que la règle veut qu'une difficulté entre managers ne puisse se traiter en l'absence d'une des personnes concernées. Il lui assure « qu'il en parlera avec Chantal et qu'ainsi, Chantal étant toujours prête à assurer le bien de la société, tout ira au mieux ».*
*Les autres participants prennent la parole en faisant le point sur leurs activités durant la période écoulée sans qu'aucun nouveau fait n'apparaisse. Le président clôt la séance en remerciant les personnes présentes et les invite au repas préparé dans la pièce voisine.*

## ■ Décodage

La réunion commence avec vingt minutes de retard. Il n'y a pas d'objectif annoncé (seulement un ordre du jour, a priori). Or l'objectif d'une réunion est nécessaire si l'on souhaite que les personnes présentes participent de façon constructive en sachant ce que l'on attend d'elles au cours de celle-ci (décider, trouver des solutions, faire le point et établir un plan d'action, choisir, etc.). De plus, si

l'objectif est annoncé, on pourra vérifier que celui-ci a été atteint et, dans le cas contraire, déterminer les causes possibles de la non-atteinte en apportant les ajustements nécessaires lors des réunions à venir. Le président ouvre sur des transactions P↔P (généralités) avec distribution de strokes (voir fiche n° 15) collectifs positifs : démarrage normal d'une réunion. Chantal prend la parole et il y a du contentieux entre elle et cinq autres membres, ceux qui sourient au début de son exposé, et complicité entre les cinq (regards échangés). Des sous-entendus existent aussi à son sujet entre les deux personnes qui commentent en aparté. S'il y a non-dits et sous-entendus, il y a très probablement des jeux entre les partenaires. Elle se place en E par rapport à John, en A par rapport à l'assemblée quand elle donne des faits et des chiffres, en P quand elle donne des informations vagues (« *je vais faire court* », en A elle aurait dit « *mon intervention va durer trente-cinq minutes* » et à chacun d'estimer si c'est court ou pas) ou moralisatrices (« *nous travaillons tous pour faire croître…* »).
Chantal et les autres intervenants sont écoutés sans être interrompus (les manifestations des auditeurs, quand il y en a, sont en non-verbal, ou en apartés à voix basse, que John ne remarque pas ou feint de ne pas remarquer). John remercie systématiquement celui qui a pris la parole (sauf dans le cas de Gaël) : écouter les autres sans les interrompre et leur signifier que leur propos a été entendu est toujours reçu comme du stroke positif ; dans ce rôle, John est globalement compétent avec ses collaborateurs. On observe des échanges non verbaux (regards, sourires) E↔E entre Audrey et le président ainsi qu'avec d'autres partenaires sans que l'on puisse en décoder clairement les raisons. Gaël se place en A : il donne des faits, des chiffres, en déduit des conséquences et propose des solutions. John réagit en P aux propos de Gaël, ce qui correspond à un envoi de strokes négatifs puisqu'il ne répond pas sur le même plan, il n'y a donc pas eu de véritable écoute et, que ce soit volontaire ou pas, l'interlocuteur le reçoit comme du stroke négatif. John désavoue sans argumenter les conclusions de son collaborateur ; encore des strokes négatifs.
Quant à Kate, son « non-verbal » indique qu'elle a vécu le départ de Chantal comme un stroke négatif, ce qui laisse à penser qu'elle souhaitait la présence de sa collègue pour parler de ses difficultés avec elle. C'est nécessairement induire des jeux que de parler de difficultés relationnelles devant des tierces personnes : dans le groupe, il y aura émergence de Sauveurs, de Persécuteurs et de Victimes de l'un et de l'autre des protagonistes. Ce qui promet un conflit généralisé. Les participants pourront ainsi s'adonner à pratiquement tous les jeux. Citons les plus courants dans ce genre de situations : « oui mais », « cette fois je te tiens mon salaud », « regarde ce que tu m'as fait faire », « l'arbitre », « au four et au moulin ».
L'absence de Chantal rajoute le jeu du « battez-vous » à ceux que l'on vient de citer. Le départ de Chantal, loin de la sortir du jeu, fait d'elle un des premiers protagonistes. Et Kate est piégée par le départ de CV. En effet, comment

communiquer avec quelqu'un qui n'est pas là ? L'intervention de John va permettre que le conflit ne soit pas généralisé ouvertement pour l'instant. Il reprend le jeu à son propre compte en démarrant en Sauveur de l'absente et donc Persécuteur de la présente.
Le président clôt la séance sur une note conviviale, du domaine du P Donnant.

### ■ Résultats

Cette réunion est une réunion de « tour de table ». Il n'y a pas de réponse à la question « quelle est son utilité ? ». Les échanges lors de la réunion relèvent davantage de l'affectif que du rationnel, et le fait que les protagonistes soient physiquement présents permet de manifester, de façon non dite, donc acceptable, les différends relationnels entre eux. Le non-respect des horaires et la différence de traitements des personnes par John Barin renforcent les jeux potentiels entre les participants.

### ■ Propositions

S'il ne s'agit que d'informer les partenaires sur les activités des uns et des autres, il existe d'autres moyens moins coûteux pour le faire : courrier, courriel, par exemple.
Si la réunion avec présence physique est maintenue, la transformer en réunion de pilotage stratégique, par exemple avec comme objectifs possibles : définir les axes de développement de l'entreprise. Fixer les horaires et les respecter. Quelques jours avant la date de la réunion, faire parvenir les objectifs, l'ordre du jour, les travaux attendus de façon que chacun puisse préparer ses interventions et apporter des éléments factuels au cours de la réunion et soit source de propositions.
Terminer la réunion par des propositions concrètes issues de la réflexion de chacun. Les propositions retenues le seront à l'issue d'une procédure explicitée en début de la réunion. La procédure de décision pouvant être : à la majorité, avec une matrice de décision, au hasard, c'est le chef qui décidera, avec le consensus, mou ou pas, de l'assemblée. L'explicitation du choix limite les frustrations de ceux dont les propositions n'ont pas été retenues.
À l'issue de la réunion, il est tout à fait possible de continuer la rencontre par un repas convivial.

### ■ Et si cela durait ?

Ce type de réunion « tour de table » peut être pratiqué à dose « homéopathique ». Elle permet notamment à un dirigeant de faire l'économie de la recherche des informations auprès de ses différents collaborateurs ; en une seule fois et en un temps relativement court, le dirigeant est en mesure de connaître véritablement l'essentiel de ce qui se passe dans « son » entreprise.

Par contre, elle monopolise un certain nombre de personnes qui peuvent donner l'impression d'échanger des informations MAIS qui, en réalité, fournissent des informations à seule destination de leur « patron ». Et, en général, ces cadres s'en rendent compte et perdent l'intérêt de venir à ce type de réunion.
Si ce type de réunion devient fréquent (les personnes qui y participent ayant l'obligation de venir puisque c'est un supérieur hiérarchique qui l'impose...), les participants sont rapidement convaincus qu'ils perdent leur temps et s'y rendent... forcés et contraints. La réunion perd tout intérêt aux yeux de chacun et de tous. Le blocage de la situation peut devenir total, avec un responsable/dirigeant convaincu de l'intérêt de la réunion (et c'est fondamentalement le cas pour lui !) et des participants qui, quel que soit leur niveau hiérarchique, sont convaincus de l'inefficacité de la réunion (ce qui a toutes les chances d'être le cas pour eux).
La persistance temporelle de ce type de réunions dans une entreprise est probablement le signe que le management est de type autocratique (voir les fiches sur le PCM).

## ■ Situations analogues

Toutes les réunions de travail courent le risque d'être de simples tours de table. Au travers de diverses expériences au sein des entreprises de nos clients, nous avons pu constater qu'un nombre très important de réunions basculent du statut officiel de réunions de travail au statut de réunions tour de table, dans la mesure où les participants (dans ce cas probablement tous « complices ») admettent de passer l'essentiel du temps de réunion à « faire le point de la situation ». Dans ce cas, les réunions finissent par ne plus servir qu'à préparer la réunion qui permettra de préparer la prochaine réunion qui elle-même permettra de préparer la réunion qui elle-même... À ce stade on bascule dans la fameuse « réunionnite » dont nous constatons qu'elle vient perturber nombre de fonctionnements de réunions, notamment en management de projets (avec toutes les conséquences que cela peut avoir sur la tenue des délais).

**Pour mieux comprendre**

Fiches : 15 à 18 ; 22 et 23 (AT)
Fiches 26 à 36 (PCM)
Fiches 37 à 39 (Santé émotionnelle)

**AU SERVICE RH, EN MILIEU DE MATINÉE, LORS D'UNE PAUSE, AUTOUR DU DISTRIBUTEUR DE BOISSONS**

*Éric, chargé de projets « Intégration, information, communication, culture d'entreprise » (le projet « $I^2$ $C^2$ ») se trouve devant la machine à café du service RH avec un de ses amis (George, responsable de la veille technologique). Il lui explique que, malgré tout ce que le service (et lui-même en tant que chargé de projet) a pu déployer comme énergie et comme moyens, il apparaît clairement, au travers d'un 360° (2) récemment réalisé, que le principal reproche des salariés à l'égard de l'entreprise réside dans le fait qu'ils estiment « ne jamais avoir les bonnes informations au bon moment et au bon endroit ». Il avoue ne plus trop savoir quoi faire.*

*Il a d'ailleurs été embauché dans l'entreprise, il y a bientôt un an, avec un diplôme de management du risque en vue d'occuper un poste d'adjoint auprès de la direction qualité. Pour diverses raisons, le poste n'a pas été créé, mais comme il était apprécié, on lui a proposé ce poste de chef de projet avec des perspectives d'évolution ultérieure. Il a accepté, mais pour le moment il ne voit pas très bien comment s'y prendre et se demande s'il ne va pas carrément « se planter »...*

*George, un peu pris par le temps, lui dit, tout en terminant son café, qu'il n'a pas de proposition immédiate mais qu'il aimerait en reparler avec lui, car il a certainement des pistes intéressantes à lui proposer.*

*Quelques heures plus tard, George reçoit un appel de Lana (service RH). Lana a eu vent d'une conversation entre Éric et George au cours de laquelle George a évoqué une piste qu'il pourrait proposer pour aider Éric dans sa mission de chef de projet « $I^2$ $C^2$ ».*

*Après lui avoir demandé si cela est exact, Lana poursuit en invitant George à lui en dire plus.*

*Elle précise que cela est d'autant plus important que Éric est un garçon très estimé et « à la réussite duquel la direction RH croit beaucoup ».*

*Un peu étonné, George répond : « Décidément, les nouvelles vont vite ! Je n'ai pas proposé de piste précise et je comptais en parler prochainement avec Éric.*

*En tout cas, si je ne me trompe pas, je crois bien que tout ceci est une histoire de "Flow" et de santé émotionnelle. Mais je souhaiterais en parler en présence de Éric.*

*Et là, ma foi, si Éric le souhaite, je pourrai faire état de ma proposition. »*

## ■ Décodage

Éric est en manque de strokes et de manager pour le conseiller. Il existe apparemment des personnes capables de le faire en se positionnant en état P Normatif et Donnant (« la direction RH » l'apprécie), mais la structure managériale ne permet pas de faire passer le message. Le résultat du 360° confirme, par le ressenti des salariés, que la gestion de la diffusion de l'information n'est pas

(2) Le 360° est un outil d'évaluation du management dans un service/une entreprise.

efficace. Le fait que Lana soit au courant des échanges entre George et Éric, alors que les intéressés ne l'en ont pas informée, montre que les informations circulent en dehors des voies officielles. On ne peut que conjecturer que, parmi les collaborateurs présents, certains ont informé Lana...

■ **Résultats**

En appliquant, de façon abusive mais efficace, la notion du PAE à une structure, nous dirons que le management manque de P et de A pour assurer la gestion de l'information et de l'utilisation des compétences. Les jeux risquent de se développer, en particulier le « battez-vous » caractéristique de ces situations.

■ **Propositions**

Refonte du système managérial en ce qui concerne la circulation de l'information. Aide éventuelle de consultants extérieurs.

■ **Et si cela durait ?**

Ce ne sont pas tant les bruits de couloir (totalement inévitables, QUELLE QUE SOIT l'entreprise concernée !) que l'usage qui en est fait qui peut devenir gênant, voire dommageable à terme. La prise en compte des bruits de couloir par le manager (probablement inévitable elle aussi) ne doit pas le mener à en faire directement un outil de management, ce qui est apparemment le cas ici. En effet, si les managés constatent « l'efficacité directe » des bruits de couloir sur les réactions du manager, nous avons pu constater qu'alors eux-mêmes s'en servent comme d'un moyen de l'infléchir dans l'un ou l'autre sens. Rien n'est alors plus aisé, semble-t-il, pour les managés, que de faire circuler et d'amplifier des bruits de couloir à des fins de... « propagande » pour manipuler le manager. Le MBC (management par bruits de couloir...) n'est pas très efficace à notre sens même s'il est indéniable que nul ne peut totalement se départir de ceux-ci.

Si de façon régulière Lana fait usage d'une approche telle que celle décrite ici (demander à George de l'aider à résoudre une difficulté concernant une personne en son absence), elle va probablement provoquer des demandes permanentes d'appel à l'état du moi Parent Sauveur et peut-être même des jeux fréquents dans le registre PSV. Il sera certainement plus fructueux de travailler directement avec la personne concernée en essayant de traiter avec elle les situations méritant une analyse particulière. Dans le cas présent, cela pourrait inclure (avec l'accord d'Éric) la présence de George.

**Pour mieux comprendre**

Fiches 19, 20 et 23 (AT)
Toutes les fiches PCM et Santé émotionnelle

## UN MATIN AU SIÈGE DE LA SOCIÉTÉ

*On est en pleine réunion de groupe de projet. Thème : « gestion des compétences, société apprenante et développement de notre CA ». C'est Bénédicte (qui est aussi superviseur de production) qui a proposé ce thème. En fait, la suggestion venait de CV, elle-même fortement stimulée par le président (cela fait déjà quelque temps qu'un certain nombre de membres du comité de direction lui répètent que le vrai problème du développement de la société réside dans une meilleure prévision de l'activité, une gestion plus structurée de la ressource humaine et notamment des compétences, une gestion du savoir (tout cela étant bien évidemment lié à la haute technologie, au cœur du métier de l'entreprise).*

*Bénédicte a décidé de mener cette réunion à la fois avec des participants présents sur place (et baptisés experts par le président) et en vidéoconférence avec des participants éloignés et ayant le rôle de « praticiens de terrain ».*

*La séance démarre et Bénédicte se lève en réclamant le silence de tous les présents et de tous les connectés en visio, en leur adressant un cordial bonjour.*

*« Comme vous le savez, nous venons de terminer une première analyse avec le service RH au siège. Nous avons fait appel à un consultant réputé, Arthur D., docteur en psychologie. Son document sera mis à la disposition de tous les participants à cette réunion, de même que l'analyse que nous en avons tirée. Par ailleurs, CV qui connaît bien la question m'a donné son point de vue que je vous présente tout de suite. »*

*Viennent alors quelques « slides » que Bénédicte commente.*

*Immédiatement après ces premiers slides, d'autres présentent la synthèse faite par Bénédicte des travaux de Arthur D. Puis elle propose de commencer la séance de travail.*

*Marc (en visioconférence) intervient aussitôt pour préciser qu'il a un peu le sentiment que les jeux sont faits en ce qui concerne la problématique proposée. En plus, il estime que dans ce que vient de présenter Bénédicte, il y a quelques belles contradictions. Il prend un exemple simple : le fait que CV propose que la gestion des compétences soit assurée par chaque responsable de division, alors que Arthur D. estime que tout doit être centralisé au niveau de la DRH et transiter, en tant que matériaux de travail, par la GED du système qualité. De même et toujours pour être constructif et permettre au groupe de faire un travail en profondeur, il se demande comment traiter un problème tel que « gestion des compétences, société apprenante et développement de notre CA ». Ce thème lui apparaît extrêmement vaste pour un groupe de travail et cela ressemble fort à un de ces « serpents de mer » dont on ne parvient jamais à tordre le cou…*

*Yan, présent sur place, exprime son accord total avec Marc en considérant qu'il est plutôt inutile de réunir un groupe si c'est seulement pour entériner ce qui a été pensé par d'autres. Il rappelle qu'il existe déjà un groupe qui travaille sur « entretien d'appréciation et management des compétences » et se demande quelle relation existera entre ces deux groupes. Il demande quelle est la limite de délégation donnée au groupe par le président. Cela aurait pour mérite d'éviter des pertes de temps. Divers murmures et signes d'approbation fusent aussitôt des quatre coins de la salle et des différents lieux en connexion visio.*

*Frédéric intervient à son tour pour estimer que « cela risque d'être, comme souvent, un travail en plus et une prise de responsabilité non reconnue ; sans compter que le président a probablement déjà tout prévu, voire tout décidé ! ».*

*Bénédicte réagit avec calme et conviction. Elle précise qu'elle prend en compte les remarques dont certaines manifestent (à son point de vue) des tensions au sein de l'entreprise, phénomène qu'elle a rapidement constaté depuis son arrivée, il y a six mois, dans cette dernière.*

*Elle précise qu'elle n'a reçu aucune consigne particulière et que le groupe dispose, véritablement, d'une grande marge de manœuvre en ce qui concerne les propositions possibles. Rien n'est interdit et toutes les voies peuvent être explorées. Elle se porte garante, en tant que chef de projet, d'une véritable conduite de projet.*

*Elle passe alors la parole à Yan : « Yan, peux-tu, comme tu me l'as proposé avant d'entrer en réunion, rappeler les principaux éléments de notre gestion de projet ? »*

*Yan s'exécute en souriant et présente quelques slides.*

*Quand il a terminé, Bénédicte demande à Laure (service qualité central, en connexion visio) de présenter les différentes étapes de la méthode de résolution de problème en vigueur dans toute équipe qualité.*

*Un temps s'écoule et les différents participants commencent à proposer des pistes et des actions.*

*Bénédicte rappelle le temps imparti et propose de conclure la séance en confiant à différents participants des tâches, voire des animations de sous-groupe qui paraissent utiles.*

*Elle remercie et propose de prendre date pour une prochaine séance de synthèse en groupe plénier quand, d'un seul coup, Maya (qui est participante connectée et n'a pratiquement rien dit pendant toute la séance) lâche : « De toute façon, tout cela ne servira à rien, comme d'habitude, c'est toujours le président qui décide en donnant raison à CV », et elle coupe sa connexion visio sur un petit rire sec.*

## ■ Décodage

Bénédicte mène la réunion avec une bonne maîtrise des techniques d'animation. Elle montre son fonctionnement Enfant Adapté en présentant avec aisance les points de vue de CV. Lorsqu'elle commente, elle témoigne considération et respect pour le travail fourni par CV. Elle montre aussi son fonctionnement Adulte en cadrant les points de l'ordre du jour et ceux issus de la discussion, en s'appuyant sur des méthodologies connues de tous (ici de résolutions de problèmes). Elle présente les avantages de ce projet, s'engage à le mener à bien, ce qui est caractéristique d'un fonctionnement « Aller vers ». Ce qui ne l'empêche pas d'être à l'écoute de Marc, Yan et Frédéric qui ont un fonctionnement opposé en « Éviter de ». Les deux premiers se comportent plutôt en Enfant Rebelle et leurs prises de parole permettent aux autres mécontents de se manifester (par murmures et onomatopées). Frédéric a un fonctionnement plutôt Enfant Soumis. En restant en position Adulte, Bénédicte n'entre pas dans le jeu de ces mécontents : les remarques critiques se calment et la réunion est constructive. Les remarques en fin de réunion, comme celles de Maya, sont caractéristiques de participants qui se positionnent en Enfant Soumis (en ne disant rien pendant la réunion) et qui, n'étant pas pris en compte (et pour cause), lâchent des strokes négatifs quand ils sont sûrs qu'ils ne risquent pas d'être contrés. Soit ce sont des cas isolés, des personnes très en OK– / OK– à ce moment, soit les remarques cassantes sont implicitement acceptées par le groupe et c'est alors le symptôme d'une réunion dont le groupe refuse les conclusions ou le déroulement. Quel que soit le cas, le comportement de Maya piège Bénédicte de la même façon que le comportement de CV piégeait Kate dans la réunion décrite dans les pages précédentes. Comment communiquer avec quelqu'un qui n'est pas (plus) là ?

## ■ Résultats

Grâce au comportement de Bénédicte, la réunion semble être plutôt constructive (les participants proposent des pistes et des actions) mais le climat en début de réunion et surtout le sabotage à la fin de celle-ci, tel que l'a fait Maya, démentent en partie ce résultat positif.

## ■ Propositions de solutions

Étudier des projets dont l'énoncé soit plus simple et clair pour tout le monde. Vérifier que le projet ait un intérêt pour les participants ou sinon le présenter autrement. Expliciter plus précisément l'objectif de la réunion présente et resituer cette étape dans l'ensemble du projet.

## ■ Et si cela durait ?

On est en présence d'un groupe de gestion de projet qui est rassemblé (physiquement ou à distance) pour travailler sur une problématique « gestion des compétences, société apprenante et développement de notre CA » passablement complexe. Si la coutume est, dans l'entreprise, de confier des thèmes trop complexes, notre expérience montre que les personnes sollicitées ont la sensation de se trouver en face d'un « serpent de mer ». Si cela devient une règle permanente et durable, le risque est alors de voir les groupes de management de projet se transformer en lieux de règlements de comptes entre les participants.

Il serait profitable de restreindre le champ d'investigation des groupes de projet en leur livrant des sujets bien définis et en ne leur demandant pas de définir une véritable stratégie d'entreprise.

On constate, à travers le descriptif de cette saynète, que l'on fait préparer des réunions par des personnes (experts internes dont la principale expertise est l'ancienneté dans l'entreprise – c'est le cas de CV) pas obligatoirement compétentes sur les sujets et par des experts externes. Cette situation semble faire soupçonner des mécanismes manipulatoires à certains participants (l'expert externe étant alors le garant des dires de « l'expert » interne…).
Le climat est cependant suffisamment « libre » pour qu'une véritable contestation se fasse jour et s'exprime clairement. On peut penser que cette réunion ainsi que la réunion « tour de table » qui a été décrite quelque temps auparavant sont le signe d'un management relativement autocratique. Le constat est souvent le suivant : le mariage d'un management autocratique et d'une contestation ouverte des collaborateurs (notamment ceux qui sont les plus proches de la direction) est source de dissensions qui dévalorisent à terme l'image de toute l'équipe de management auprès des collaborateurs.

Ici, Bénédicte est typiquement la « nouvelle » arrivante qui y « croit » et tente de ramener tout le monde dans le droit chemin de la bonne résolution des problèmes.
Si des projets peuvent être menés par de nouveaux arrivants dans l'entreprise, nous avons pu constater que cela ne pouvait pas être la règle permanente. Les groupes de travail gagnent à être pilotés par des personnes reconnues pour leur compétences.

### ■ Situations analogues

Voir la réunion « tour de table » présentée auparavant. Toute réunion de résolution de problèmes, de management de projets…

**Pour mieux comprendre**

Fiches 2 à 7 ; 22 et 23 (AT)
Fiches 25 à 35 (PCM)
Fiche 51 (PNL)

**EN BANLIEUE PARISIENNE, AU CENTRE R ET D DU GROUPE**

*C'est fait, les ingénieurs de recherche viennent de réussir une grande première : intégrer une connexion infrarouge aux montres/Palm. Ce type de connexion ne nécessitant aucun matériel externe évitera toutes les difficultés liées à la « classique » connexion USB et rendra les montres compatibles avec les ordinateurs comme avec les téléphones portables. C'est une avance considérable vis-à-vis de la concurrence et cela le restera longtemps.*

*Le président, immédiatement informé par CV (bien que la recherche-développement ne dépende pas d'elle...), a tenu à féliciter les ingénieurs pour leur belle prouesse technique (il a même annoncé qu'il viendrait sous peu sabler le champagne avec les différents intéressés).*

*Du fait de la charge de travail que représentait ce grand projet, des activités telles que les entretiens d'évaluation avaient pris un peu de retard.*
*C'est pourquoi Hélène, supérieure hiérarchique de Marie-Anna (sa collaboratrice), la reçoit dans son bureau.*
*Dès le début de l'entretien, Hélène affiche sur l'écran de son ordinateur portable la procédure RH/EI/JB/L224/SP32 dont le titre est « entretien d'évaluation et d'évolution des personnels ». Elle en rappelle à Marie-Anna les principes essentiels, les grandes étapes et les documents de traçabilité à mettre en œuvre. Pendant ces différents rappels, Marie-Anna opine du chef pour montrer son accord.*
*Hélène affiche alors le document de travail et démarre l'entretien. La première étape consiste en une simple vérification des différents éléments d'identification des deux personnes au sein de l'entreprise.*
*Et, comme prévu dans le document de procédure, Hélène précise qu'elle a préparé une évaluation et demande à Marie-Anna si elle a fait de même. Marie-Anna sort un portable, en déploie l'écran et y fait apparaître son propre travail d'autoévaluation.*
*« Superbe, on fera la comparaison entre ton travail, le mien et ce que nous aurons bâti ensemble dès que nous aurons terminé le travail en commun. Comme cela, nous ne nous laisserons pas induire par ce que nous avons préparé chacune avant de venir. Au fait, il y a très peu de gens qui disposent d'un portable dans cette maison. Tu es bien vue du service "matériel et informatique", toi ! »*
*Marie-Anna a un petit sourire un peu gêné mais ne dit rien de plus et attend la suite des propos d'Hélène.*
*Celle-ci commence par l'évaluation des compétences en situations professionnelles et plus particulièrement par les compétences techniques de base.*
*À partir de ce moment, elles produisent les éléments permettant de tracer en commun, sur l'écran du portable, les courbes d'évaluation des compétences de Marie-Anna.*
*Tout se passe dans l'ensemble bien, si ce n'est qu'à différentes reprises Marie-Anna émet courtoisement des remarques fermement contraires aux propositions d'Hélène. Deux fois de suite, d'ailleurs, elle propose de travailler par comparaison avec son autoévaluation, ce qu'Hélène écarte résolument avec des propos tels que « Non, non, c'est mieux ainsi, cela évite de rester sur des opinions toutes faites et ça enrichit le dialogue » accueillis par un sourire légèrement oblique de Marie-Anna.*
*Visiblement, les deux courbes (celle de la hiérarchique et celle de la collaboratrice) ne coïncident pas et cela sur de nombreux points, sans qu'Hélène ne paraisse gênée le moins du monde.*

*Le chapitre des compétences techniques étant terminé, Hélène propose de passer à celui des compétences relationnelles dans le poste. Marie-Anna, toujours souriante, exprime sa crainte de devoir attendre la fin de l'entretien pour effectuer la comparaison entre le travail en cours, l'évaluation faite par Hélène et son autoévaluation.*
*Elle propose de travailler la comparaison point par point plutôt que globalement.*
*Après une courte hésitation, Hélène estime que son point de vue est le bon et que, de toute façon, c'est elle le hiérarchique et que c'est donc bien à elle de déterminer les modes d'organisation et les méthodes de travail.*
*Faute de mieux, Marie-Anna accepte, mais visiblement sans enthousiasme.*
*Et le travail se poursuit.*
*Jusqu'au moment où tous les points de compétences ont été traités (toujours avec beaucoup d'écart entre les deux personnes...).*
*C'est alors qu'Hélène propose de comparer ce qui vient d'être bâti en commun avec ce que chacune avait préalablement construit.*
*Elle précise qu'il va d'ailleurs falloir expliquer les différents écarts entre les évaluations.*
*Marie-Anna clique sur une icône et son autoévaluation apparaît. Et là, c'est la surprise pour Hélène. En effet, l'en-tête est libellé de la manière suivante : « Simulation d'entretien d'évaluation et d'évolution réalisée avec ma collègue Hélène ». Hélène hausse les sourcils, marque un temps d'arrêt, rougit légèrement et dit : « Sans vouloir tomber dans le "hiérarchisme" aigu, Marie-Anna, il aurait été plus à propos de ne pas mettre "collègue" car je suis ta supérieure hiérarchique.*
*— Mais ce n'est plus le cas, voyons, tu as bien reçu la note de la DRH hier matin, me concernant et parlant de ma réussite au certificat de compétence interne DPM ?*
*— Euh... Ah oui, bien sûr, mais je n'ai pas encore eu le temps de la lire...*
*— C'est dommage, parce que tu aurais vu que je suis promue au rang 4, tout comme toi actuellement... »*

**Nous ne proposons pas de décrire, ici, la suite de cet entretien.**

## ■ Décodage

La fin de cette saynète est, en elle-même, une quasi-conclusion. Rien n'est strictement conflictuel, mais tout est là pour que cela le devienne. On sent bien que la situation pourrait glisser vers le conflit.
On est dans un entretien qui (transaction apparente) respecte les règles établies dans la maison. Un des personnages a pris la position apparente de Parent Normatif et l'autre celle d'Enfant Adapté. D'ailleurs, Hélène rappelle la procédure dès le début de la séance. Et Marie-Anna approuve en « opinant du chef ».
Premier élément perturbant, Marie-Anna dispose d'un portable, ce qui dénote une singularité aussitôt relevée par Hélène. C'est probablement à ce stade que se mettent en place des transactions cachées liées au fait que, quelque part dans le système de management, « on » a informé Marie-Anna d'une évolution (dont Hélène n'est pas au courant) qui remet en cause la relation habituelle entre les deux personnes.

De plus, à différentes reprises, il n'y a pas convergence entre les points de vue, ce dont Hélène ne semble pas se soucier et qui ne l'empêche pas de continuer résolument sans analyser plus loin. Parent Sauveur, voire Persécuteur, elle met Marie-Anna en situation de devenir rapidement E Rebelle (certaines de ses réactions sont déjà celles d'E Soumis).
Bien entendu, le final peut paraître un peu « corsé » dans la mesure où Hélène découvre une situation qui est totalement différente de celle que connaissait Marie-Anna.
Il pourrait bien y avoir des transactions cachées en nombre relativement important. Y a-t-il un passif entre les deux protagonistes ? Rien dans la description ne permet de le penser strictement, mais on peut se demander si Marie-Anna n'a pas attendu ce moment avec une certaine délectation. Ne serait-ce pas pour elle un moment fort (une forte émotion) qu'elle s'offre au détriment d'Hélène ? Ne serait-ce pas de sa part une restitution d'émotions négatives ressenties dans la collaboration avec Hélène ? Il y a nettement des ressentis dans les derniers propos échangés. Et des jeux psychologiques qui se préparent, s'ils ne sont pas déjà en action…

■ **Résultats**

La situation est très fortement porteuse de ressentis et d'émotions dont on ne sait trop ce qu'ils donneront.

■ **Propositions**

A priori, la situation va se « résoudre » par le changement de statut de Marie-Anna. Cependant, elle pourrait laisser quelques séquelles dans des relations de travail ultérieures. L'idéal serait qu'Hélène se place suffisamment en Adulte pour demander à un responsable hiérarchique commun de mettre en œuvre une réunion de travail à trois. Cette réunion permettra d'aplanir certaines difficultés à venir, mais aura aussi une vertu pédagogique pour le responsable qui a probablement manqué à un devoir élémentaire d'information à l'égard d'Hélène. À moins qu'on ne procède systématiquement ainsi dans cette société lors des changements de statuts…
Une véritable écoute active (fondée sur une attitude empathique) pourrait être développée au sein des différents niveaux d'encadrement (aspect à mettre dans la stratégie de direction et à promouvoir par des actions de formation et de mise en commun entre les responsables).

■ **Et si cela durait ?**

La situation décrite laisse penser qu'un éventuel contentieux existe entre les deux personnes. L'entretien d'évaluation permet (tra) de mettre la situation à plat. Sauf que si cet entretien, prévu dans le cadre du fonctionnement institutionnel

de cette entreprise, n'avait pas eu lieu, la situation émotionnellement négative aurait pu durer et déboucher sur un conflit latent ou déclaré.
Hélène fait, lors de cet entretien, preuve d'une assez faible capacité d'écoute, qui ne lui permet pas de se rendre compte de certaines situations, y compris celle qui est liée à sa déconvenue finale, alors que différents signaux avaient été émis préalablement par Marie-Anna. Si cela dure et se produit avec d'autres collaborateurs, il y a de fortes chances pour que le management d'Hélène ne conduise pas à des relations de travail efficaces.
Une autre situation décrite ici mérite de se poser une question en ce qui concerne sa durée. C'est celle qui apparaît au travers des différents échanges. Le management a informé Marie-Anna de son devenir proche sans que cela semble être le cas pour Hélène, qui se trouve ainsi définitivement en porte-à-faux, même si elle feint plus ou moins d'avoir simplement omis de prendre connaissance de l'information. Si des situations de ce type viennent à se développer, le prestige des managers intermédiaires tend à être remis en cause par leurs collaborateurs lesquels notent rapidement qu'ils n'ont même pas la capacité d'être de bonnes courroies de transmission de l'information les concernant. La tentation est alors forte de court-circuiter les échelons intermédiaires de management sans renforcer la relation avec le management « supérieur » et surtout sans accroître l'efficacité relationnelle ni la performance de l'entreprise.

**Pour mieux comprendre**

Fiches 18 et 23 (AT)
Fiches 34,35 (PCM)

**AU SIÈGE DE LA SOCIÉTÉ, PRÈS DE LA MACHINE À CAFÉ**

*« Arnaud, franchement, là, je ne te comprends pas du tout. J'avais fait tout ce que je pouvais pour démontrer à Laurent que tu étais l'homme de la situation. C'est vrai que tu n'es arrivé que depuis six mois. Mais réellement, tu sais déjà tout ce qui est indispensable de savoir à ton poste. Je n'ai strictement rien à redire à ta façon de travailler. Je suis convaincu que tu peux prendre des fonctions complémentaires. Alors, quand Laurent m'a dit que tu avais refusé ses propositions, j'en suis resté pantois. Qu'est-ce qui t'a pris ?*

*— En réalité, je trouve que cela fait tout de même peu de temps que je suis ici. En plus, j'ai vraiment le sentiment que je ne suis pas encore prêt pour prendre des responsabilités dans cette boîte ; et puis ce n'est pas mon premier job et j'ai déjà eu des soucis dans ce même type de situation il y a quelques années… alors, tu comprends, comme on dit parfois, "chat échaudé craint l'eau froide" ; non, décidément,*

*je ne sens pas le coup. Enfin, il faut dire que Laurent est quelqu'un que je crains un peu… tu as vu comment il a viré Seb ?.. Sans compter que lorsqu'il m'a fait cette proposition, il m'a à peine regardé, tellement il avait l'air ailleurs… non, Guillaume vraiment ça ne me va pas…*

*— Attends, j'ai un peu l'impression que tu mélanges tout. Il a viré Seb parce qu'il n'a aucune explication plausible sur l'affaire des pertes de liaison USB… tu sais, ces clients dont les montres/Palm ne parviennent pas à être connectées ni à un ordinateur, ni à un téléphone portable, et dont toutes les données s'effacent brutalement et irrémédiablement ! On ne sait absolument plus quoi faire et, contrairement à toutes nos procédures habituelles, la seule solution est le démontage complet de la montre sans autre certitude de résultat ! Bilan : des remboursements aux clients et une vertigineuse perte d'image de marque auprès d'une clientèle que nous avions eu un mal fou à conquérir. Bref, non seulement il est viré mais c'est même une faute professionnelle qui peut le mener au tribunal. Certains clients ont déposé des plaintes qui peuvent nous coûter très cher. Pour l'instant, le boss est parvenu à étouffer l'affaire au niveau de la presse économique, mais si rien n'est fait très rapidement, tu imagines ce que cela pourrait donner… Du coup, je pense que Laurent devait avoir la tête totalement ailleurs… mais, tu sais, c'est aussi dans ses habitudes de ne pas toujours regarder ses interlocuteurs… moi, je le connais bien et je ne m'en aperçois même plus…*

## ■ Décodage

Arnaud était au courant que Guillaume appuierait sa candidature auprès de Laurent. À ce niveau-là, il n'y a pas de jeu. Mais les échanges n'ont eu lieu qu'entre binômes : Laurent-Guillaume quand ce dernier « a fait tout ce qu'il pouvait pour montrer… » puis Arnaud-Laurent quand Arnaud a refusé les propositions de Laurent. De nouveau, Laurent-Guillaume où Guillaume a appris le refus de Arnaud et enfin cet échange entre Arnaud et Guillaume, qui n'est pas un entretien au sens mangérial du terme. Étant donné que les trois protagonistes ne se sont jamais retrouvés ensemble pour un entretien formalisé, il y a quand même un jeu type « battez-vous » sous forme atténuée. Au départ, Guillaume serait le Sauveur de Arnaud (qui aurait alors le rôle de Victime). Au moment de l'échange à la machine à café, Guillaume est en passe de devenir Victime de Arnaud (qui passe ainsi dans le rôle du Persécuteur).

Arnaud a un fonctionnement « Éviter de » (« *tout de même trop peu, pas encore prêt, souci, chat échaudé craint l'eau froide, je ne sens pas* ») et Similitude (comparaison avec son premier poste où il a « *eu déjà des soucis, même type de situation* »).

La remarque « *il m'a à peine regardé* » peut faire penser qu'outre le fait qu'il a peut-être « la tête totalement ailleurs », Laurent a une dominante Auditif (ou Auditif Interne, voir fiche 48). Ce qui est cohérent avec la remarque de Guillaume (« *c'est dans ses habitudes de ne pas toujours regarder ses interlocuteurs* »).

Arnaud se dit gêné par ce comportement, il a sans doute une dominante Visuelle. Guillaume manifeste un fonctionnement « Aller vers » vis-à-vis de Arnaud. Il a aussi un fonctionnement « Référence Interne » (il « sait » que Arnaud a tout pour réussir dans ces nouvelle fonctions) qui pose problème avec un collaborateur qui ne le suit pas dans ses certitudes.

■ **Résultats**

Trois personnes insatisfaites avec très certainement des conséquences sur le relationnel futur.

■ **Propositions**

Indépendamment des échanges en binômes, prévoir des concertations avec les trois personnes concernées.
Quelles que soient les compétences de Arnaud, et les croyances encourageantes de Guillaume sur ses capacités, un changement ne sera possible pour lui que si son hiérarchique va sur son terrain comportemental et le « rassure » en utilisant ses filtres à lui (voir fiche 42), Arnaud.

■ **Et si cela durait ?**

Eh oui, que se passera-t-il si Arnaud continue à refuser le poste proposé par Laurent sur la suggestion de Guillaume ?
Très probablement, Laurent mettra pas mal de temps avant de proposer un autre poste (ou le même !) à Arnaud. Rien ne prouve qu'il n'en restera pas là de façon quasi définitive. Tout dépend de son type de personnalité (voir fiches de PCM) et notamment, s'il est à socle Promoteur, il n'y reviendra jamais.
Sans que cela soit extrêmement net dans les propos de la saynète, il est probable que Guillaume est dans une situation un peu désagréable : après avoir proposé son « poulain » à Laurent, il se retrouve dans une position inconfortable du fait du refus de ce dernier.
Il peut tout à fait revenir à la charge auprès de Laurent s'il pense qu'Arnaud est enfin prêt à accepter le poste (d'autant qu'il peut aussi espérer en tirer profit pour sa propre carrière). Mais il peut tout à fait réagir en considérant qu'Arnaud lui a « joué un mauvais tour » et (probablement en entrant dans un ou plusieurs jeux) rendre la vie nettement plus difficile pour Arnaud et lui-même, voire aussi pour Laurent.
En tout cas, Arnaud, lui, n'a plus le choix : si une nouvelle opportunité se présente, il **devra** la prendre. Nous pensons donc qu'il faut qu'il s'y prépare activement et prochainement.
Mais… ne serait-il pas temps que Guillaume (en bon hiérarchique rompu aux techniques classiques de management) se demande si la « bonne » méthode ne passe pas par un entretien préalable entre lui et Arnaud ? Entretien, bien sûr, destiné à déminer le terrain en informant, en sensibilisant et éventuellement

en motivant Arnaud. Entretien permettant aussi de se rendre compte d'éventuels blocages, voire d'un refus complet (comme c'est le cas ici) de Arnaud. Entretien permettant de valider la capacité réelle de Arnaud à prendre le poste envisagé par Guillaume, bref, entretien que doit avoir un manager avec tout collaborateur, de façon régulière, plus ou moins formalisée et en dehors du cadre « légal » de l'entretien d'évaluation.

### ■ Situations analogues

Les situations triangulaires (plus ou moins de type PSV) sont assez souvent de ce type. Toutes les situations dans lesquelles les intervenants sont nombreux et n'ont pas obligatoirement la possibilité de se concerter et d'ajuster leur points de vue respectifs avant de les présenter à un supérieur hiérarchique, à un comité de pilotage ou à toute entité ayant vocation à prendre une décision ayant des conséquences sur plusieurs d'entre eux et sur leur carrière.

**Pour mieux comprendre**

Fiche 23 (AT)
Fiches 25 à 35 (PCM)
Fiches 37 à 39 (Santé émotionnelle)
Fiches 42, 47 à 51 (PNL)

#### NEUILLY

*Nous nous trouvons dans une séance de formation au modèle d'excellence (il porte le nom d'« asymptote » comme l'a souhaité son promoteur).*
*Les séances de formation sont destinées aux nouveaux embauchés pour leur permettre d'acquérir rapidement la culture de l'entreprise et surtout celle de « l'asymptote », synonyme du dépassement qui est le support de l'excellence.*
*Une douzaine de participants arrivent, quelques instants avant l'heure convenue. Michel, l'animateur, effectue les dernières installations de matériels nécessaires à la prestation de formation (connexion du micro au vidéoprojecteur, vérifications diverses...). En fait, cela fait déjà longtemps que Michel est là : de nombreux appareils défectueux ainsi que la présence d'un technicien du service informatique montrent que la mise en route est passablement difficile. Les problèmes techniques ne sont résolus qu'une dizaine de minutes après le début de la séance. Michel assume ces dysfonctionnements avec humour et bonne humeur.*
*Dès que le dernier participant est arrivé (environ dix minutes après l'heure de démarrage théorique de la séance), Michel commence sa prestation et propose de faire les présentations par un rapide tour de table.*

*C'est Adeline qui commence en présentant rapidement son CV, son service de rattachement et ses attentes en ce qui concerne cette formation (qui, souligne-t-elle « arrive un peu tardivement, dans la mesure où je suis ici depuis huit mois et j'ai appris à me débrouiller seule quitte parfois à faire quelques bêtises. Mais c'est une bonne chose aussi de se former sur le tas ; et puis tout le monde a été très gentil et très accueillant lors de mon arrivée… »).*
*Le tour de table se poursuit et chacun abonde plus ou moins dans le sens d'Adeline en insistant sur le fait que cette formation répond bien à une forte attente.*
*Michel note l'intervention de chaque participant sur le P B (tableau de papier) dont il déploie, à chaque fois que le propos est terminé, les feuilles pour demander : « C'est bien cela que tu as voulu dire ? Ai-je bien résumé la situation ? Je n'ai pas déformé ? » Généralement, il s'entend répondre : « Tout à fait, c'est bien cela ! »*
*Une fois le tour de table terminé, il tapote rapidement sur le clavier de son portable puis présente le résultat au groupe ; les attentes sont classées, catégorisées et triées de façon que l'on voie bien la relation évidente entre les attentes de tous et les différentes parties du programme qui figurait sur la convocation à cette formation.*
*Chacun semble intéressé et surtout heureux de voir que la formation va coller parfaitement avec ce qu'il attend.*
*Michel annonce alors : « Cette fois, nous allons entrer dans le vif du sujet. Comme prévu, on démarre par la présentation d'asymptote. Ainsi que vous le savez tous déjà au moins partiellement, asymptote est le projet qui porte notre développement et fait de notre entreprise un fleuron de haute technologie, d'efficacité, de performance et de qualité de vie. »*
*Un véritable kaléidoscope de schémas, de chiffres, de photos et de séquences se déclenche aussitôt et se projette sur l'écran.*
*Dès la disparition de la dernière image, Michel se lève et propose : « Maintenant, nous allons passer à une séance de créativité sur le thème "asymptote vers l'excellence". Vous vous mettez en trois sous-groupes de quatre, vous travaillez sur le thème pendant quarante minutes, puis on restitue en groupe plénier et on produit un document de synthèse. Allez, à vous de jouer… »*
*Un joyeux brouhaha envahit la pièce, chacun cherchant quels partenaires coopter en vue de la réalisation de la mission impartie.*

## ■ Décodage

Telle que l'intervention de Michel est décrite, il apparaît une exagération du feed-back accordé aux stagiaires (« c'est bien cela que tu as voulu dire, etc. »). Le feed-back, la reformulation et la vérification de cette reformulation sont du domaine de l'Adulte, mais la façon dont il le fait traduit aussi un comportement Parent. De la même façon, ses projections de « schémas, chiffres, photos, etc. » se présentent davantage comme une justification de sa phrase très P (« fleuron de haute technologie… ») que de l'information (Adulte).

On peut dire que l'attitude de Michel est paradoxale (OK+ / OK– en apparence et OK– / OK+ en réalité ; Adulte en apparence et Parent en réalité ; il est possible aussi qu'il se situe en « Aller vers pour Éviter de »). Si c'est le cas, cela risque d'induire chez ses stagiaires une attitude aussi de « double-jeu ».
Michel choisit l'humour pour faire face aux dysfonctionnements du matériel, ce qui est une solution efficace pour minimiser les incidents et ne pas accuser d'autres services.

## ■ Propositions

Des échanges avec d'autres formateurs, avec des stagiaires et des techniciens (de la partie liée au contenu de la formation) permettraient à Michel « d'ouvrir ses filtres », et de se positionner (ou se repositionner) en OK+ / OK+.
Si le choix de l'humour pour prendre en compte les dysfonctionnements techniques est une bonne solution face aux stagiaires, il est opportun que le formateur intervienne auprès du service formation pour éviter ces dérapages qui pourraient donner aux nouveaux arrivés une image en contradiction avec celle de « haute technologie » de l'entreprise.

## ■ Et si cela durait ?

Dans le déroulement de cette formation apparaît le fait qu'elle est réalisée avec des matériels un peu cafouilleux en ce qui concerne l'efficacité technique. Si cela continue, on risque de former les personnes en leur montrant « l'art de la bidouille et de la débrouille », ce qui n'est évidemment pas le gage d'un développement des bonnes pratiques au sein de l'entreprise.
Nous constatons régulièrement que les formations qui, comme celle-ci, ont un rôle d'intégration des « nouveaux » arrivants doivent être faites le plus tôt possible. Ainsi, les réflexions des participants montrent bien que, au-delà d'un certain délai, la formation perd de son intérêt, voire n'en a même plus du tout. À terme, si les formations d'intégration arrivent trop tard, les personnes concernées auront eu largement le temps de pratiquer toutes les « débrouilles » nécessaires à la tenue (plus ou moins efficace) du poste. Afin d'éviter ce type de situation, on peut imaginer une formation d'accueil permettant de mettre en place les principes de fonctionnement de base de l'entreprise, immédiatement relayée par une formation opérationnelle au poste de travail. Ces situations d'intégration tardive, parfois même très peu de temps avant un éventuel départ de la personne de l'entreprise, sont assez courantes et peu propices… à l'intégration.
Nous constatons (et cela pas seulement dans le cas d'une formation d'intégration !) que les contenus et les méthodes ne sont que faiblement innovants (c'est ainsi, et cela quoi qu'en pensent certains professionnels !…). Dans ces conditions, il est excellent d'avoir, aussi souvent que possible, des audits de ses contenus et méthodes de formation, sans quoi, à terme, c'est la sclérose et le désintérêt garantis.

Dernier élément issu de nos expériences : cette formation débute bien et très rapidement fait appel à une séance de créativité. Rien à y redire sauf si cela dure et se reproduit de façon régulière tout au long de cette formation. Le groupe aura très vite la sensation que c'est lui qui est producteur de contenu et non le formateur. Il en va de la créativité d'un groupe en formation comme de toute chose : il ne faut pas en abuser !

## ■ Situations analogues

Toutes les situations de formation sont analogues à celle décrite ici. Cela est valable aussi bien pour les formations à fort contenu technique que pour celles traitant du relationnel.
Les diverses réunions de « présentation » (suite à la mise en œuvre d'un nouveau logiciel, d'une nouvelle méthode de travail...) destinées à préparer des acquisitions de savoir et de savoir-faire entrent dans la même catégorie.

**Pour mieux comprendre**

Fiches 10 et 22 (AT)
Fiches 25 à 35 (PCM)
Fiches 37 à 39 (Santé émotionnelle)
Fiches 42, 51 et 52 (PNL)

**SITE DE TOULOUSE**

*Thomas, responsable du site, a organisé une réunion de site (il en pratique une toutes les deux semaines en moyenne).*
*Il connecte son portable au vidéoprojecteur de la salle et commente l'ordre du jour.*
*Spontanément, Farida propose de faire le compte rendu.*
*Rapide tour de table pour vérifier que chacun est d'accord avec l'ordre du jour et ajout des différentes demandes quand elles sont en cohérence avec l'objectif de la réunion.*
*Thomas fait le lien avec la précédente réunion. Il rappelle alors les différentes actions qui avaient été proposées et demande à chacun d'en décrire l'état d'avancement à ce jour.*
*Chaque participant présente l'impact de son activité sur les différents indicateurs de pilotage du site et est invité par Thomas à développer les actions qu'il a mises en place pour améliorer la collaboration au sein de l'équipe dont il a la responsabilité avec les équipes de ses collègues.*
*Les différents éléments du tableau de bord de pilotage sont alors repris par les participants avec Thomas pour les compléter et envisager les tendances sur les deux prochaines périodes à venir.*
*Après une heure et quart de fonctionnement de son équipe de management autour de ces différentes problématiques, Thomas propose de lever la séance après une dernière lecture du compte rendu et la mise en forme des actions à développer.*

**■ Décodage**

Comme on peut le voir, la réunion est menée de bout en bout par Thomas qui applique des règles plutôt propices à la réussite de ce type de réunion. Elles sont cadencées à intervalles réguliers et relativement courts. Chacun est sollicité et ACTEUR tant de la réunion que de ce qui la suit et permet de mettre en œuvre ce qui a été décidé. La parole est donnée à chacun dans le but d'une construction commune et non « décrétée » par Thomas. Les efforts de chacun sont considérés dans le cadre des actions collectives. Si Thomas n'a pas appris à développer ce type de réunion au cours de sa formation de base, il applique des clefs qui sont celles de la réussite.
Il reste à vérifier que le déroulement même des réunions de ce type et l'impact de celles-ci sont des éléments perçus « positivement » par les collaborateurs de Thomas : les différentes propositions de la PCM (voir les fiches PCM dans cet ouvrage) permettent de penser que, dans certains cas et en fonction des types de personnalité de ses collaborateurs, Thomas pourrait se heurter à des résistances, voire à des dysfonctionnements.

**■ Résultats**

La méthode choisie par Thomas (qui comporte visiblement une bonne utilisation de ce que l'on peut appeler écoute active) a de bonnes chances de lui apporter de bons résultats d'estime et de pilotage de son entité. En dehors des quelques réserves qui ont été émises précédemment, il est probable que le fonctionnement choisi soit le bon.

**■ Propositions**

Se poser quelques questions sur les types de personnalité des collaborateurs directs de Thomas afin d'être sûr de l'adéquation entre la méthode de travail (reflétée par cette réunion) et la perception qu'en ont les différents collaborateurs. Rien n'empêche Thomas d'améliorer encore son mode de management.

**■ Et si cela durait ?**

A priori, personne ne devrait véritablement s'en plaindre, surtout si les analyses de types de personnalité viennent conforter la pertinence de cette approche.

**Pour mieux comprendre**

Fiches 25 à 35 (PCM)
Fiches 37 à 39 (Santé émotionnelle)

Fiche 1

# Ça va sans dire mais…

Ça va mieux en le disant : à savoir que lorsque des interlocuteurs sont en présence l'un de l'autre, l'impact des messages échangés dépend davantage :
- **de leur non-verbal** (tout ce qui est lié au corps) : postures, gestuelles, sourires, mimiques, regards, changements de couleur de la peau, odeurs, « look », distance entre eux… ;
- **et de leur paraverbal** (tout ce qui est lié au vocal, hors langage) : intonations, volume, prononciation, débit, texture, accents, silences, etc. ;
- … que de **leur verbal,** c'est-à-dire des mots employés.

**Impact total du message humain**
**Comportement global**

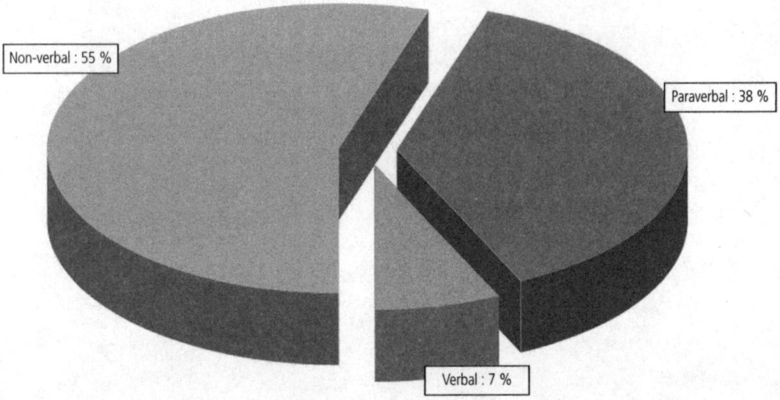


*Source : Docteur Mehrabian. Université de l'U.C.L.A.*

Cela signifie que dès que l'on « voit » quelqu'un, on a une opinion sur cette personne. Opinion bonne ou mauvaise, juste ou pas et dont on n'a pas le « droit » socialement de parler. Vous imaginez-vous disant à votre futur hiérachique *« vous pouvez garder vos paroles de bienvenue, au premier regard j'ai su que vous n'en pensiez pas un mot »* ? Et pourtant, n'avez-vous jamais pensé quelque chose du même genre ?

Par téléphone, on n'a pas d'information sur le non-verbal, alors... on l'invente à partir du paraverbal de l'interlocuteur. Non, ce n'est pas possible ? surtout si on ne le connaît pas ? Et pourtant, il vous est peut-être déjà arrivé de rencontrer une personne que vous ne « connaissiez » que par téléphone. Que vous êtes-vous dit à ce moment (à défaut de lui dire à elle) ? Ne serait-ce pas quelque chose comme *« je ne la voyais pas comme ça ! »* ? Conclusion ?
Cela ne signifie pas que les mots n'aient pas d'importance dans les échanges. Il y aura toujours les « mots qui tuent » et les mots qui apaisent. Cela signifie simplement que le message émis sera d'autant plus **crédible** que les trois niveaux d'échange seront cohérents. Or, comme on ne peut jamais tout contrôler de son non-verbal ou de son paraverbal, une seule méthode pour être crédible : **penser ce que l'on dit** (ce qui ne veut pas dire tout ce que l'on pense !) ou être un excellent comédien (ce qui est plus difficile qu'il n'y paraît, même pour un professionnel).

Fiche 2

# Qu'est-ce que l'analyse transactionnelle ?

L'analyse transactionnelle est une théorie élaborée par Eric Berne (1910-1970), médecin, psychiatre et psychanalyste américain. L'objet de l'analyse transactionnelle est l'étude des échanges (ou **transactions**, une transaction étant l'unité de rapport social) entre les individus. C'est « une méthode nouvelle de traitement des troubles affectifs (1) », autrement dit une autre psychothérapie inventée par Berne.
Ici, point de psychothérapie. Le but est simplement de décoder des échanges interpersonnels, d'avoir des grilles de lecture qui nous donnent l'impression de mieux comprendre ce qui se passe dans les échanges. Pour cela, nous utiliserons comme outils certains concepts issus de l'AT (abréviation de « analyse transactionnelle »).

Nous proposerons les fiches suivantes.
- Analyse structurale : **les états du moi,** pour comprendre ce qui se passe à l'intérieur d'une personne (fiches 3 à 11).
- Autotest : votre PAE (fiche 12).
- Les échanges entre les états du moi chez une personne ou **comment les décisions personnelles se prennent** (fiche 13).
- Les dysfonctionnements du PAE (fiche 14).
- Analyse transactionnelle : **les transactions** pour comprendre ce qui se passe entre deux personnes (fiches 15 à 18).
- Les indispensables : **les signes de reconnaissance** (fiches 19 et 20).
- Autotest préalable sur les positions de vie (fiche 21).
- **Les positions de vie,** ou comment chacun se « situe » par rapport à son interlocuteur (fiche 22).
- Un mode de relation particulier, qui peut donner parfois l'impression de « tourner en rond » : **les jeux** (fiche 23).

---

(1) Que Sais-je, n° 1936, *L'Analyse transactionnelle.*

La communication, c'est comme les icebergs :
- une faible partie émergée, visible et apparente ;
- une plus grande partie immergée dont une petite partie encore visible quoique un peu déformée à travers la surface de l'eau (tout dépend de la lumière extérieure et de la transparence de l'eau) et le reste complètement invisible.

L'AT est présente aux trois niveaux, et ici nous ne nous occuperons que des niveaux 1 et 2. Le niveau 3 est un niveau de thérapie, qui pourrait correspondre au « pourquoi » des comportements. Les niveaux 1 et 2 sont observables par le verbal, le non-verbal et le paraverbal des échanges.

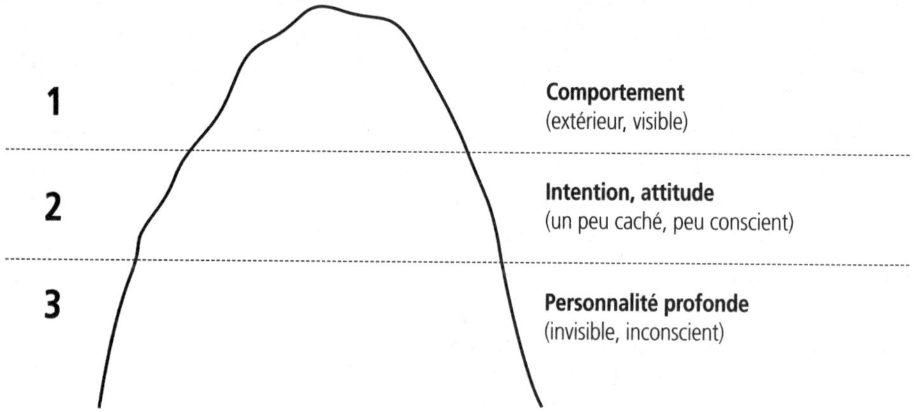


**NOTE :**
Pour en faire des outils, les concepts de l'analyse transactionnelle seront simplifiés et cela parfois de façon simpliste. Les personnes qui souhaitent découvrir l'AT dans toute sa richesse et sa puissance peuvent se référer à la liste des ouvrages de la bibliographie.

Fiche 3

# Les états du moi

## ■ Les états du moi, ou le système PAE (Parent, Adulte, Enfant)

L'idée de base de l'AT est que tout individu peut être considéré comme constitué de trois entités distinctes, appelées « états du moi » qui sont le **Parent (P)**, l'**Adulte (A)** et l'**Enfant (E).**

Un état du moi est un système cohérent de pensées, de sentiments et de comportements. Ainsi :

- l'état P est le domaine de **l'appris,** c'est le lieu de la culture, des valeurs, des normes ;
- l'état A est le domaine du **pensé,** c'est le lieu de la logique, du rationnel, de l'objectivité ;
- l'état E est le domaine du **senti** ; c'est le lieu des émotions, des sentiments, des besoins, des pulsions, de l'intuition, de la créativité…

**Représentation**

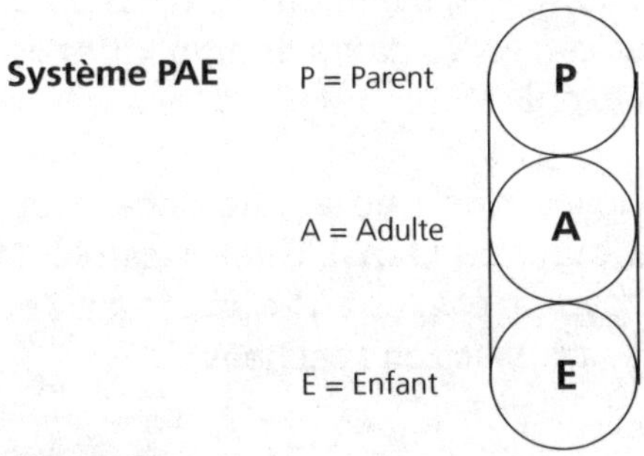


## ■ Remarques

1. Les mots Parent, Adulte et Enfant sont des mots du vocabulaire courant. C'est un **avantage**, car :
   - ils sont faciles à mémoriser ;
   - chacun de nous s'en fait immédiatement une représentation.

   Et un **inconvénient**, car :
   - ces mots ne recouvrent pas exactement ce que l'on entend habituellement par parent, adulte, enfant ;
   - « derrière » ces trois mots, chacun met des significations différentes.

2. On utilise une **majuscule** quand il s'agit des états du moi : **P**arent, **A**dulte, **E**nfant.

3. Il n'est pas nécessaire d'être soi-même parent pour se comporter en P. Si on observe le comportement d'un enfant de trois ou quatre ans qui gronde ou cajole poupée, nounours ou autre… on constate qu'il peut être très « P ».

4. L'état P se construit en partie par ressemblance avec des figures parentales, et tout un chacun a eu des parents ou des personnes qui en tenaient lieu.

5. L'état E, s'il est historiquement le premier, n'est pas l'apanage des jeunes enfants ; tant qu'il y a de la vie, il y a du E !

6. Quant à l'état A, il ne correspond pas à la majorité civile. Il se met en place progressivement au cours du développement de la pensée logique et abstraite et ce n'est pas parce qu'on est une « grande personne » que l'on fonctionne majoritairement en A…

7. En fonction des situations, l'un ou l'autre des états du moi s'exprime. Ils n'interviennent pas simultanément, mais ils peuvent intervenir successivement dans la même situation, et les changements peuvent être rapides. Dans la phrase « *dans trois semaines nous allons défendre notre projet à Londres, ton niveau d'anglais est très insuffisant, il faut que tu t'améliores et puis j'en ai marre de récupérer tous tes correspondants anglophones* », la personne s'exprime de son état A, puis P, puis E…

8. Ce qui complique parfois les choses, c'est que la cohérence n'est pas toujours l'apanage des comportements humains : ainsi, il est possible de manifester un état du moi au niveau 1 de l'iceberg et… un autre au niveau 2 dudit iceberg, et on aura toute la richesse des transactions cachées…

Fiche 4

# L'état E (Enfant)

**C'est le lieu des émotions, des désirs, des besoins, des sentiments, de l'imagination, de la créativité.**

Si la vie d'un être humain commence dans un état E, on pourrait qualifier cet état de « libre » ; libre d'exprimer ses besoins quand ils se manifestent : pleurer quand il a faim, dormir quand il en a besoin, uriner quand sa vessie est pleine (en langage E, ça donne « pipi, caca »), etc., mais progressivement, quand il constate que la satisfaction de certains de ses besoins dépend des autres, il « s'adapte » aux autres et aux contraintes de l'environnement dans lequel il se trouve.

Ces deux aspects du comportement d'un enfant sont conservés pour définir deux sous-ensembles de l'état E (cf. fiche 5) :

- **Enfant Libre** (ou spontané ou naturel).
- **Enfant Adapté.**

## ■ Comment reconnaître l'état E en action ?

Un enfant, quand il ne dort pas, ne tient pas en place. Il bouge, court et saute plus qu'il ne marche, parle fort ou chuchote, exprime, par ses mimiques, tout ce qu'il ressent. Rien d'étonnant à ce que se retrouvent ces mimiques, ces mouvements, ces intonations dans l'état E.

**L'état, ou le système E, se reconnaît aisément par le non-verbal ou le paraverbal.**

### • Non-verbal

Lorsqu'une personne s'agite plus que la situation ne l'exige, c'est le E qui s'exprime. Dans un contexte professionnel, on n'est pas « autorisé » à sauter partout, mais le E se débrouille pour bouger quand même.

- Il bouge ce qu'il peut (le plus souvent sans même s'en rendre compte) : ce peut être danser d'un pied sur l'autre ou se dandiner quand on est debout, et, assis, remuer constamment le pied, ou la jambe ; ce peut être un balancement sur la chaise ou avec la chaise (et, inversement, ce peut être une position avec pieds repliés sous la chaise, épaules contractées) ; c'est triturer ou mâchouiller un crayon ou faire cliquer son stylo sans arrêt... de façon générale, tout ce qui agace ou énerve les « gens sérieux » et leur fait dire : « *Mais arrête un peu* » ou « *Tu ne peux pas rester tranquille cinq minutes !* », tient du comportement E.

- Fumer, mâcher du chewing-gum, se ronger les ongles, tourner une mèche de ses cheveux, jouer avec ses bagues, bâiller, soupirer, faire des grimaces etc., sont des manifestations du E.
- Et encore : le rire, le fou rire, les yeux qui s'emplissent de larmes, le brusque rougissement, la pâleur subite, les battements intempestifs du cœur, l'œil qui pétille, le visage illuminé par un sourire…

## • Paraverbal

La voix qui passe dans l'aigu, le débit saccadé ou qui s'accélère, ou ralentit, qui hésite, la voix qui se casse ou se voile sur un mot…

## • Verbal

Quand E parle, il ne s'exprime pas comme Proust. Les phrases sont courtes, émaillées de « heu », d'onomatopées, d'expressions (super, extra, ça marche, ça va pas non…). Toutes les grossièretés (souvenirs des « gros mots ») appartiennent au vocabulaire E

**Résumé**

L'état E est le « moteur » de notre vie. Il est le lieu de nos motivations et la source de notre créativité.

Fiche 5

# Les sous-états E

Pour comparer et distinguer les différents comportements décrits comme appartenant à E, nous parlerons de l'Enfant Libre et de l'Enfant Adapté. Ce dernier présente trois aspects : Adapté proprement dit, Rebelle et Soumis.

## ■ E Libre

Il agit suivant ses désirs et ses besoins. Il s'exprime en accord avec ses émotions. Il expérimente le monde. Il imagine. Il joue, pose des questions *(pourquoi… ?)*, il parle au conditionnel *(je serais…)*, il tape sur un plus petit pour lui prendre son jouet ; il fait ce qu'il a envie quand il en a envie.

Ce qui peut aussi présenter des risques certains pour lui (lorsque le plaisir de l'action est sans limite) ou pour les autres (seuls ses désirs et émotions sont pris en compte) : lorsque le E Libre s'exprime sous cette forme, il est parfois appelé « l'Enfant Fou ». (L'Enfant Fou n'étant pas utile à l'entreprise, on n'en rencontre pas sous cette forme extrême.)

Dans le monde du travail, le E Libre est direct dans ses propos, indépendant et créatif, s'intéresse à ce qui est nouveau, se passionne pour certaines de ses activités, pose simplement des questions quand il ne comprend pas (en réunion : *« Vous avez parlé de phénomènes stochastiques, Monsieur le directeur. Qu'est-ce que ça veut dire ? »*) Et il peut aussi piquer des colères mémorables quand les choses ne vont pas comme il voudrait qu'elles aillent.

Dans le monde de la bande dessinée traitant des relations professionnelles, Gaston Lagaffe est un modèle du genre.

## ■ E Adapté sous ses trois aspects

L'enfant comprend assez vite qu'il est plongé dans un univers régi par des lois et qu'il doit composer avec l'extérieur s'il veut survivre. Il n'a pas le choix : il s'adapte. Il s'adapte plus ou moins bien, plus ou moins facilement à ces contraintes. Les règles sont à découvrir pour savoir comment faire pour trouver du plaisir et éviter le déplaisir. Les règles de l'environnement physique (quand on lâche un objet, il tombe ; quand on fonce tout droit, la table – ou tout autre obstacle – ne disparaît pas et on se cogne ; quand on met le doigt dans la flamme d'une bougie, ça brûle) et les règles de l'environnement vivant (faire un sourire aux parents, ça marche bien ; plus grand, faire un beau dessin, ça fait plaisir à Maman ; mais bizarrement, pas toujours : sur la feuille qu'on a donnée, oui, sur le mur du salon, non).

Il y a plusieurs façons de se débrouiller avec les règles :

- en les intériorisant, ce qui permet de s'y conformer sans difficultés et de s'adapter au monde dans lequel on vit ;
- en les refusant, et c'est très agaçant : quoi qu'on fasse, les obstacles ne disparaissent pas ;
- en s'y soumettant tant bien que mal, plutôt mal que bien d'ailleurs, parce qu'elles sont bien trop compliquées et qu'il est difficile de les comprendre.

Dans la suite, nous utiliserons trois dénominations différentes pour distinguer ces trois modes de réaction de l'enfant Adapté :

- **l'Enfant Adapté** sera réservé pour celui qui accepte « simplement » les règles ;
- **l'Enfant Rebelle,** pour celui qui s'oppose aux règles ;
- **l'Enfant Soumis,** pour celui qui subit les règles.

Pour fixer les idées, donnons les comportements associés dans le cas d'un enfant qui va à l'école (ce qui correspond à une adaptation, ce n'est pas l'enfant qui a inventé l'école).

A ▪ L'Enfant Adapté y va avec plaisir, participe aux activités de classe et s'amuse bien aux récréations.

B ▪ L'Enfant Rebelle ne veut pas y aller ; mais comme en général il « doit » y aller, il s'oppose à tout, est agressif, réagit avec force aux remarques, ordres ou conseils de la figure d'autorité.

C ▪ L'Enfant Soumis n'a pas envie d'y aller, tous les prétextes sont bons pour rester à la maison (« *maman, j'ai mal au ventre...* »), mais comme ça ne marche pas toujours, il y va quand même, rechigne aux activités scolaires et ne joue pas beaucoup aux récréations.

## ■ Dans le domaine professionnel

Transposons cela au monde du travail.

**A** ▪ Quand une personne branche son **Enfant Adapté**, elle fait son travail « normalement », elle fait ce qu'il faut pour être intégrée. C'est un collaborateur agréable, à l'aise, qui est souple quand la situation demande des aménagements, mais sait dire non quand les demandes sont arbitraires et relèvent de l'abus de pouvoir.

B ▪ **L'Enfant Rebelle** ne choisit pas : il est contre tout, par réflexe. Il n'est pas d'accord et le fait savoir. Toute autorité, règle ou procédure lui fait voir rouge. Il peut dire : *les procédures, ils ne connaissent que ça ; il n'y a même pas à en discuter, je ne le ferai pas ; il n'est pas question que je me laisse faire ; je vais lui dire ce que je pense de ses méthodes ; j'arrive plus tard que les autres, et alors, je fais mon boulot, non ? Hors de question que je mette une cravate, pourquoi pas un costume trois pièces pendant qu'ils y sont !*

C ▪ **L'Enfant Soumis** n'est pas d'accord mais n'ose pas exprimer ses idées. Alors, soit il se fait le plus petit possible, fait ce qu'on lui demande mais sans plaisir, avec anxiété, et en n'en pensant pas moins. Soit, s'il est un peu moins paralysé par sa soumission, il ne dit rien directement mais est amené à insinuer, à sous-entendre ; il fait ce qu'on lui dit en faisant traîner les choses le plus possible, se plaint aux collègues, rumine ; se laisse influencer par le dernier qui parle, se sent brimé, peu sûr de lui. Ses expressions favorites sont : *de toute façon, ça ne changera jamais ; c'est toujours « eux » qui décident ; « ils » veulent nous faire croire que ça va améliorer les choses, mais tu parles ; je veux bien essayer mais je sais que ça ne marchera pas ; c'est encore un truc inventé par la direction (ou le ministère, ou en haut lieu) pour nous fliquer (ou nous embêter ; ou nous faire travailler plus, comme si on n'en faisait pas assez) ; de toute façon, il n'y a rien à faire.*

**Entre Adapté et Soumis d'une part, Adapté et Rebelle d'autre part, les frontières sont floues, le sous-état de l'Enfant Adapté se situant sur un continuum entre les deux extrêmes que sont le Rebelle et le Soumis.**

Certains comportements sont plus efficaces que d'autres :
- Le E Soumis pour en faire le moins possible et se sentir mal-aimé.
- Le E Rebelle pour se faire licencier ou se faire traiter de « grande gueule » (c'est aussi parfois grâce aux Rebelles que certaines choses peuvent changer).
- Le E Adapté pour aller travailler avec un certain plaisir, se sentir bien et être apprécié par les autres.
- Le E libre pour être créatif.

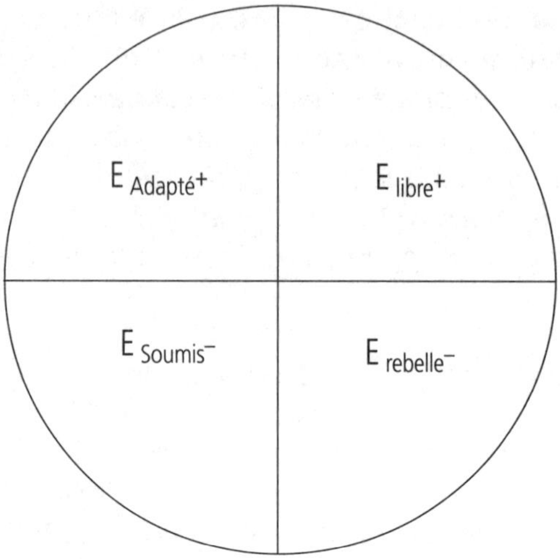


**Résumé**

Les frontières sont floues entre les différents sous-états.
Les signes + et – sont associés au degré d'harmonie des échanges.

Fiche 6

# L'état P (Parent)

**L'état, ou le système P, est le lieu et le garant des valeurs traditionnelles, des normes et règles sociales.** Il est notre colonne vertébrale ; c'est l'état **qui donne un sens à nos actions, notre cadre de référence.**
Il nous permet de savoir, sans avoir à réfléchir, ce qu'il convient de faire, dire et penser face à une situation donnée.

## ■ Comment reconnaître l'état P en action ?

Nous avons vu que l'état E se reconnaissait essentiellement par le non-verbal. **L'état P se repère, lui, essentiellement par le verbal** : le non-verbal et le paraverbal prennent des formes très variables suivant le sous-état P aux commandes.

### • Verbal

**Commandements, ordres et conseils :**

- verbes énoncés au mode impératif : *faites ceci, ne faites pas cela, arrêtez, allez-y, soyez prudent, écoutez-moi, croyez-moi*, etc. ;
- règles : *il faut, tu dois, je dois, il vaut mieux*, (ou sous leur forme négative) *ça ne se fait pas*, etc.
- conseils *: tu devrais, ce serait mieux si, si j'étais à ta place je* (autre version : *je ne suis pas à ta place mais…*), *je te conseille de* (autre version : *je n'ai pas de conseils à te donner mais…*), etc. ;
- parce que : *c'est comme ça parce que je te le dis, parce que je suis ton supérieur, parce que j'ai plus d'expérience, parce que ça m'est déjà arrivé*, etc.

**Jugements**

*C'est bien, mal, beau, exact, faux, ridicule, idiot*, etc. ; *vous êtes nul, brillant, aimable*, etc. *; je vous l'avais bien dit, j'avais raison*, etc.

**Généralisations**

*Toujours, jamais, souvent, parfois, à chaque fois que, c'est tout le temps pareil, tous (toutes) les… sont des…*

**Proverbes et clichés**

*Un tien vaut mieux que deux tu l'auras ; l'avenir appartient à ceux qui se lèvent tôt ; on sait ce qu'on perd, on ne sait pas ce qu'on aura* et *qui ne tente rien n'a rien ; tourne sept fois ta langue dans ta bouche avant de parler ; quand on veut, on peut ; pierre qui roule n'amasse pas mousse* et *les voyages forment la jeunesse ; chassez le naturel, il revient au galop,* etc.

## • Le non-verbal

Froncement de sourcils ; regard lointain ; mimiques d'approbation ou de désapprobation ; index pointé ; jeu des maxillaires ; marche de long en large ; mains croisées derrière le dos, ou sur les hanches, ou bras croisés, mais aussi tête penchée sur le côté ; assis avec le menton dans les mains ; mais aussi gestes enveloppants (bras passés autour des épaules, tapes amicales) ; clins d'œil, etc.

## • Le paraverbal

Voix forte, cassante ou aiguë mais aussi enveloppante, chaleureuse, etc.

**Remarque**

Les membres de la très sympathique tribu des « Niakas (ou Yakas) » appartiennent au pays P. Vous en avez certainement rencontré. Ils sont faciles à reconnaître : ils se promènent avec une grande cuillère magique (qu'ils appellent cuillère à pot) et dès qu'un problème se profile, ils le règlent avec trois coups de leur instrument magique.

Fiche 7

# Les sous-états P

*Si on vous dit « parent », qu'est-ce que ce mot évoque pour vous ?*
*Ce peut être, en vrac : responsabilité, éducation, famille, apprentissage, patrimoine, amour, décider, câlins, biberon, nourriture, père, mère, argent de poche, punition, autorisation, protection, refuge, devoir, élever, modèle, générosité, interdiction, permission, affection...*
*Complétez la liste à votre guise.*

Les mots cités peuvent être regroupés en deux grandes catégories : l'une liée à l'éducation, l'autre liée à la nourriture. « Nourriture » au sens propre (alimentaire) et figuré (affective, intellectuelle ou symbolique, comme l'argent).
Le Parent dont la fonction est liée à l'éducation sera appelé **Parent Normatif** (ou parfois Critique).
Le Parent dont la fonction est liée à l'apport de nourritures sera appelé **Parent Nourricier** (ou parfois Donnant).

| Parent Normatif | Parent Nourricier |
|---|---|
| Responsabilité | Amour |
| Éducation | Câlins |
| Apprentissage | Biberon |
| Patrimoine | Nourriture |
| Décision | Argent de poche |
| Punition | Protection |
| Autorisation | Refuge |
| Devoir | Permission |
| Modèle | Générosité |
| Interdiction | Affection |
| ............ | .......... |

**NOTE :**
Certains mots n'ont pas été classés. En effet, en fonction de ce que la personne qui les prononce « met derrière » ces mots, ils peuvent rejoindre l'une ou l'autre des colonnes, ou les deux. Tels les mots « père », « mère », « famille ».
Quant à « élever », tout dépend s'il est utilisé dans le sens « éduquer » (un enfant bien élevé ? P Normatif) ou dans le sens « éleveur » (élevé comme un coq en pâte ? P Nourricier).

L'énergie du système P s'utilise donc à deux fins différentes.

- Respecter et faire respecter les règles de vie, les normes de la structure dans laquelle on évolue : on l'appellera le **Parent Normatif** qui lui-même présente deux aspects (**P Normatif** proprement dit et **P Persécuteur**).
- Donner aux autres et à soi-même les « nourritures » nécessaires au développement et à l'épanouissement : on l'appellera le **Parent Nourricier**. Ce sous-état se présente aussi sous deux facettes (**P Nourricier** proprement dit et **P Sauveur**).

## ■ Le Parent Normatif et ses deux aspects

Le P Normatif est donc l'état qui donne les règles adaptées au contexte et les fait respecter.

Dans le domaine professionnel, un des rôles d'un **hiérarchique** est d'énoncer les règles de fonctionnement du service, les droits et devoirs de chacun, de poser les limites entre l'acceptable et l'inacceptable, entre le négociable et le non-négociable.

- Soit il transmet des règles souples, utiles, protectrices, applicables et les énonce clairement, et c'est à ce type de comportement « idéal » que l'on réservera la dénomination de **Normatif**.
- Soit il fait, volontairement ou non, de l'abus de pouvoir, et ses décisions et remarques relèvent davantage du « fait du prince » que de l'application d'une règle institutionnelle. Dans ce cas, on appellera ce P Normatif : **Parent Persécuteur.**

**La frontière est floue entre le comportement « normal » Normatif et le comportement dit « Persécuteur » : l'état du moi P Normatif se situe sur un continuum entre les deux extrêmes.**

## ■ Remarques

Il n'est possible à un responsable de brancher le P Normatif que lorsque les règles de fonctionnement de l'entreprise sont clairement définies, acceptées par le personnel, connues de tous (et appliquées par tous, et en particulier par les hiérarchiques).

La connaissance des règles institutionnelles n'évite pas les transgressions mais permet de savoir qu'il y a transgression (un automobiliste peut « griller » un stop, mais s'il a passé son permis de conduire, il sait qu'il est en contravention avec le code de la route et connaît les risques auxquels il s'expose).

Indépendamment de la structure managériale de l'entreprise, certaines personnes utilisent volontiers des comportements persécuteurs et reçoivent alors parfois des surnoms tels que « Terminator » ou « M. Je-sais-tout », voire « le SS »... Dans une entreprise, il n'est pas nécessaire d'être hiérarchique pour utiliser l'état P avec les autres. Ainsi, dans un hôpital, une ASH (agent de service hospitalier), lorsqu'elle lave les couloirs, interpelle toute personne qui s'approche d'un vigoureux « je viens de laver, marchez pas dans mon mouillé » : tout le monde obtempère, de l'aide-soignante au chef de service... Il est vrai que ce genre d'injonction est en voie de disparition (les consignes de sécurité font que l'espace « mouillé » est balisé et interdit au passage).

## ■ Le Parent Nourricier et ses deux aspects

C'est celui qui apporte aide, conseils, compréhension aux autres (et à lui-même). Là encore, il existe différents modes d'expression de ce Parent, entre le P Nourricier « idéal » pour lequel on conservera la dénomination de **Parent Nourricier**, jusqu'au **Parent Sauveur** qui... en fait trop.

- **Le Parent Nourricier** intervient sur une demande d'aide. Et cela lorsque la demande est dans son domaine de responsabilité et de compétence et qu'il a fixé avec l'autre les limites de son intervention.

**Exemples :**

« Bien sûr que je peux te remplacer cette après-midi ; de 14 à 17 heures, ça te va ? »

« Oui, je peux voir avec toi comment rédiger ta note de synthèse ; qu'attends-tu de moi précisément ? » (Si on est collègue ou hiérarchique.)

Il peut aussi proposer son aide et, dans ce cas, il fait la différence entre proposer et imposer. Si sa proposition est déclinée, il ne se vexe ni ne se fâche, et se retire. Exemple : *« Souhaitez-vous que je vous aide à définir vos besoins en formation ? »* (Si on est responsable de formation.)

- **Le Parent Sauveur**, surnommé parfois *Zorro*, ou *Mère Teresa*, ou *Dépanneur Universel*, est toujours prêt à aider les autres, même (surtout ?) quand on ne lui a rien demandé, et/ou quand c'est pour un collaborateur d'un autre service, et/ou quand il n'est pas particulièrement compétent.
Le P Sauveur se définit lui-même comme *« trop bon »* ou *« trop poire »*. Il emploie des expressions telles que : *« après tout ce que j'ai fait pour lui »* ou *« il me doit beaucoup* (voire *tout) »*, *« heureusement que je suis là »*, *« laisse, je m'occupe de tout »*, *« je ne peux pas laisser les autres dans le pétrin »*, *« je sais que je me fais souvent avoir, mais je ne peux pas faire autrement que d'aider »*.

Le Sauveur pense sincèrement qu'il fait les choses « gratuitement », mais, précise Umberto Eco dans « Comment voyager avec un saumon » : *« Tout petit déjà, on m'a appris que si on vous propose quelque chose de gratuit, il faut appeler les flics. »*

**La frontière est floue entre le comportement « normal » Donnant et le comportement dit « Sauveur » : l'état du moi P Donnant se situe sur un continuum entre les deux extrêmes.**

Certains sous-états du P sont plus efficaces que d'autres.
- Le P Normatif pour assumer son rôle hiérarchique et permettre aux collaborateurs de travailler efficacement, et faire en sorte que son service « tourne » bien.
- Le P Persécuteur pour se sentir important et supérieur et introduire de la tension dans son équipe.
- Le P Nourricier pour assumer un autre aspect de son rôle hiérarchique : repérer les besoins, aider efficacement, favoriser les motivations, permettre de progresser et travailler dans un climat agréable.
- Le P Sauveur pour se donner bonne conscience ; faire à la place des autres et empêcher leur prise d'autonomie.
- Les comportements Normatif et Nourricier semblent plus efficaces en entreprise. Malgré tout, le Persécuteur peut être adapté en cas d'urgence et le Sauveur en cas de danger réel.

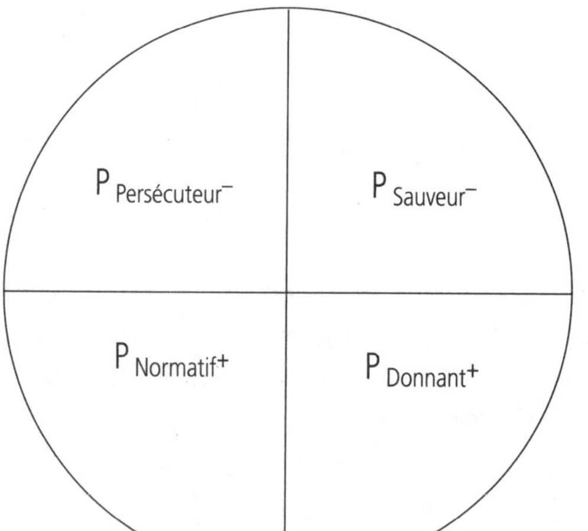

Résumé

Les frontières sont floues entre les quatre sous-états.
Les signes + et – sont associés au degré d'harmonie des échanges.

Fiche 8

# Comment éviter de se comporter trop souvent en P Sauveur ?

Il est « mal vu » de se comporter en Persécuteur. Quand on a conscience de s'être comporté en Persécuteur, on le regrette le plus souvent. On s'en justifie en affirmant que c'était la seule solution en face de gens « *qui ne veulent vraiment pas comprendre* », voire « *qui font exprès de ne pas comprendre* ». À l'opposé, le comportement P Sauveur est considéré comme moralement « bien », alors qu'il peut faire autant de dégâts que son cousin Persécuteur : socialement, le Sauveur est « le Bon », le Persécuteur est « la Brute », alors qu'ils sont tous les deux des « Truands ».
Or donc, si on souhaite éviter d'utiliser trop souvent le comportement Sauveur, **avant** d'aider quelqu'un (il ne s'agit évidemment pas des cas où l'aide fait partie de ses missions ou de ses fonctions), on se pose les cinq questions suivantes.

1. Ai-je eu une demande **explicite** (= exprimée avec des mots) (1) ?
2. Est-ce de ma compétence ?
3. Est-ce de ma responsabilité ? (est-ce que je n'empiète pas sur le territoire de quelqu'un d'autre ?)
4. L'autre est-il prêt à faire au moins la moitié du chemin ?
5. En ai-je envie ?

Si, à une des cinq questions :

- vous avez une réponse « non », il s'agit de décider si vous « aidez quand même » en acceptant l'occurrence du risque que l'autre « le prenne mal » (par exemple vous dise : « *je ne t'avais rien demandé* »).
- vous avez plusieurs « non » et que vous y allez « quand même », c'est que vous avez décidé d'être Sauveur quoi que ça vous coûte... à vous et aux autres.

---

(1) Remarque : si vous « voyez bien » que l'autre a besoin d'aide, alors qu'il n'a rien demandé, vous êtes autorisé (par dérogation !) à lui poser une question ouverte du genre « en quoi puis-je t'aider ? » ou « qu'est-ce que je peux faire ? », et être prêt à accéder à sa demande... quelle qu'elle soit. Sinon, ne lui posez pas la question.

Tout cela est volontairement exagéré et, dans la plupart des cas, les choses se passent plutôt bien quand on aide quelqu'un qui ne nous a rien demandé. D'autant plus que les codes sociaux font qu'on ne sait pas toujours où commence le Sauveur et où finit le Donnant ou le Normatif. Par exemple, tenir la porte à quelqu'un qui ne nous a rien demandé, plutôt que de la lui lâcher en pleine figure, fait partie des codes de politesse et pas du comportement Sauveur. Avec certaines « attentions », c'est déjà plus compliqué : pour certains, les « égards » sociaux manifestés par un homme vis-à-vis d'une femme sont inclus dans de simples règles de savoir-vivre, pour d'autres, cela s'apparente au machisme...
Si vous avez le sentiment de vous faire « avoir » un peu trop souvent, vous pouvez tester ces cinq questions. Si vous décidez d'arrêter d'être Sauveur, ça va vous changer la vie. Et vous risquez de vous faire très mal voir par les « Victimes » (cf. fin de la fiche 23 sur les sorties de jeu).
Inversement, si on ne souhaite pas réveiller le P Sauveur (qui sommeille en chacun) de l'interlocuteur, on demande **explicitement** de l'aide quand on en a besoin, on s'adresse à quelqu'un de compétent dans le domaine, on définit avec lui le cadre de l'intervention sollicitée et... on est prêt à accepter un éventuel refus.

Fiche 9

# Préliminaire à l'état A (Adulte)

Ci-dessous, une très brève histoire (due à William Haney). À partir des faits qui y sont mentionnés, concluez si chacune des dix affirmations qui suivent vous paraissent vraies (entourez **V**), fausses (entourez **F**) ou indécidables (entourez **?**).

« Un commerçant venait d'éteindre les lumières dans le magasin quand un homme apparut et demanda de l'argent. Le propriétaire ouvrit la caisse enregistreuse. Le contenu de la caisse enregistreuse fut ramassé et l'homme s'enfuit. Un officier de police fut averti immédiatement. »

| **Affirmations :** | V | F | ? |
|---|---|---|---|
| 1. Un homme apparut après que le propriétaire eut éteint les lumières de son magasin. | | | |
| 2. Le voleur était un homme. | | | |
| 3. Le propriétaire ramassa le contenu de la caisse enregistreuse et s'enfuit. | | | |
| 4. Après que l'homme qui avait demandé l'argent eut ramassé le contenu de la caisse enregistreuse, il s'enfuit. | | | |
| 5. Quoique la caisse enregistreuse contînt de l'argent, l'histoire ne dit pas combien. | | | |
| 6. Le voleur demanda de l'argent au propriétaire. | | | |
| 7. Le voleur n'emporta pas d'argent. | | | |
| 8. Après que les lumières dans le magasin furent éteintes, un homme apparut. | | | |
| 9. L'homme s'enfuit du magasin en emportant avec lui le contenu de la caisse enregistreuse. | | | |
| 10. Le voleur ne demanda pas d'argent au propriétaire. | | | |
| 11. L'histoire traite d'une série d'événements dans lesquels seules trois personnes sont mentionnées. Le propriétaire du magasin, un homme qui demanda de l'argent et un officier de police. | | | |

**Combien de V avez-vous entouré ? Combien de F, de ?**

Les « bonnes » réponses ? Seule l'affirmation 8 est vraie, les autres sont indécidables. Donc, pour la 8 : V ; pour toutes les autres : des points d'interrogation !
Si vous n'avez pas ces réponses, c'est que vous avez interprété les données. Avec les observations données par le texte, qui sont les **faits** de notre histoire, on ne peut pas en conclure que les affirmations soient vraies ou soient fausses (à part la 8). Vérifions-le sur un exemple : l'affirmation n° 1 dit que le « propriétaire » a éteint les lumières ; or le texte dit que le « commerçant » a éteint les lumières. Ce commerçant peut être le propriétaire, ou le gérant, ou un vendeur (ce qui n'empêche pas que le propriétaire soit aussi présent dans le magasin) ; rien dans le texte ne nous permet de le savoir. C'est pourquoi la logique du « p'têt ben qu'oui, p'têt ben qu'non » s'impose.
Les affirmations 2, 6, 7 et 10 mentionnent un voleur. Où est-il fait mention d'un voleur dans les faits ?
Bien évidemment, le texte est conçu pour induire des inférences particulières. (C'est beaucoup plus simple dans les histoires de la vie quotidienne, quoique…)
Une **inférence** est un cheminement (le plus souvent non conscient) de pensée, qui aboutit à une conclusion sur les significations que l'on donne à des observations dans un **contexte** donné. Une inférence est **une** des déductions possibles de la signification d'une situation. Dans le texte de l'histoire présentée, il n'y a pas de contexte. Chacun est bien obligé de l'inventer… et comme il est question de commerçant, d'argent, de caisse, de s'enfuir, de policier… de là à imaginer qu'il y a « du louche », il n'y a qu'un pas.
Dans la vie de tous les jours, élaborer des inférences est indispensable et permanent. C'est ça qui nous permet de faire des liens entre les éléments observés, nécessairement discontinus. Les inférences (si elles ne sont pas mathématiques) appartiennent à l'état P. Fort heureusement pour la communication, la plupart de nos inférences rendent compte de la « réalité ». Malheureusement pour la communication, certaines de nos inférences ne correspondent pas à la « réalité ».
Dans « l'histoire » précédente, une réponse « vraie (V) » à l'affirmation 8, et point d'interrogation (?) aux 10 autres correspondent au **fonctionnement A**. Toutes les autres réponses appartiennent à un fonctionnement P.
Si on aime imaginer, il est amusant d'inventer plusieurs scenarii qui nous racontent des histoires complètement différentes avec les mêmes faits de base…

Fiche 10

# L'état A

L'état, ou le système A, est le lieu de l'objectivité, de la **logique**, de la rationalité, du conceptuel et de l'abstraction.
C'est le domaine :

- des **faits**, de leur recueil, de leur combinaison, de leur association par des règles et opérations logiques ;
- de l'**analyse** des situations, de la **synthèse** des idées ;
- du **calcul des probabilités** de réussite d'une solution ou d'une décision. Même en mathématique, champ d'application par excellence d'utilisation du A, il n'y a pas toujours une seule solution aux problèmes. Et, dans la vie courante, il y a rarement une « bonne » solution ; simplement, il peut y avoir une solution plus satisfaisante qu'une autre en fonction de certains critères. Pour en finir avec l'histoire de la fiche précédente, on est en A lorsqu'on sait qu'il y a une certaine probabilité pour que l'homme soit un voleur (ce qui signifie qu'il y a d'autres possibilités et qu'il faudra vérifier) ; on est en P lorsqu'on « sait » que l'homme est un voleur. Cela ne change pas grand-chose ? Non, sauf si on est « l'accusé ».

Attention au A « qui a la couleur du A mais qui n'en est pas » qui consiste à « rationaliser » son choix, c'est-à-dire à expliciter les raisons logiques d'un choix alors que le choix s'est fait de façon irrationnelle (comme la plupart des choix !). Par exemple pour l'achat d'une voiture, prétendre qu'on a choisi sur un rapport qualité/prix alors qu'on a choisi sur un rapport… plaisir/prix. La rationalisation, quand elle est justification, est du domaine du P.

## ■ Comment se construit le système A ?

On a supposé que le système E (libre) était donné, que le système P se constituait nécessairement par imitation des personnes de l'entourage ; le système A se construit avec le développement de la capacité d'abstraction.
La construction de A impose **une prise de recul** face aux situations, un point de vue dégagé des émotions (E) et des jugements (P), une capacité à l'observation de faits, un apprentissage des **opérations mentales** (supposées universelles, tels les raisonnements logiques) pour relier les faits.
Un des rôles de l'école est de participer à l'élaboration de l'état A.
La fabrication de ce système permet la création d'un lieu de **médiation**, un lieu « neutre », un lieu de désaffection où le « langage » est commun.

Le système A, bien qu'il ne soit pas un muscle, peut se développer et être entraîné tout au long de la vie. En effet, on ne peut pas « décider » de ressentir une émotion, ni de modifier ses croyances (la plupart inconscientes), mais on peut décider d'apprendre, par exemple, à poser des questions neutres (ce sont celles pour lesquelles l'interlocuteur se sent libre de donner la réponse qui lui convient) à condition d'en avoir envie (E) ou/et de devoir le faire (P) ! Sinon, tant pis !

## ■ Comment repérer le système A en action ?

Le système A recherche, fournit, analyse des informations : quand une personne est en situation de communication avec un interlocuteur, elle **ÉCOUTE** son interlocuteur.
La seule façon de connaître le point de vue de l'autre, ses arguments, ses objections, ses craintes, ses propositions est... d'écouter ce qu'il dit.
Pour aussi évident que cela paraisse, c'est certainement une des choses les plus difficiles à faire. En effet, écouter (en état A) signifie laisser parler l'autre sans l'interrompre, accepter les éléments de son discours sans jugement (sinon, on est en P) et sans émotions (sinon, on est en E), et d'être attentif à son non-verbal et à son paraverbal, pour décoder les émotions sous-jacentes.

**Légende de Procuste**

Procuste, figure de la mythologie grecque, était un brigand qui, comme tout brigand qui se respecte, détroussait les voyageurs qu'il rencontrait, et les tuait. Mais ce qui terrorisait le plus les habitants de l'Attique, région où sévissait Procuste, c'est qu' « on » racontait (ceux qui l'avaient rencontré n'étaient plus là pour le confirmer) que Procuste tuait ses victimes d'une façon terrifiante : quand il avait attrapé un voyageur, il l'emmenait dans son repaire, le délestait de ses biens et enfin le couchait sur son lit. Son lit était exactement à sa taille. Puis il faisait en sorte que la personne « tienne » exactement sur son lit : si la personne était trop petite, il étirait ses membres jusqu'à ce qu'ils aient la « bonne » dimension ; si elle était trop grande, il coupait tout ce qui dépassait.
La police scientifique n'ayant pas encore été inventée, personne ne connaissait les dimensions de Procuste ni de son lit, et l'idée de mourir par écartèlement ou par raccourcissement donnait des cauchemars aux voyageurs...

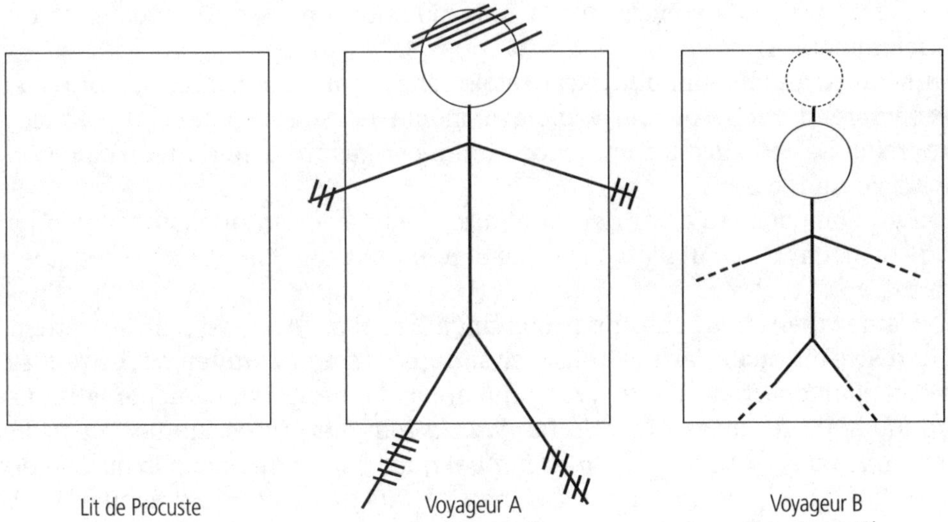

Lit de Procuste

Voyageur A
Procuste coupe

Voyageur B
Procuste écartèle

Symboliquement, couper la parole à quelqu'un, finir ses phrases, c'est vouloir le faire rentrer dans son cadre de référence à soi, c'est-à-dire agir comme Procuste.
Aïe, aïe, aïe !
Pour terminer cet épisode légendaire, Procuste fut tué par Thésée... qui lui fit subir le sort qu'il réservait à ses victimes...

Donc, écouter, c'est d'abord laisser finir l'autre. Mais ce n'est pas tout. C'est aussi vérifier que l'on a bien compris ce qu'il voulait dire. Non pas que l'on soit idiot, sourd ou malintentionné (enfin, pas toujours), mais comme on « filtre » involontairement ce que l'on reçoit à travers notre propre cadre de référence, il vaut mieux s'assurer qu'on a bien recueilli toutes les informations qu'il nous a fournies.
Pour cela, une seule méthode : **REFORMULER.**
Reformuler est une opération délicate qui consiste à reprendre de manière concise et explicite ce que l'interlocuteur vient de dire pour s'assurer qu'on est en phase avec ce qui est important pour lui. Et pour savoir si on a « bien » reformulé, il existe une vérification (presque) infaillible : être attentif au non-verbal de l'interlocuteur pendant la reformulation ; en effet, même s'il n'ose pas dire « *attendez, ce n'est pas exactement ça* » ou « *ce n'est pas ce que j'ai voulu dire* », quelque chose dans son non-verbal nous le signifie et on peut alors lever le malentendu.

Voici trois remarques concernant la reformulation (qui est une des clefs du fonctionnement A) :

- Dire toutes les cinq minutes (si possible sans regarder son interlocuteur) *« si je comprends bien »* ou une formule du même genre, et répéter mot pour mot ce qui a été dit, sur un ton monocorde, n'est pas un acte de reformulation mais de perroquet.
- Reformuler consiste à vérifier (et à faire savoir à son interlocuteur) qu'on a pris en compte ce qui a été dit et ne signifie pas que l'on est d'accord avec ce qui a été dit.
- Certaines reformulations appartiennent à P et pas à A... ce qui ne les retient pas d'être efficaces dans certaines situations ! Il s'agit uniquement de rendre à P ce qui appartient à P et à A ce qui appartient à A. Par exemple, *« tu dis que lorsque tu entres dans le bureau de ton chef, tu es inquiet »* est du domaine du A ; *« tu dis que tu es inquiet quand tu entres dans le bureau de ton chef, mais c'est assez normal, ne t'en fais pas »* est du domaine du P.

Résumons : d'une part, l'écoute (et la reformulation qui en fait partie) est une des caractéristiques de l'état A.
D'autre part, le système A recherche des faits, émet des hypothèses, propose des solutions. Au niveau **verbal,** cela va se traduire par :

- Des questions
  - de précision : *qui ? quoi ? où ? quand ? comment ? pour quelles raisons ?* etc.
  - ouvertes : *qu'en pensez-vous ? Quel est votre avis sur ? De quels moyens disposez-vous ? Que proposez-vous ?* etc.
- Des déclarations brèves et directes : *les différentes solutions sont... ; les avantages et les inconvénients sont... ; la marge d'erreur est de... ; je suis d'accord ; je ne suis pas d'accord ; la probabilité est de... ;* etc.

Le **non-verbal** et le **paraverbal** sont calmes, posés, attentifs. Le regard est direct. L'état A fonctionne dans plusieurs registres cognitifs mais, dans tous les cas, la relation à l'autre est de même nature et on considère que **A n'a pas de sous-états.**

**Résumé**

L'adulte, c'est comme le tiers état. En tant que tiers, il est moins concerné affectivement par les affaires des P et des E. Il a du recul et analyse rationnellement une situation.

Fiche 11

# Développer son état A sans se fatiguer

1 ▪ Pendant cinq minutes, observez (discrètement) deux personnes qui parlent entre elles. Comptez le nombre de fois où chacune d'elles a interrompu l'autre et les conséquences sur le dialogue en cas d'interruption. Comptez le nombre de fois où chacune d'elles a laissé terminer l'autre ; le nombre de fois où, en plus de lui laisser terminer son propos, elle a marqué un très léger temps d'arrêt avant de reprendre la parole et s'est livrée à une reformulation avant de reprendre la main, et les conséquences sur leur dialogue.
C'est un exercice A puisqu'il demande l'observation d'une situation et un recueil de faits (nombre d'interruptions, de reformulations). C'est simple, ce n'est pas impliquant ; l'attention est portée à l'extérieur de soi, ce qui permet à E et à P, si souvent sollicités, de se reposer.

2 ▪ Après quelques observations de ce type, vous pouvez vous impliquer davantage en faisant les mêmes observations dans un « débriefing » (analyse de situations a posteriori) où vous étiez un des interlocuteurs… Attention, en A, c'est-à-dire sans état d'âme ni jugement sur soi.

3 ▪ L'étape suivante serait d'écouter au moins une fois par jour un interlocuteur, sans l'interrompre, en laissant le petit temps d'arrêt pour que les paroles se posent, et de reformuler une partie de ce qu'il a dit et… voir ce qui se passe pour la qualité de l'échange (et ce que ça vous apporte, à vous).

Fiche 12

# Autotest : votre PAE (1)

## Exemples de comportement

Mettez une croix dans l'une des deux colonnes « plutôt vrai » ou « plutôt faux » pour chacune des 90 affirmations ci-dessous. L'exercice est à faire rapidement, sans « se prendre la tête » et de façon ludique. Les résultats ne sont pas des « vérités » et servent plutôt de point de départ à une observation de ses comportements, au jour où le test est fait et dans le contexte que vous avez choisi pour répondre à certaines questions : par exemple, pour la première phrase, la réponse peut être différente suivant le contexte (professionnel, familial, amical...).

| | | Plutôt vrai | Plutôt faux |
|---|---|---|---|
| 1. | Je suis soucieux de l'opinion des autres sur moi. | | |
| 2. | Je prête facilement mes affaires, sans me préoccuper de savoir si on va me les rendre ou pas. | | |
| 3. | J'ai l'habitude de prévoir et planifier mon travail professionnel et ma vie privée. Cela me permet d'être décontracté et tranquille. | | |
| 4. | Je fais ce qu'il faut pour ne pas passer inaperçu de mon patron et pour faire connaître mes bons résultats. | | |
| 5. | Dans les discussions, quand on m'attaque sur mes idées, je ne m'excite pas et je suis même prêt à remettre en cause certains de mes points de vue. | | |
| 6. | Je n'admets pas qu'une erreur soit répétée une deuxième fois. J'en suis irrité. | | |
| 7. | Je souffre facilement des critiques que les autres me font sur mes façons d'agir. | | |
| 8. | J'aime le travail bien fait, précis et réalisé dans les délais voulus. | | |

(1) Source Dominique Chalvin.

| | | Plutôt vrai | Plutôt faux |
|---|---|---|---|
| 9. | Je ne crains pas de dire aux autres ce que je pense, même s'ils ne l'ont pas demandé. | | |
| 10. | Je n'hésite pas à prendre un travail ingrat pour soulager un collègue fatigué, même si je n'en ai pas envie du tout. | | |
| 11. | Je ne transige pas sur la sécurité au travail. | | |
| 12. | Je n'aime pas qu'on m'impose quelque chose. | | |
| 13. | J'aime bien, au travail, avoir des moments où l'on rit d'une bonne histoire. | | |
| 14. | Les chefs sont en général vraiment impossibles : je ne me laisse pas faire. | | |
| 15. | Je suis disponible pour remonter le moral des gens quand le besoin s'en fait nettement sentir. | | |
| 16. | Je ne crois pas beaucoup aux recettes ; je préfère expérimenter par moi-même. | | |
| 17. | Commander me fait un peu peur et prendre des responsabilités me donne du souci. | | |
| 18. | Je suis bien intégré dans mon entreprise. | | |
| 19. | Suivre les règlements ne me pose pas de problème. | | |
| 20. | J'ai des principes et je les fais appliquer, même si je dois les imposer par la force. | | |
| 21. | Quand je sens qu'on veut faire pression sur moi, je ne me laisse pas faire. | | |
| 22. | Je vois facilement le détail qui ne va pas. | | |
| 23. | Je pense qu'il est préférable de considérer a priori les gens comme intelligents et honnêtes, même si cela n'est pas tout à fait vrai. | | |
| 24. | Je n'aime pas laisser sans aide quelqu'un en difficulté. | | |
| 25. | Quand quelqu'un me pose une question, j'aime expliquer et faire comprendre. | | |

| | | Plutôt vrai | Plutôt faux |
|---|---|---|---|
| 26. | Diriger, c'est permettre à chacun d'utiliser au mieux son potentiel personnel. | | |
| 27. | Face à une décision difficile, je fais mon devoir. | | |
| 28. | Il m'arrive encore trop souvent de continuer à suivre certains principes, alors que je doute de plus en plus de leur valeur ; mais j'ai été élevé comme ça, je n'y peux rien. | | |
| 29. | Je préfère me ranger à l'avis de personnes de confiance plutôt que de risquer d'expérimenter ma solution. | | |
| 30. | Je travaille rarement en solitaire : je consulte, je m'informe, je confronte. Je suis un homme de contact plutôt qu'un homme de bureau. | | |
| 31. | Quand on me critique, je reste calme et je suis prêt à revoir ma position. | | |
| 32. | Je suis plutôt généreux, j'aime bien faire des cadeaux. | | |
| 33. | J'aime m'occuper de moi et me faire plaisir... | | |
| 34. | Je suis souvent influencé par les personnes qui m'impressionnent. | | |
| 35. | J'aime bien manger et boire, et parfois je dépasse la mesure raisonnable. | | |
| 36. | Quand on me cherche, on me trouve... | | |
| 37. | Je pense qu'il est important d'être estimé de son entourage et je m'y emploie plus efficacement que la moyenne des gens. | | |
| 38. | Je prends les problèmes des autres en considération quand je suis capable de les aider réellement. | | |
| 39. | J'ai l'habitude de m'opposer fortement quand je ne suis pas d'accord. | | |
| 40. | J'ai un excellent contrôle de moi-même et je suis plutôt un animal à sang-froid. | | |
| 41. | Avant de me décider, je m'informe, je cherche des faits, je compare et j'évalue les probabilités de réalisation. | | |
| 42. | Je suis très indulgent pour les erreurs des autres. | | |

| | | Plutôt vrai | Plutôt faux |
|---|---|---|---|
| 43. | Mes principes moraux sont solides et je les applique. | | |
| 44. | Je suis discret et modeste, ce qui m'amène à rester sur la réserve. | | |
| 45. | En général, je respecte les règlements. | | |
| 46. | Quand un collègue de travail me demande des informations, je n'hésite pas à les lui donner. | | |
| 47. | J'ai une bonne capacité à motiver les gens. | | |
| 48. | J'ai tendance à être agressif quand ça ne va pas. | | |
| 49. | Il m'arrive assez souvent de vexer les gens par maladresse. | | |
| 50. | J'arrive assez bien à prévoir ce qui va arriver quand je commence une action : j'ai au moins plusieurs scénarios possibles en tête. | | |
| 51. | Je suis un bon négociateur et j'ai déjà été plusieurs fois amené à régler efficacement des problèmes difficiles de relations entre personnes. | | |
| 52. | Je sais remettre en cause des idées reçues quand c'est utile. | | |
| 53. | Je trouve le temps de donner facilement un coup de main à mes collaborateurs. | | |
| 54. | J'aime réconforter quelqu'un qui s'en sort mal, même s'il ne le demande pas. | | |
| 55. | J'aime donner des conseils aux autres pour les aider, mais hélas, ils ne les suivent pas bien. | | |
| 56. | Quand on me demande un effort, j'accepte trop facilement et, ainsi, je suis parfois en surcharge. | | |
| 57. | Je travaille bien et applique les procédures prévues. | | |
| 58. | Je n'ai pas de problème avec les autorités en général. | | |
| 59. | Je dis oui alors que je voulais dire non. | | |
| 60. | J'ai beaucoup d'amis, et nous nous voyons souvent pour de grandes parties de rire. | | |

| | | Plutôt vrai | Plutôt faux |
|---|---|---|---|
| 61. | Je sais dire le mot qui détend l'atmosphère et qui met la bonne ambiance. | | |
| 62. | Les activités physiques (marche, tennis, natation, jardinage...) me plaisent beaucoup et me mettent en pleine forme. | | |
| 63. | Si on me frustre de quelque chose, je suis furieux. | | |
| 64. | Je suis en général à l'heure à mes rendez-vous et aux réunions et j'évite de faire attendre les gens qui viennent me voir. | | |
| 65. | Je me sens libre dans mes choix et mes initiatives. | | |
| 66. | Dans un partage, j'accepte facilement la moins bonne part. | | |
| 67. | J'ai tendance à trouver que les autres sont mieux que moi. | | |
| 68. | Voir la faiblesse ou l'indécision chez les autres m'irrite. | | |
| 69. | En général, je suis plutôt allergique à l'autorité. | | |
| 70. | Je m'entends bien avec presque tout le monde. | | |
| 71. | Je suis exigeant pour moi et pour les autres. | | |
| 72. | Je suis plutôt un logicien qu'un intuitif, ce qui me facilite l'analyse minutieuse des problèmes pour dégager des synthèses utiles. | | |
| 73. | Je supporte mal les gens qui ne sont pas d'accord avec moi. | | |
| 74. | J'ai l'esprit très curieux, je me passionne facilement. | | |
| 75. | Je suis gai et content de vivre. | | |
| 76. | Pour vivre en société, il faut un minimum de discipline et de règles à respecter. | | |
| 77. | J'aime discuter et avoir raison. | | |
| 78. | J'ai tendance à prendre en main les choses et à maîtriser les situations. | | |
| 79. | On devrait encore être plus sévère pour les excès de vitesse en voiture. | | |

| | | Plutôt vrai | Plutôt faux |
|---|---|---|---|
| 80. | Il m'arrive assez souvent de couper la parole de mon interlocuteur. | | |
| 81. | Il m'arrive assez souvent de dire du mal de mes collègues. | | |
| 82. | Je suis fidèle aux gens, quoi qu'il arrive. | | |
| 83. | J'ai le sens des responsabilités. | | |
| 84. | J'ai la conviction qu'il y a des valeurs à préserver. | | |
| 85. | J'ai plutôt tendance à être trop bon. | | |
| 86. | Je crois qu'il est facile de transmettre son expérience aux autres pour les aider. | | |
| 87. | Quand les gens ne savent pas ce qui est bon pour eux, je les conseille. | | |
| 88. | Je ne force pas trop mon tempérament et je parviens à réaliser ce que je désire. | | |
| 89. | Il y a des gens qui m'énervent beaucoup, et je dois me retenir pour ne pas le manifester. | | |
| 90. | En général, je sais tirer un profit pratique des critiques qui me sont faites. | | |

## ■ Décodage du test

Dans cette grille, les nombres de la colonne de gauche correspondent aux numéros des questions.
Vous mettez un point dans la case blanche sur la ligne de la question si vous avez répondu « plutôt vrai » à cette question (vous ne tenez pas compte des réponses « plutôt faux »). Ensuite, vous additionnez le nombre total de points par colonne. Le maximum possible de points par colonne est de 10.

| | Parent persécuteur (–) | Parent sauveur (–) | Parent normatif (+) | Parent donnant (+) | Adulte (+) | Enfant libre (+) | Enfant adapté (+) | Enfant rebelle (–) | Enfant soumis (–) |
|---|---|---|---|---|---|---|---|---|---|
| 1 | | | | | | | | | |
| 2 | | | | | | | | | |
| 3 | | | | | | | | | |
| 4 | | | | | | | | | |
| 5 | | | | | | | | | |
| 6 | | | | | | | | | |
| 7 | | | | | | | | | |
| 8 | | | | | | | | | |
| 9 | | | | | | | | | |
| 10 | | | | | | | | | |
| 11 | | | | | | | | | |
| 12 | | | | | | | | | |
| 13 | | | | | | | | | |
| 14 | | | | | | | | | |
| 15 | | | | | | | | | |
| 16 | | | | | | | | | |
| 17 | | | | | | | | | |
| 18 | | | | | | | | | |
| 19 | | | | | | | | | |
| 20 | | | | | | | | | |
| 21 | | | | | | | | | |
| 22 | | | | | | | | | |
| 23 | | | | | | | | | |
| 24 | | | | | | | | | |
| 25 | | | | | | | | | |
| 26 | | | | | | | | | |
| 27 | | | | | | | | | |
| 28 | | | | | | | | | |
| 29 | | | | | | | | | |

| | Parent persécuteur (–) | Parent sauveur (–) | Parent normatif (+) | Parent donnant (+) | Adulte (+) | Enfant libre (+) | Enfant adapté (+) | Enfant rebelle (–) | Enfant soumis (–) |
|---|---|---|---|---|---|---|---|---|---|
| 30 | | | | | | | | | |
| 31 | | | | | | | | | |
| 32 | | | | | | | | | |
| 33 | | | | | | | | | |
| 34 | | | | | | | | | |
| 35 | | | | | | | | | |
| 36 | | | | | | | | | |
| 37 | | | | | | | | | |
| 38 | | | | | | | | | |
| 39 | | | | | | | | | |
| 40 | | | | | | | | | |
| 41 | | | | | | | | | |
| 42 | | | | | | | | | |
| 43 | | | | | | | | | |
| 44 | | | | | | | | | |
| 45 | | | | | | | | | |
| 46 | | | | | | | | | |
| 47 | | | | | | | | | |
| 48 | | | | | | | | | |
| 49 | | | | | | | | | |
| 50 | | | | | | | | | |
| 51 | | | | | | | | | |
| 52 | | | | | | | | | |
| 53 | | | | | | | | | |
| 54 | | | | | | | | | |
| 55 | | | | | | | | | |
| 56 | | | | | | | | | |
| 57 | | | | | | | | | |
| 58 | | | | | | | | | |

| | Parent persécuteur (–) | Parent sauveur (–) | Parent normatif (+) | Parent donnant (+) | Adulte (+) | Enfant libre (+) | Enfant adapté (+) | Enfant rebelle (–) | Enfant soumis (–) |
|---|---|---|---|---|---|---|---|---|---|
| **59** | | | | | | | | | |
| **60** | | | | | | | | | |
| **61** | | | | | | | | | |
| **62** | | | | | | | | | |
| **63** | | | | | | | | | |
| **64** | | | | | | | | | |
| **65** | | | | | | | | | |
| **66** | | | | | | | | | |
| **67** | | | | | | | | | |
| **68** | | | | | | | | | |
| **69** | | | | | | | | | |
| **70** | | | | | | | | | |
| **71** | | | | | | | | | |
| **72** | | | | | | | | | |
| **73** | | | | | | | | | |
| **74** | | | | | | | | | |
| **75** | | | | | | | | | |
| **76** | | | | | | | | | |
| **77** | | | | | | | | | |
| **78** | | | | | | | | | |
| **79** | | | | | | | | | |
| **80** | | | | | | | | | |
| **81** | | | | | | | | | |
| **82** | | | | | | | | | |
| **83** | | | | | | | | | |
| **84** | | | | | | | | | |
| **85** | | | | | | | | | |
| **86** | | | | | | | | | |
| **87** | | | | | | | | | |
| **88** | | | | | | | | | |
| **89** | | | | | | | | | |
| **90** | | | | | | | | | |

**Grille de report des résultats « Votre profil AT »**

Reportez vos résultats sur le graphique ci-dessous.

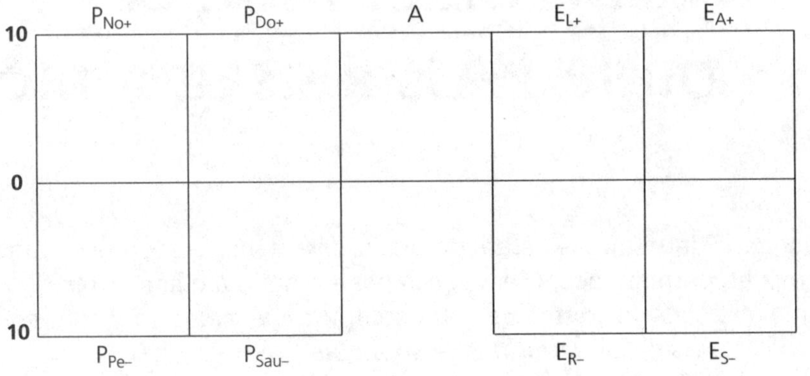


## • Quelques remarques concernant vos résultats

– Vous reconnaissez-vous dans les résultats ? Autrement dit, êtes-vous surpris ou pas ? Si vous « vous retrouvez » dans les résultats, ce test confirme ce que vous saviez déjà de vos comportements relationnels. Peut-être leur mettez-vous à présent des noms nouveaux. Si les résultats ne vous correspondent pas, reposez-vous des questions sur vos comportements, et si vous maintenez votre avis, ce test n'est pas fiable pour vous et ne vous aura servi à rien ! Et si vous pensez que finalement, des fois, peut-être… il est possible que vous ayez des comportements plus Sauveur ou plus Enfant Libre que vous ne l'imaginiez… vous avez appris quelque chose sur vous !

– Il n'y a pas de bon ou de mauvais « égogramme » (c'est le nom qui est parfois donné à l'ensemble des résultats). Si vous vous reconnaissez avec un score élevé en Persécuteur, tant mieux, ça peut toujours servir et si ce score ne vous plaît pas trop, plutôt que de tenter de le diminuer, augmentez votre score en Normatif et en Donnant. Si vous avez des scores proches dans les différents états, vous « avez tout en magasin », tant mieux. Soyez simplement attentif à utiliser le « bon » au bon moment. Le « bon » étant celui qui permet d'atteindre ses objectifs, en coopération avec son interlocuteur.

– Pour pouvoir comparer les scores de vos trois états, vous pouvez ajouter les scores des quatre premiers (les 4 P), des quatre derniers (les 4 E) et multiplier le score du A par 4 (puisque A n'a pas de sous-états).

– L'égogramme évolue en fonction de ce que l'on vit, à un moment donné ; il varie suivant le contexte : il est comparable à une photo, à un instantané.

Fiche 13

# Et moi, et moi, et moi… ou le PAE à usage interne

On peut considérer que les états du moi d'une même personne communiquent entre eux en permanence. C'est le cas par exemple à chaque fois que l'on « se dit » quelque chose à soi-même. Par exemple : *« je mangerais bien un morceau de chocolat mais ce ne serait pas raisonnable… »*.
Décodage possible :

- E tente le coup « j'ai envie de chocolat » ;
- mais P veille (« ce ne serait pas raisonnable »). Encore que là, tout espoir n'est pas perdu pour E, le conditionnel laissant à penser que c'est le P Normatif qui répond mais que le P Donnant n'est pas loin ;
- les choses sont plus mal engagées, pour E, si les pensées tournent autour de *« je mangerais bien un morceau de chocolat mais c'est hors de question, j'ai décidé de ne pas manger de chocolat cette semaine »* (P Normatif) ;
- ou *« c'est hors de question à moins que tu veuilles ressembler à une baleine »* (P Persécuteur… pauvre E…).

Dans la phrase de l'exemple, on peut remplacer « chocolat » par le nom de n'importe quelle envie, désir ou besoin, et « manger » par acheter, faire ou n'importe quel verbe d'action…

**Toute prise de décision** – que l'on en ait conscience ou pas – se fait à l'issue d'un échange entre les états du moi.
Quelques exemples :

- Échanges entre P et E. Mode binaire (oui ou non).
  - Si P et E sont d'accord (E libre ou Adapté avec P Normatif ou Donnant), la prise de décision est rapide et sans problème conflictuel.
  - Par contre, un échange entre E Rebelle et P Persécuteur est un rapport de force, qui se résout en « gagnant - perdant » ; après des hésitations plus ou moins longues et plus ou moins douloureuses, l'un « gagne ». Si c'est P, on a des regrets ; si c'est E on risque d'avoir quelques remords…
- Seul l'état Adulte permet de sortir du rapport de force qu'est parfois l'affrontement binaire ; l'Adulte, étant sans passion et sans jugement de valeurs, peut jouer un rôle de médiateur entre le P et le E (si ces derniers lui « laissent la parole » !).

## • Et pourtant...

La littérature romanesque, les opéras, le théâtre et... les feuilletons télévisés mettent en scène des P et des E sans médiation par le A...
Pas de théâtre de Racine sans les affrontements entre raison d'État (P) et passions amoureuses (E).
Pas de *Carmen* avec du P ou du A. « L'amour est enfant de bohème qui n'a jamais jamais connu de loi » : E sans P... danger mortel.
Pas de Zorro, de Superman, de Spiderman, de Bossu ou de Jean Valjean sans Parent Sauveur (encore qu'à chaque fois qu'un Sauveur intervient, il le fait de façon **masquée**, ce qui dispense les Sauvés d'être reconnaissants à la personne qui les « sauve ». Il n'y a donc **pas de dette dont on ne peut jamais s'acquitter** comme avec les Sauveurs non masqués de la vie courante).
De plus les P Nourricier et Donnant ne font pas recette (depuis Gide, on sait que l' « on ne fait pas de la bonne littérature avec des bons sentiments »). Par contre, beaucoup d'entre nous ont entendu parler de l'infâme Jr de « Dallas » (caricature du Persécuteur).
Une **« bonne » décision** (c'est-à-dire une décision que l'on assume et que l'on ne regrette pas) est alors une décision dans laquelle les trois états du moi sont en accord, après d'éventuelles négociations entre P et E avec A comme médiateur.
C'est une situation dans laquelle :

- j'ai envie de faire... (E) ;
- c'est bien de le faire (= c'est en accord avec mon système de valeurs) (P) ;
- je me donne les moyens de faire (A établit le plan d'action).

**Résumé**

Si l'on choisit de faire de ses relations professionnelles un roman, une tragédie ou un opéra, alors on a raison d'activer préférentiellement les P Persécuteur et Sauveur, les E Rebelle ou Soumis.
Sinon, le A est le bienvenu, ainsi que le P Normatif et Nourricier et le E Libre et Adapté.
« Comme il vous plaira » (Shakespeare) et « À chacun sa vérité » (Pirandello).

Fiche 14

# Dysfonctionnement du PAE

Quand tout va bien, P, A, E sont des entités séparées mais aux frontières perméables qui permettent les échanges incessants d'informations entre les trois systèmes.
Mais il arrive que la fluidité des échanges soit quelque peu perturbée :
- soit une (ou deux) frontière est infranchissable, l'énergie est prisonnière dans un état (ou deux) et les autres ne sont plus irrigués, et ce sera **« l'exclusion »** ;
- soit les frontières sont à trous, du genre passoire, et on ne sait plus quoi appartient à qui, et ce sera la **« contamination ».**

Problèmes de frontières, comme dans beaucoup d'autres domaines…

## ■ Exclusions

Quelques exemples, forcément caricaturaux, l'exclusion totale et permanente de l'état E ou P ne se rencontrant pas chez des personnes ayant une vie professionnelle « viable ».

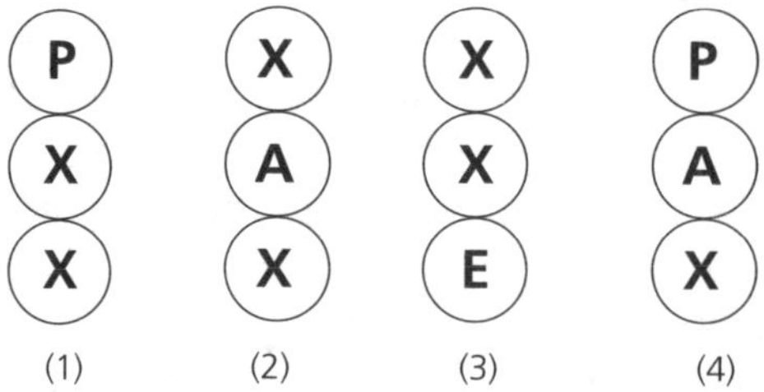


(1) : la personne ne se comporte plus que comme un sermonneur, un donneur de leçons, un procédurier. Poussé à l'extrême, c'est un tyran.

(2) : la personne se comporte en robot, ordinateur ; on utilise parfois l'appellation de « technocrate » (au sens péjoratif).

(3) : la personne peut se comporter en « enfant », drôle, spontané, avec tout le charme que cela comporte… l'espace d'un quart d'heure dans la vie professionnelle ou d'une soirée dans la vie personnelle. Mais s'il y a trop d'exclusion, de P en particulier, le comportement est autodestructeur. C'est aussi le fonctionnement des personnes dépendant d'un comportement compulsif : Stefan Zweig le décrit admirablement dans la nouvelle « Vingt-quatre heures de la vie d'une femme » ; on voit qu'un jeune homme, tout à fait charmant et de très bonne éducation, peut, par moments, quand la passion du jeu le prend, oublier totalement son P et son A. L'histoire nous livre le dénouement pour lui et pour une personne (la femme du titre) qui veut l'aider à sortir de cet enfer (donc qui se positionne en Sauveur en décodage analyse transactionnelle).

Les fonctionnements (1), (2) et (3) ne se rencontrent pas sous cette forme extrême en entreprise. Ce que l'on peut rencontrer, c'est la prédominance de certains états sur d'autres.
Par contre, il arrive que certaines personnes, afin de mettre en avant leur sérieux, leur impartialité et leur professionnalisme, s'interdisent de laisser se manifester leur état E et illustrent l'exemple (4) : ils sont considérés comme « froids » par leurs collègues et collaborateurs.

## ■ Contaminations

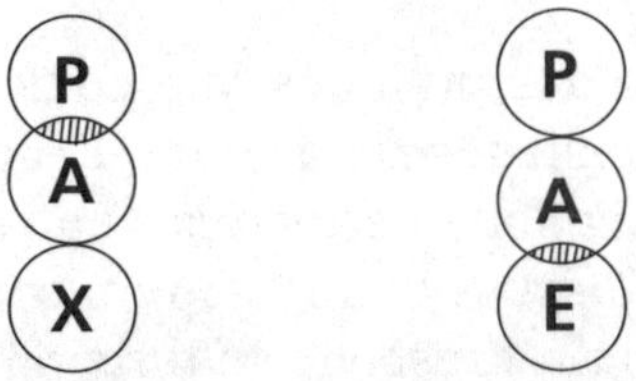


Contamination du A par le P — Contamination du A par le E

### • Contamination du A par le P préjugé

**Exemples :**
- J'ai embauché un jeune qui venait de sortir de la prestigieuse école Tartempion, il était nul pour manager, ça a été une catastrophe, il est hors de question que j'embauche de nouveau quelqu'un qui a fait cette école.
- C'est inutile que j'en parle à mes parents, ils ne comprendraient pas.
- Les femmes sont plus efficaces pour résoudre les problèmes techniques, je n'embauche que des femmes aux postes clés de fabrication.

La contamination du A par le P consiste à prendre une croyance (1) (P) comme un fait (A) et à raisonner (juste) à partir de ce « faux fait ». Il est très difficile à un interlocuteur de discuter sur le sujet, car le raisonnement est correct et la personne est convaincue que sa prémisse est vraie.

La contamination se fait le plus souvent par une généralisation. C'est le cas dans le premier exemple : la personne a certainement eu des difficultés avec son jeune employé (ça, c'est un fait) et il a généralisé son expérience. La prémisse du raisonnement devient : « Tous les jeunes qui sortent de l'école Tartempion sont nuls pour manager ». Chaque fois qu'on procède à une généralisation (tous, toutes, c'est toujours comme ça), on prend le risque d'énoncer des préjugés. Préjugés que l'on va s'empresser d'illustrer par des exemples. Les exemples sont des faits, la généralisation, non.

## ■ Remarque

S'il est relativement simple de repérer certains préjugés chez les autres (quand on ne les partage pas !), il est pratiquement impossible de repérer les siens propres. Il ne s'agit pas de « mauvaise foi » dans les cas de contamination : la prémisse apparaît comme une vérité à celui qui l'utilise.

### • Propositions

Quand une personne énonce des préjugés que nous ne partageons pas, il est inutile d'entamer une discussion avec elle pour qu'elle repère son erreur : ça ne sert à rien, alors autant garder son énergie pour autre chose (à moins bien sûr que l'on prenne plaisir aux discussions « café du commerce » dans un cadre professionnel, ou que l'on soit redresseur de torts ou qu'on joue au psy ; mais là, c'est une autre affaire). Tout ce qu'on peut faire, c'est signifier qu'on n'est pas d'accord ; ça ne sert à rien non plus, mais ça nous évite de cautionner son discours.

À chacun ses préjugés : si plusieurs personnes de notre entourage nous disent que, sur un point particulier, on est « borné » ou « de mauvaise foi », alors que l'on se sait sincère, il peut être intéressant de regarder de plus près la genèse et la validité de nos prémisses…

---

(1) Pour les croyances, voir aussi la fiche 50.

## • Contamination du A par le E : illusion

Cela s'appelle aussi « prendre ses désirs pour des réalités » ou « vendre la peau de l'ours avant de l'avoir tué » ou « prendre des vessies pour des lanternes ». Dans ce type de contamination, un souhait, un désir (domaine du E) est considéré comme un fait (élément du A). Ce serait le cas d'un salarié qui, persuadé de sa prochaine promotion, accompagnée d'une substantielle augmentation salariale, se comporte comme si elle était acquise et se lance dans des achats inconsidérés, et la promotion n'arrive jamais…

Autant le désir est le moteur de l'action et être capable de rêver ou d'imaginer une situation future, un excellent préalable avant de la vivre, autant les choses deviennent difficiles, voire dramatiques lorsqu'il y a confusion entre ces différents niveaux de réalité.

Certaines structures d'aide, comme l'aide à la création d'entreprise ou l'aide aux personnes en surendettement, ont, entre autres, comme fonction d'éviter les pièges de l'illusion à ceux qui viennent les consulter.

**Résumé**

Préjugés et illusions sont des passagers clandestins du bateau. Tant qu'ils ne prennent pas la barre, on a des chances de continuer à naviguer dans la direction choisie.

Fiche 15

# Les transactions

La transaction est l'unité d'**échange**, de communication, entre deux états du moi. Ou encore, on appelle « transaction » tout échange entre deux ou plusieurs personnes, que cet échange porte sur des paroles, des écrits, des gestes, des regards, etc. Une transaction comporte nécessairement **un « aller » et un « retour »** (même quand l'interlocuteur ne répond pas : ne pas « répondre » est une façon de répondre).
Toute transaction transmet à la fois deux types d'informations :

- sur le contenu du message : ce dont on parle,
- sur la relation entre les personnes : qui parle, à qui il parle et comment il parle.

L'aller peut démarrer de P, de A ou de E de celui qui initialise la transaction (appelons-le X), pour arriver au P, ou au A ou au E de son interlocuteur (appelons-le Y).
De la même façon, le retour peut se faire de l'un des trois états de Y pour aboutir à l'un des trois états de X.
Sur les schémas, celui qui initialise la transaction X est à gauche de Y. Les états du moi sont toujours dans l'ordre P, A, E de haut en bas. Les transactions sont symbolisées par des flèches.

**Exemples de représentations de transactions**

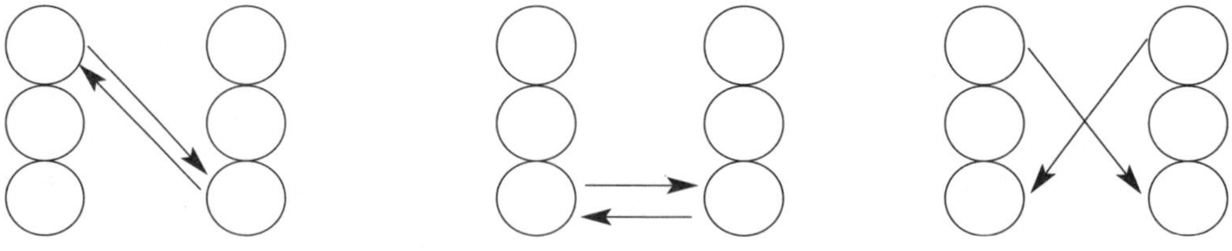

- Il n'y a « que » 81 possibilités... et encore, à condition de considérer P et E chacun comme un état, et de ne pas les subdiviser en leurs quatre sous-états ! En outre, dans ce nombre ne figurent que les transactions simples.
- Or il existe des transactions doubles (ou cachées).
- Et même des transactions qui ne sont ni l'une ni l'autre, comme les transactions tangentielles, dont la réponse « prend la tangente ». Exemple : « Où avez-

vous acheté votre matériel de bureau ? – Je ne l'ai pas payé cher, j'ai profité d'une promotion. » La question était « où », et on a répondu à « combien ». Ou encore : « À quelle heure es-tu rentré(e) hier soir ? ». Une réponse tangentielle pourrait être : « Tiens, au fait, devine qui j'ai rencontré à la soirée ? Machin, tu te souviens de Machin ? » Et bien sûr, la réponse devenue morceau d'anthologie : « C'est une bonne question, je vous remercie de me l'avoir posée... »

Pour éviter de présenter le « catalogue des transactions », nous proposerons quelques exemples, choisis parmi les transactions les plus utilisées dans les échanges professionnels.
Pour effectuer le décodage, il est nécessaire de repérer de quel système « part » une flèche (cf. « Comment repérer le système en action » des fiches précédentes) et aussi de repérer quel est le système visé de l'interlocuteur : quel est le point « d'arrivée » de la flèche. En effet, volontairement ou pas, la personne qui s'exprime « vise » un des trois états de l'autre ; sinon, la partie verbale n'arriverait nulle part et ce ne seraient que des paroles « en l'air » (ce qui est rarement le cas, et certainement pas quand on prétend que ça l'est).

## • Départ de P

| Arrivée en ... | P | A | E |
|---|---|---|---|
| **Situation** | Généralités, clichés, jugements de situation. | Lorsqu'on se positionne en hiérarchique et que l'on fait appel à la compétence de la personne. Évaluation du travail à partir de critères objectifs. | Ordre, conseil, jugement de valeur. |
| **Schéma** | 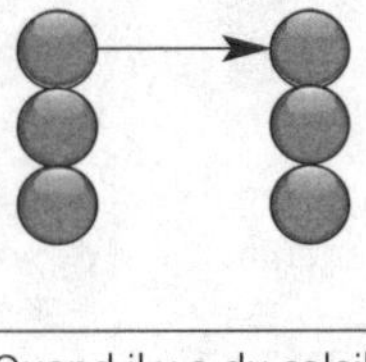 | 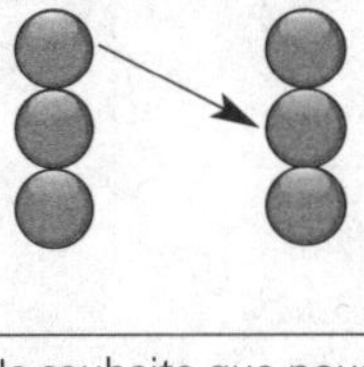 | 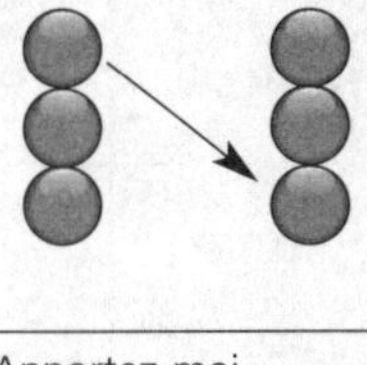 |
| **Exemple** | – Quand il y a du soleil, c'est quand même plus agréable.<br>– Tous les enfants ont besoin de limites.<br>– L'ambiance est déplorable depuis que nous sommes dans les nouveaux locaux. | – Je souhaite que nous fassions le point sur le dossier « remplacement des photocopieurs » : Où en êtes-vous ?<br>– Il faut que tu partes à 7 h 30 pour prendre le bus scolaire ; à quelle heure veux-tu que je te réveille ? | – Apportez-moi rapidement la note de synthèse.<br>– Vous faites vraiment n'importe quoi.<br>– Tu devrais faire attention à toi. |

## • Départ de A

| Arrivée en ... | P | A | E |
| --- | --- | --- | --- |
| **Situation** | Appel à la légitimité. | Échange d'informations. | Explications techniques (ou rationnelles) à quelqu'un qui ne les a pas demandées... |
| **Schéma** | 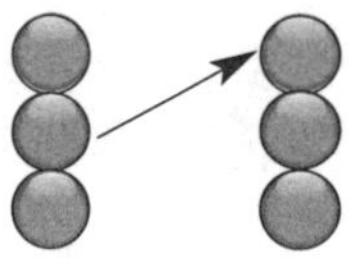 | 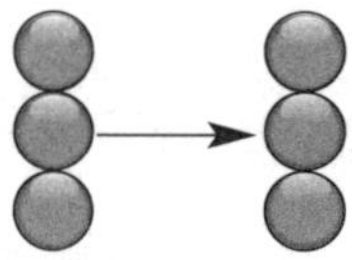 | 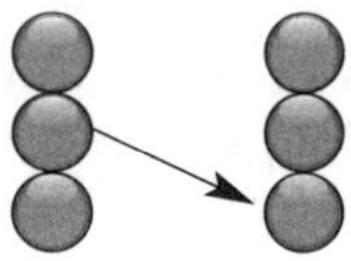 |
| **Exemple** | – Est-ce que j'ai votre aval pour continuer ? | – À quelle heure commence la réunion ?<br>– Les résultats sont arrivés hier. | – L'arc-en-ciel ? Tu ne sais pas ce que c'est ? Sais-tu qu'un arc-en-ciel n'est visible que si la hauteur du soleil ne dépasse pas 42° sur l'horizon ? |

## • Départ de E

| Arrivée en ... | P | A | E |
| --- | --- | --- | --- |
| **Situation** | Demande d'aide, de conseil, de réconfort. Plaintes. | Demande « naïve d'explications ». | Recherche de complicité, de partage. |
| **Schéma** | 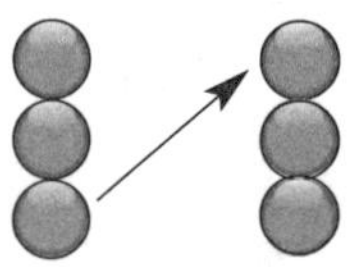 | 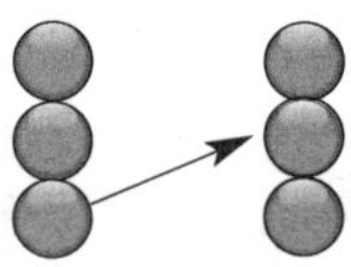 | 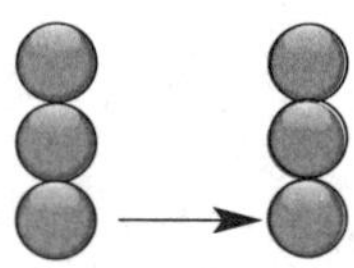 |
| **Exemple** | – Est-ce que tu peux m'aider ? je n'y comprends rien.<br>– Est-ce que je peux sortir ce soir ?<br>– Je suis très inquiet pour mon entretien de demain.<br>– C'est toujours sur moi que ça tombe. | – Pourquoi elle a de la moustache la tante Ernestine ?<br>– Pourquoi les bonbons, ça fait mal aux dents ? moi ça me fait pas mal.<br>Ce genre de transactions est peu fréquent en entreprise (sans transactions cachées). | – Tu viens, on va se prendre un café ?<br>– Géniale ton idée ! |

**Résumé**

Je te (demande, dis, impose, oblige, offre, donne, propose) ; tu me… ; nous nous… ; je vous… ; vous me… ; eh oui… tout ça ce sont des transactions. Mais il me… ; je lui… ; ne sont pas des transactions. Ce sont des récits de transactions passées, futures ou conditionnelles ; et on me… est une transaction indéfinie.

Mais alors, nous passons notre vie à « transactionner » ?

Réponse : OUI.

Nous traiterons des transactions simples : les parallèles (fiche 16) et les croisées (fiche 17), puis des transactions doubles (fiche 18).

# Transactions simples parallèles

## ■ Les transactions parallèles symétriques

L'état appelé est identique à l'état appelant et les flèches sont horizontales, les interlocuteurs sont « au même niveau » relationnel.

### • Exemples de transactions P↔P

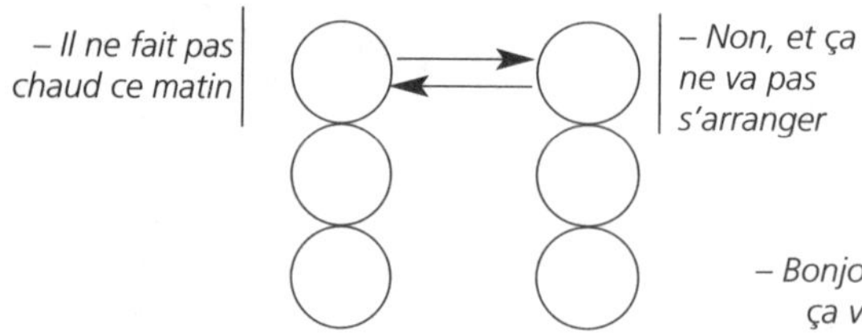


- 1 -

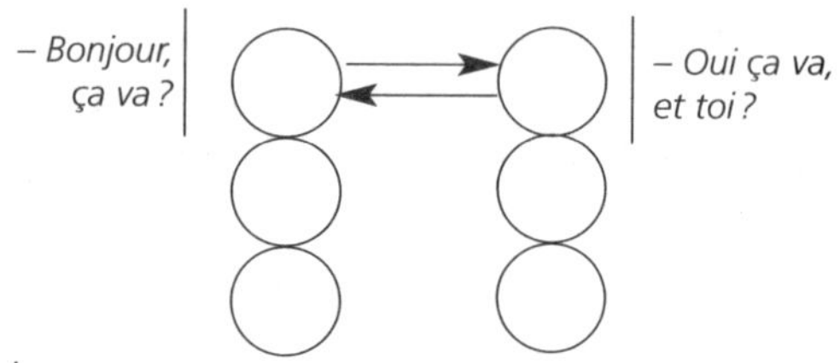


- 2 -

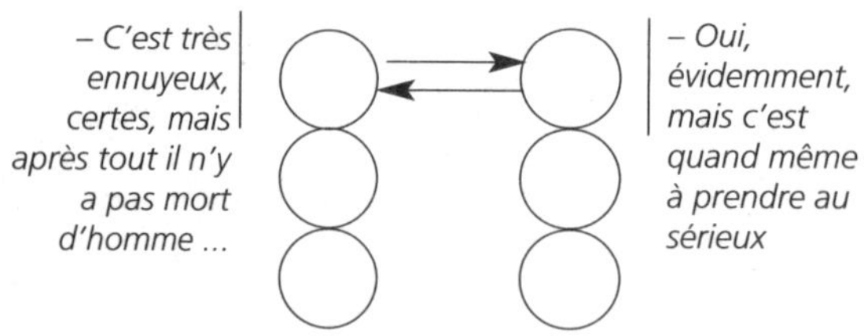


- 3 -

**P↔P recommandée**

– Au début de tout échange : ce sont des banalités qui apparemment ne servent à rien et pourtant sont indispensables ; ce sont les préliminaires nécessaires à l'instauration de tout dialogue constructif (exemples 1 et 2). Ce sont les rituels dits de politesse.

– Au cours d'une conversation « animée » pour calmer le jeu : c'est une mesure de diversion qui tente de faire adhérer les protagonistes à une généralisation partagée ou à un lieu commun difficile à contrer (exemple 3).

**P↔P déconseillée**
En dehors des domaines d'efficacité précédents.
Une réunion ou une soirée où ne seraient échangées que des transactions P↔P serait complètement politiquement correcte et… à mourir d'ennui.

## • Exemples de transactions A↔A

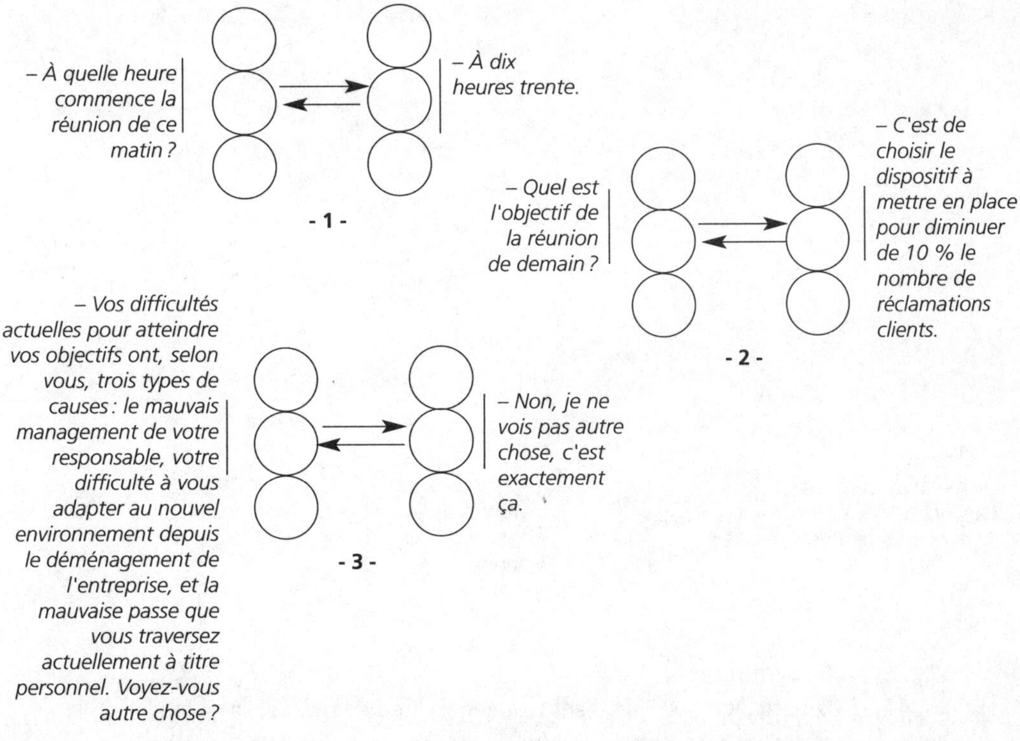


**A↔A recommandée**
Dans toutes les situations qui nécessitent du recueil, du traitement, de la vérification d'informations, des analyses de situation, qui requièrent de l'objectivité et du factuel, c'est-à-dire dans toutes les situations de la vie qu'elle soit professionnelle ou personnelle. À chaque fois que plusieurs personnes sont concernées par des choix à faire, des décisions à prendre, des problèmes à résoudre, les transactions A↔A sont nécessaires au moins dans certaines parties des échanges.

**A⇔A déconseillée**
Dans les échanges de complicité, de tendresse, lorsqu'on veut privilégier l'affectif, l'émotionnel, le ludique, la créativité, dans l'éthique et l'esthétique.

## • Exemples de transactions E⇔E

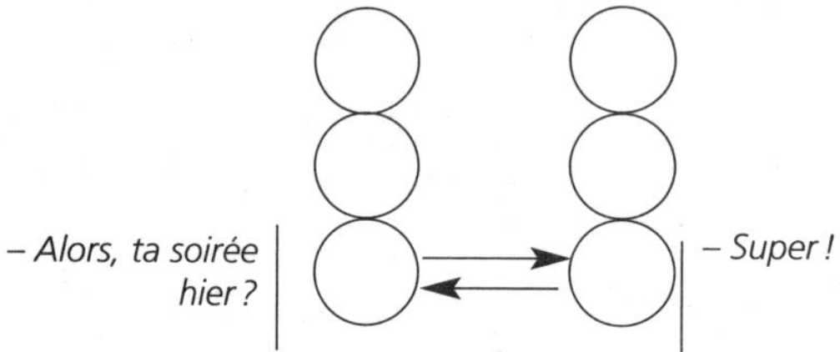


- 1 -

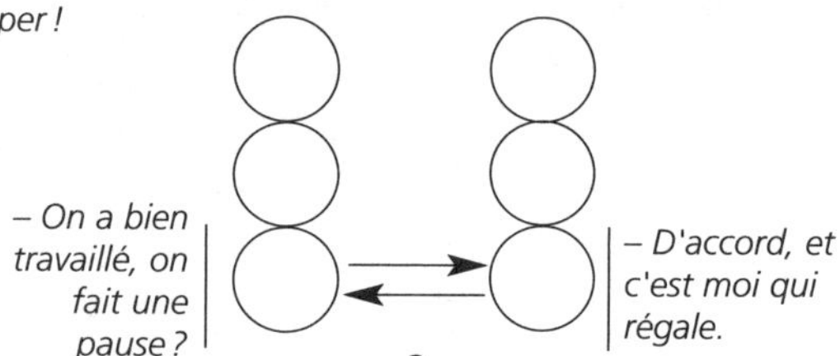


- 2 -

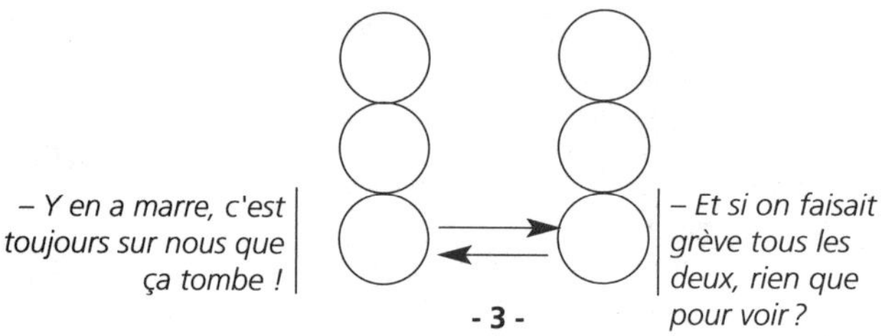


- 3 -

**En synthèse :**
Les échanges P⇔P tiennent « du tennis fond de court », ils ne font certes pas avancer les choses pour résoudre un problème ou prendre une décision, mais ils sont indispensables au début de tout échange.
Les transactions A⇔A sont indispensables en entreprise pour échanger des informations, traiter des faits, proposer des solutions et dire les choses clairement.
Quant aux échanges E⇔E, ils sont nécessaires pour que rires, sourires et bonne humeur existent dans les services… ce qui nous semble vital pour le bon fonctionnement de l'entreprise (1).

---

(1) C'est une croyance qui n'engage que les auteurs

## ■ Les transactions parallèles complémentaires

L'état appelé répond à l'état appelant : les flèches aller-retour sont toujours parallèles mais plus horizontales. Une flèche descendante indique une relation de domination, une flèche montante, de dépendance.

**Exemple**

Trois exemples parmi les neuf possibilités.

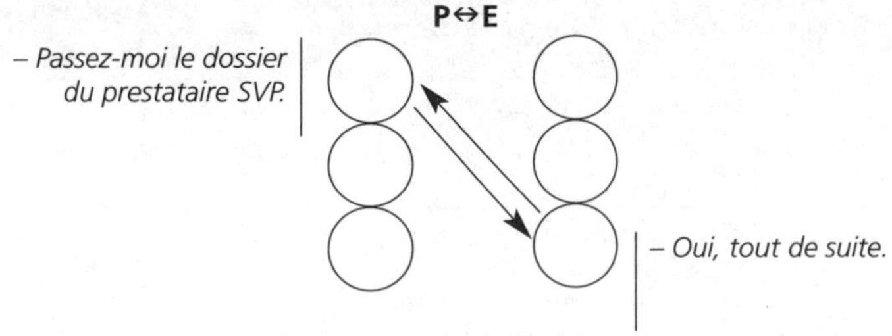


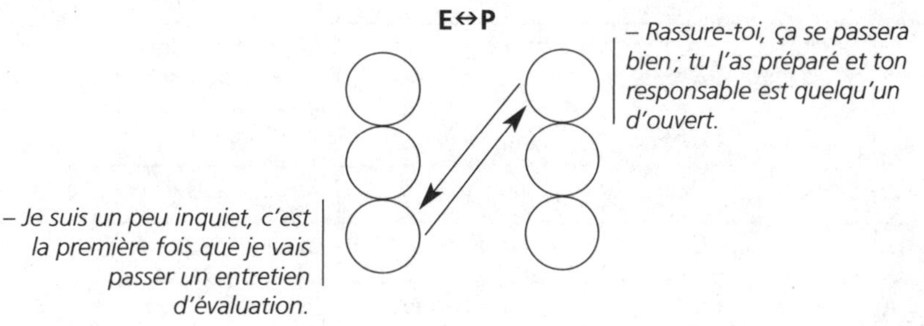


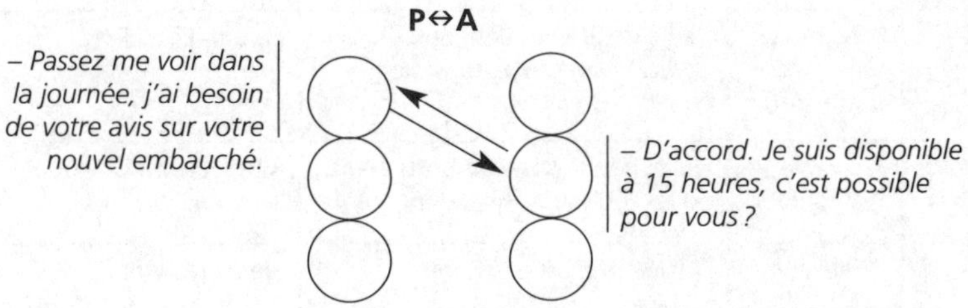


Tant que les transactions sont parallèles, la communication se poursuit : l'échange est stable et relativement prévisible.

Si dans une entreprise un niveau hiérarchique utilise préférentiellement le style P↔E, il y a de fortes chances que ce style se décline dans toute la chaîne hiérarchique, sachant qu' « on manage comme on est managé » (2).

**Si X initialise la transaction**, il est responsable de la nature de l'échange proposé. **Si Y** souhaite être traité « normalement », c'est-à-dire sans se laisser « casser », ou « émousser » et sans être « décalé », il peut répondre comme suit :

| État appelant de X | État appelé de Y | Quelle est l'intention apparente de X : que souhaite obtenir X par cet échange ? | Réponse possible pour Y |
|---|---|---|---|
| **P** | P | Des échanges informels, sans implication ; parler de tout et de rien | En parallèle : P→P |
| P Normatif | A | Des réponses ou des résultats dans les domaines de compétences et de missions | En parallèle : A→P |
| P Normatif | E (Adapté) | Une conformité aux règles établies | En parallèle : E→P |
| P Persécuteur | E (Rebelle ou Soumis) | Qu'il se soumette, de gré ou de force | Ne pas répondre en parallèle : respirer un bon coup, reformuler en partie et reprendre la main, à savoir initialiser une transaction plus constructive |
| P Sauveur | E (Soumis) | Qu'il se laisse prendre en charge | Idem : ne pas répondre en parallèle... |
| **A** | A | Des échanges objectifs | En parallèle : A→A |
| **E** | E | De la complicité ; qu'il partage plaisirs ou amusements | En parallèle : E→E |
| E Adapté | P (Normatif ou Dominant) | De l'aide, du soutien, des explications, des autorisations, etc. | En parallèle : P→E |
| E Rebelle | P Persécuteur | Qu'il change son comportement, ou les règles de fonctionnement | Respirer un bon coup, etc. |
| E Soumis | P Sauveur | Qu'il le prenne en charge | Idem : respirer... |

(2) *Les Outils du manager*, de Bertrand Poulet, Éditions Demos.

Quand on initialise une transaction et que l'on souhaite que l'échange se passe bien, on peut démarrer avec le canal :

- interruptif : P. Normatif→E. Adapté
- directif : P. Normatif→A
- informatif : A→A
- donnant : P. Donnant→E. Libre
- émotionnel : E. Libre→E. Libre

Mais, en communication, on ne récolte pas toujours ce que l'on a semé : quand A appelle A, « logiquement » on attend une réponse venant de A. Ce n'est pas toujours le cas : on a alors affaire à une transaction croisée.

**Résumé**

Pour des échanges SANS SURPRISE, pour le meilleur le plus souvent et parfois pour le pire, voire pour ne pas prendre de risques de dire quelque chose de soi, une seule adresse : les transactions parallèles.

Fiche 17

# Transactions simples croisées

## ■ Quelques exemples

**Transaction « et toi »**

*– Ça ne m'étonne pas que tu n'avances pas dans ton travail, avec ce désordre sur ton bureau !*

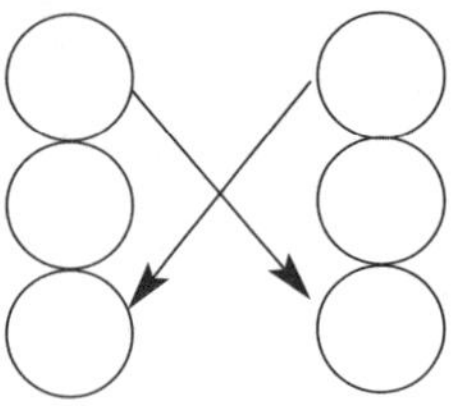

*– Tu peux parler, toi qui passes ton temps à la machine à café !*

**Transaction « et moi »**

*– Je n'arriverai pas à boucler pour ce soir, tu peux me donner un coup de main ?*

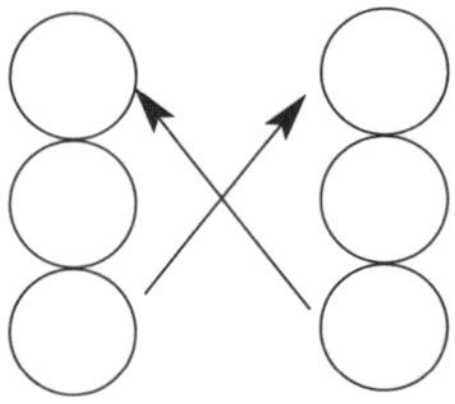

*– Et moi, tu crois que je m'en sors, j'aurais bien besoin d'aide aussi.*

**Transaction exaspérante avec réponse qui se veut « intelligente »**
**E→P, réponse A→A**

*– J'ai vraiment des difficultés avec le nouveau logiciel, tu peux me montrer ?*

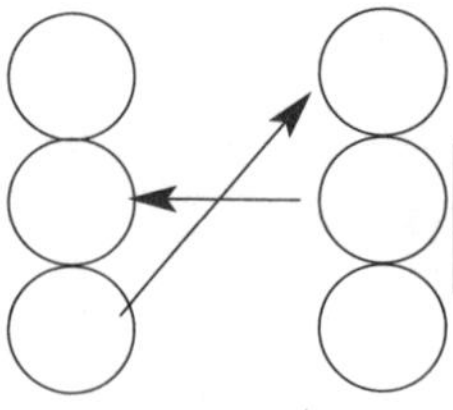

*– J'ai vu qu'il y avait une formation d'une journée pour ce logiciel, je te fais une photocopie des jours et heures.*

La réponse est « intelligente », car elle donne une information incontestable, mais elle ne répond pas à la demande de la personne. Les parents qui souhaitent éduquer « intelligemment » leurs enfants utilisent parfois, voulant bien faire, ce type de transactions.

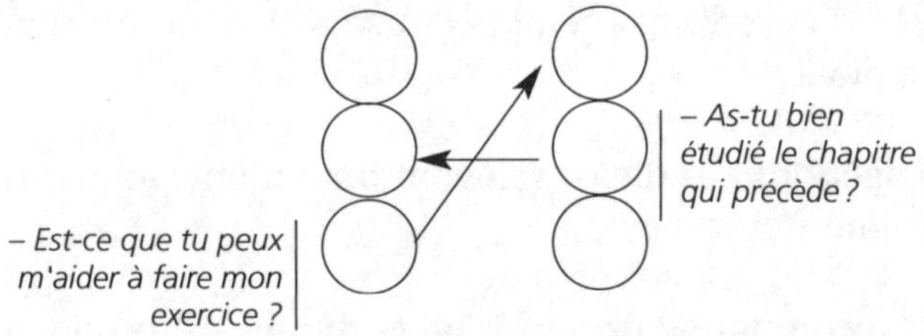


L'enfant attend une réponse « oui ou non » (en espérant probablement un oui, mais ça, on n'est pas obligé) et pas une question, même intelligente (surtout intelligente, il ne peut même pas la contester).
Par contre, si la personne qui répond ainsi souhaite que le collègue (ou l'enfant) ne lui demande plus rien, l'objectif va être atteint au bout de trois réponses de ce type, au pire… cinq (pour ceux qui ont l'espoir chevillé au corps).

**La réponse de domination**
**A→A, réponse P→E**

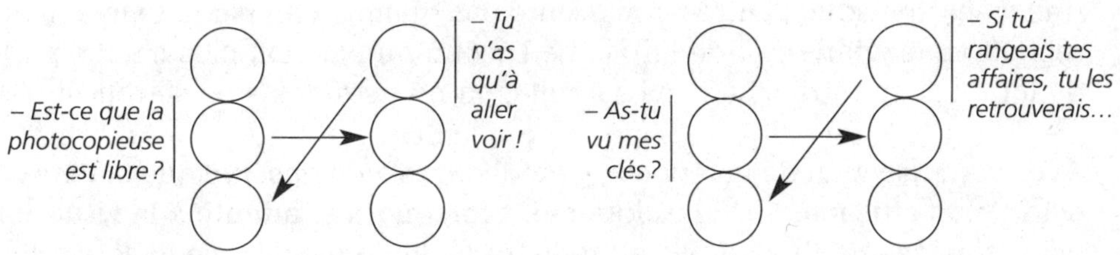


**La réponse insolente**
**P→E, réponse A→A**

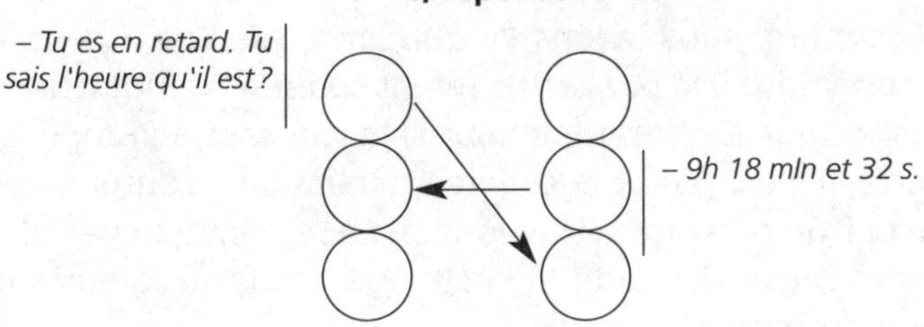


## ■ Remarques

L'avantage d'une transaction croisée est qu'elle peut mettre fin à des transactions parallèles non constructives.

L'inconvénient est qu'après un échange croisé la communication est le plus souvent interrompue.

Si certaines transactions parallèles relèvent du « tennis fond de court », les croisées relèveraient du « smash ».

**L'interruption s'accompagne de sentiments divers, allant de la surprise à l'inquiétude en passant par la colère ou la tristesse, dus à l'incompréhension de la situation. Ce n'est pas qu'il n'y ait pas d'abonné au numéro que vous avez demandé, c'est qu'il y en a un autre que celui que vous aviez demandé !**

Nous y sommes tellement habitués (aux transactions croisées) que nous ne faisons même plus attention aux dégâts qu'elles provoquent dans la relation.

Plus l'angle de croisement est aigu, plus on « croise le fer violemment ». Ainsi **la transaction « et toi »** répond à une attaque par une attaque. **La transaction « et moi »** ne déclenche pas la guerre ouverte, mais plutôt une guerre de tranchées : puisque l'autre ne m'écoute pas quand je lui parle de moi (il me répond en me parlant… de lui), je ne l'écouterai pas non plus s'il me parle de lui. Chacun retranché dans sa bulle, on ne risque pas de se rencontrer.

Avec la transaction de la réponse « intelligente » on observe que si **l'état A est le plus efficace… c'est uniquement lorsqu'il est adapté à la situation** (ici la réponse ne répond pas au registre de la demande, elle le serait si la réponse était « oui, volontiers », ou « non, là, je n'ai pas le temps », ou « pas envie ». Ce n'est peut-être pas agréable mais au moins le demandeur a une réponse à sa question et sait qu'il a été entendu).

Dans la fiche précédente, nous avions vu que l'intention de X se reflétait dans le type de transaction initialisé par X. Si Y réagit comme X l'induit, la transaction est parallèle. C'est ce que Y a intérêt à faire si la transaction proposée par X lui convient. Par contre, il n'est pas obligé de réagir comme un automate (on appuie sur l'interrupteur et il démarre) si la transaction ne lui convient pas. Il peut tenter par une transaction croisée de modifier l'échange : nous ne sommes pas obligés de nous comporter en robots.
Cependant, il n'y a pas de recette miracle (ça se saurait !).

Voici simplement quelques propositions de réactions possibles de Y à la phrase de X : *« Ça ne m'étonne pas que t'avances pas dans ton travail, avec ce désordre sur ton bureau ! »* (P→E).

Remarquons que le contenu du message de X contient deux reproches : l'un sur l'avancée du travail de Y, l'autre sur l'état de son bureau.

| **Si l'intention de Y est de :** | **Une réponse possible est :** | **Ce qui correspond à une transaction :** |
|---|---|---|
| Faire savoir à X qu'il ne se laisse pas faire, et éluder les accusations portées<br><br>Aller au conflit | *« C'est mon bureau, c'est pas ton problème. »* | Parallèle |
| Montrer à X combien lui, Y, essaye de faire de son mieux, et combien c'est pas de sa faute et… éluder l'objet des reproches<br><br>Tenter d'amener X en P Sauveur | *« C'est pas de ma faute, tout le monde me donne du boulot en même temps, c'est toujours urgent, alors moi je ne m'en sors pas »*<br>*« J'arrête pas, mais c'est pas possible d'y arriver avec le manque d'organisation de ce service »* | Parallèle |
| Montrer que lui, Y, est au moins aussi agressif que X, et éluder l'objet des reproches<br><br>Arrêter l'échange (rupture) | *« T'as vu tes dossiers ? »*<br>*« Tu peux parler, le devis que tu devais finir la semaine dernière, il en est où ? »*<br>*« Toi qui es si parfait, t'as qu'à le faire »* | Croisée<br>reproche de X en P→E<br>réponse de Y en P→E |
| Travailler comme il le souhaite en étant prêt à tenir compte des remarques de X, si elles sont du domaine du A<br><br>Tenter d'emmener X en A pour continuer en parallèle (désamorçage sans rupture) | *« Tu trouves que c'est le souk dans mon bureau ? C'est possible. Et qu'est-ce qui te fait dire que mon travail n'avance pas ? »*<br>Pour ce genre de réponse, attention au non-verbal : ni goguenard ni faussement contrit | Croisée<br>réponse en A→A |
| Faire rire ou sourire X et éluder l'objet des reproches<br><br>Tenter d'emmener X en E Libre (désamorçage sans rupture) | *« Pas de chance, je suis pris en flagrant délit »*<br>*« Moi qui espérais passer pour exemplaire, raté ! »* | Croisée<br>réponse en E→E |

Rien ne dit que X va suivre Y en A ou en E dans les deux derniers exemples, mais ça vaut la peine de tenter sa chance et, même si X ne suit pas, il y a de fortes probabilités que son attitude change et que les deux interlocuteurs puissent continuer les échanges en sortant des transactions parallèles, ici, non constructives.

**Résumé**

18 juin 1815, Waterloo, morne plaine, Napoléon attend Grouchy et soudain joyeux, il dit « Grouchy ! » C'était Blücher.
(*Châtiments* de Victor Hugo).

Fiche 18

# Transactions doubles ou transactions cachées, ou comment dire sans dire tout en disant

**Antoine :** « *Entre mon collègue Hervé et moi, c'est toujours la compétition. C'est plutôt sympathique, d'ailleurs on est copains. On a le même âge, on se voit en dehors du boulot et on aime bien tous les deux les plaisanteries un peu sarcastiques. C'est pas méchant. Mais l'autre fois, j'avais eu un mois un peu galère et mon carnet de commandes était peu rempli, c'est le moins qu'on puisse dire. Hervé m'a dit : "Si tu continues comme ça, tu vas avoir du mal à atteindre tes objectifs annuels." C'était vrai, mais j'ai eu l'impression que ça ne lui déplaisait pas et c'est comme s'il me disait "Tu es en train de te casser la figure, je m'y attendais et c'est tant pis pour toi." J'ai fait comme si de rien n'était et ai simplement répondu : "C'est vrai, mais tu sais, quand j'en aurai marre, je pourrai toujours faire autre chose." Il n'a rien répondu. Il faut dire qu'il a un CAP de je ne sais plus quoi, et que moi j'ai une maîtrise de sciences économiques.* »

Explicitement, dans les mots, Antoine et Hervé ont un discours objectif. Cependant, leur échange se situe aussi à un autre niveau, beaucoup moins objectif et qui peut blesser l'amour-propre des interlocuteurs.

## ■ Qu'est-ce qu'une transaction double ?

Un échange comporte trois niveaux de messages :
- ce qui est dit, avec des mots, explicitement ;
- ce qui est sous-entendu et n'est pas dit explicitement ;
- ce qui n'est pas dit.

Les échanges humains ne sont pas « transparents ». On ne dit jamais « tout ». Ce qui est non dit, par définition, n'apparaît pas dans les transactions verbales. Si ces non-dits sont conscients, ils sont considérés comme appartenant à un « jardin secret ».

Par contre, les sous-entendus sont le plus souvent présents dans les transactions ; ils seront considérés comme des messages non formulés mais cependant décelables dans le non-verbal, le paraverbal et/ou le verbal. Dans les sous-entendus, nous inclurons les insinuations, les allusions.

Une transaction double véhicule deux niveaux de messages. Elle se compose de :

- un message verbal, explicite ; le plus souvent A→A en entreprise. Cette transaction se situe au niveau 1 (apparent) de l'iceberg des échanges ;
- un message sous-entendu, caché, qui passe par l'intonation, le non-verbal (un regard, un sourire, une mimique, etc.) qui signifie autre chose que le message verbal… Cette transaction se situe au niveau 2 (aperçu sous la ligne de flottaison) de l'iceberg.

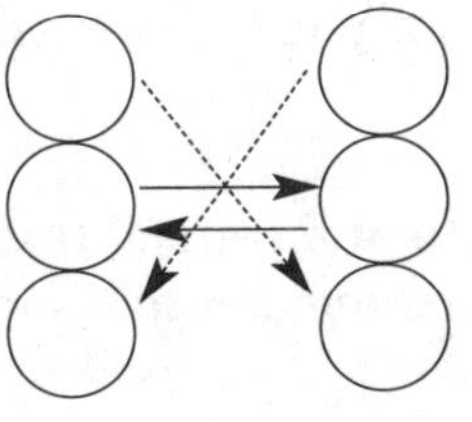

## Remarques

Il arrive que le message verbal contienne déjà un sous-entendu : il suffit d'ajouter un mot, d'apparence anodine. Par exemple : *« Vous avez un retard de cinq minutes »* est du verbal A, alors que *« Vous avez encore un retard de cinq minutes »* est du faux A, il contient un reproche non dit explicitement. Si on veut faire un reproche sans transaction cachée, on pourra dire : *« Vous avez un retard de cinq minutes (A). C'est le troisième depuis le début du mois (A). Je ne peux tolérer ce genre de choses (P). »*

**Les avantages** d'une transaction double, c'est que si X et Y manient très bien l'un et l'autre les transactions cachées, ils pourront « jouer » l'un avec l'autre. Ce qui est pratique aussi, c'est que si les choses tournent mal, que l'un des interlocuteurs manifeste un évident « manque d'humour » aux sous-entendus de l'autre, ce dernier pourra toujours démentir ou minimiser la transaction cachée. C'est un avantage… pour celui qui dément, pas pour l'autre.

**Les risques** des transactions cachées : si certaines transactions cachées sont agréables, quand elles soulignent une complicité amicale, la plupart sont désagréables. Elles sont le plus souvent des critiques, des moqueries adressées au E de l'interlocuteur (or le E est le seul état qui ressente des émotions). Elles provoquent un malaise dans les échanges et ne sont jamais efficaces pour atteindre des objectifs professionnels.

On n'est pas toujours conscient d'avoir envoyé un message caché (ce peut être « à l'insu de son plein gré »).

À une transaction cachée de l'un, répond le plus souvent une transaction cachée de l'autre.

On méconnaît l'impact réel qu'a le message caché sur l'autre (X peut envoyer une transaction cachée « pas méchante » de son point de vue, alors que Y peut en être très profondément blessé). Mais la caractéristique d'une transaction cachée est que personne n'en parle ouvertement (sinon elle ne serait plus cachée !).

**Une transaction simple ne reste une transaction simple que si l'intonation et le non-verbal sont en cohérence avec le message verbal.**

Ainsi, quand dans une PME à structure familiale, le directeur, parfois « hors de lui », dit à une de ses employées « je vais vous fracasser la tête avec l'ordinateur » ou quand le même, entrant dans un bureau où sont présentes dix employées, les traite de « bande de trisomiques », la transaction est « simple », c'est-à-dire qu'il n'y a pas de sous-entendus : la menace et l'injure sont dites, il n'y a pas de transactions cachées. Nous ne disons pas qu'elles sont recommandées, nous disons simplement qu'elles sont « simples ». Et inutile de préciser que, dans ces conditions, le comportement des employés est plus proche du E Terrorisé que du E Épanoui.

Ce genre de comportement dans les entreprises, même s'il existe encore, tend à devenir exceptionnel (surtout dans les grandes structures) : il n'est plus en accord avec les normes actuelles de notre société. Les tendances actuelles étant plutôt de lisser les vocabulaires. Par exemple, les fonctions des salariés sont définies en langage Adulte (il y a longtemps que l'on parle de « techniciens de surface », et les ex-éboueurs sont devenus – pour l'instant – des « analystes contrôleurs »). Un autre exemple est donné par le fait de désigner certaines personnes par les caractéristiques qu'elles n'ont pas plutôt que par celles qu'elles ont (non-voyant, mal-entendant, sans domicile fixe, sans-emploi, etc.). Ce politiquement correct dans le vocabulaire ne veut pas dire que les P Persécuteurs et les E Rebelles aient disparu, mais ils avancent masqués : en transactions cachées.

Celles-ci sont parfois tellement subtiles que plus personne ne s'y retrouve. Ainsi, dans une entreprise où les notations annuelles sont la règle, une personne ayant eu comme appréciation « excellent travail » n'était pas du tout satisfaite et cherchait... ce que son responsable voulait signifier. Mais elle n'est pas allée jusqu'à le lui demander (ce qui aurait été le moyen de lever l'ambiguïté, si tant est qu'il y en eut une).

## ■ À quoi servent les transactions cachées ?

- À « dire » ses sentiments ou ses jugements (positifs ou négatifs) en toute impunité sociale. C'était le cas dans l'échange d'Antoine et Hervé.
- À tenter de « faire comprendre » quand on n'ose pas dire. Ce qui ne marche presque jamais.

> **Bernard** : « Dans notre service il y avait un comptable qui "sentait mauvais". Il était compétent et de bon conseil pour les nouveaux embauchés. Mais quand on parlait de lui, c'était toujours par rapport à la gêne qu'il générait. Son odeur était vraiment insupportable. Mais on ne pouvait quand même pas le lui dire. On a tout essayé pour lui faire comprendre : on ouvrait en grand les fenêtres quand il arrivait, on s'éloignait de lui quand il se rapprochait, on parlait en sa présence de marques de savon, de shampooing, de dentifrice, d'après-rasage, etc., il participait aux discussions, donnait son avis et ne comprenait rien. Certains sortaient même de leur tiroir un déodorant d'ambiance et le posaient ostensiblement sur leur bureau quand il arrivait, mais il ne voyait pas l'allusion. »

Et pour cause : l'odeur dérange les autres, pas la personne concernée ; c'est son odeur à elle, donc « normale » pour elle. « Le putois ne sait pas qu'il pue » (1). Les seuls cas où la personne « mise en accusation » a pu savoir que son odeur gênait son entourage, c'est lorsqu'un(e) collègue (ou son responsable) lui a dit, en tête à tête, avec les précautions d'usage (en particulier « nous sommes gênés par ton odeur », et pas « tu sens mauvais ») : à partir de là, elle peut choisir de faire quelque chose... ou pas.
L'exemple est volontairement dérangeant (il n'est pas du domaine du comportement, mais souvent présenté comme une difficulté dans les relations professionnelles) pour illustrer la difficulté de dire à l'autre ce qui nous insupporte, nous gêne, nous agace, nous déplaît, chez lui.

(1) Proverbe zoulou.

## ■ Comment faire pour dire clairement les choses, sans transactions cachées, que ce soit pour exprimer un reproche, une demande, un refus, un accord, une sanction ?

### • Suggestion : utiliser la technique DESC pour « dire les choses »

**La technique « DESC »**, c'est :
**D** pour Décrire (les faits ; système A),
**E** pour Exprimer (les sentiments, le ressenti ; système E. Utiliser le « je »),
**S** pour Suggérer (proposition de solutions ou recherche en commun de solutions ; systèmes A et P),
**C** pour Conclure.

Cela paraît simple, et ça ne l'est pas.

**Exemple**

Vous ne supportez plus un comportement récurrent (vexant, humiliant, agaçant…) d'un collègue, ou d'un hiérarchique et… vous souhaitez que ça change.

L'entretien DESC se déroulera « à froid », avec prise de rendez-vous préalable, entre quatre-z-yeux évidemment, et aura été préparé (même si on ne dit pas ce qu'on avait prévu de dire !). Ce genre d'entretien est de courte durée (une dizaine de minutes), le risque étant de « délayer » et de tomber dans les reproches ou le pathos, ce qui n'est pas le but.

- La première phase doit être du A et seulement du A (**des faits, encore des faits, rien que des faits !**). Or il est tentant d'en « profiter » pour sous-entendre des reproches, que ce soit en verbal ou en non-verbal.
- La deuxième phase nécessite de **dire « en vrai » l'émotion ou le sentiment, sans se protéger** (et donc déjà d'avoir identifié ce sentiment) sans en faire porter la responsabilité à l'autre (par exemple, dire « je me sens bloqué » et pas « tu me bloques », ni même « je me sens accusé »).
- La recherche de solutions (pour que la situation ne se reproduise pas ou du moins qu'elle se déroule autrement) se fait à deux. Une des meilleures méthodes est de commencer par demander à l'interlocuteur ce qu'il propose puis d'en discuter ou d'ouvrir

sur d'autres possibilités. L'important est de rester à l'écoute de l'autre et de ne pas chercher à imposer sa solution.
- Conclure, c'est-à-dire clore l'échange par une reformulation par exemple et/ou la détermination d'une date pour faire un point. Et ne plus en parler (ou pas avant la date prévue).

## Remarque

On ne peut pas utiliser cette technique si on est « sûr » (à tort ou à raison) que l'autre va en profiter si on lui montre ses fragilités... il faut un minimum de confiance, même très faible, en l'autre, ou... en avoir tellement assez qu'on décide de faire quelque chose pour que ça change. Si nous appartenions à l'espèce « loup », cette technique pourrait être utilisée sans risque. Dans un combat entre deux loups, lorsque le plus faible signale sa reddition, immédiatement l'agressivité disparaît chez le dominant et le « faible » ne risque rien. Mais l'homme est parfois pire qu'un loup pour l'homme...
La méthode n'est pas garantie à 100 %. Le risque zéro n'existe pas dans les relations humaines, mais elle est efficace pour améliorer le relationnel si... on a envie de l'améliorer et si on est persuadé que, à défaut de changer l'autre, un changement de son propre comportement peut modifier celui de l'autre.

## Que faire si on a l'impression que l'interlocuteur nous a adressé une transaction cachée ?

- Répondre par une transaction cachée. C'est ce qui se fait le plus « spontanément ». Ainsi, on a de fortes chances de pouvoir entamer un « jeu » avec l'interlocuteur (voir les « jeux », fiche 23).

- Répondre uniquement à la transaction explicite. Ne fonctionne que si la transaction cachée n'a réellement aucun impact sur soi (ce qui est rare : si elle n'a aucun impact, on ne la perçoit pas). Si on fait « comme si » la transaction cachée n'existait pas, ce qui fait qu'on répond par une transaction cachée du genre : « je suis plus malin que toi, je ne me laisserai pas prendre » ou « je fais celui qui n'a pas compris » (alors que j'ai parfaitement compris), on est parti... pour un autre jeu. Cela étant dit, il est possible que, si on joue suffisamment bien l'indifférence, l'interlocuteur n'insiste pas ; pour l'instant du moins.

- S'exprimer sur la transaction cachée :
  - soit pour vérifier qu'il y en a une ; pour Antoine ce pourrait être : « est-ce que tu es en train de me dire que ça te paraissait prévisible ? » (ton neutre, recherche d'information, domaine du A). Il est possible que Hervé jure, « que non, jamais je n'ai pensé une chose pareille. Que vas-tu chercher là ? » ; mais même dans ce cas, il va se passer autre chose entre Antoine et Hervé que les habituels échanges à fleuret moucheté. On n'est plus dans le domaine connu donc prévisible de la relation ; tout est possible. Il y a prise de risques, y compris qu'ils parlent autrement que langue de bois et qu'ils soient sincères !
  - soit pour exprimer son ressenti par rapport à l'impact que la transaction cachée a eu sur soi (en utilisant le « je » et en nommant le vrai sentiment ressenti ; sinon, on est en jeu). Exemple : Hervé aurait pu dire quelque chose comme « quand tu me dis que tu pourras toujours faire autre chose, ça me renvoie au fait que je n'ai pas fait d'études, ce que je vis comme une honte ». À utiliser avec modération, toujours entre quatre-z-yeux, quand la transaction « touche » douloureusement le E et que l'on souhaite arrêter d'avoir mal. Il y a de fortes chances alors pour qu'Antoine arrête ses sous-entendus.

Cette dernière façon de procéder est très peu utilisée, la plupart des personnes préférant se faire hacher menu plutôt que dire leurs (vrais) points faibles, par peur que l'autre en profite. C'est un risque dont la probabilité n'est pas nulle. Cependant, de toute façon, l'autre connaît intuitivement nos points faibles, et les transactions cachées permettent d'appuyer dessus en toute « innocence ». Tandis que, quand nous disons (sincèrement) que, là, ça fait mal, et que l'interlocuteur continue, il est obligé de se reconnaître un comportement de « salaud » plutôt que d'« innocent » (« comment voulez-vous que je sache que ça fait mal puisque vous ne dites rien » ?). Ce que peu de gens assument finalement !

**Résumé**

« Couvrez ce sein que je ne saurais voir. »
Tartuffe, acte III, scène 2. Molière

Fiche 19

# Les signes de reconnaissances, ou strokes

> **Martine :** « *Ma responsable m'a dit : "Martine, je suis très satisfaite de la façon dont vous avez réglé le problème".* »
> **Jean-Paul D :** « *Deux stagiaires d'une grande école sont venus faire un stage d'informatique dans le service où je suis technicien et je les ai aidés en leur précisant les données qu'il me semblait nécessaire de faire remonter.*
> *À la présentation de leur rapport de stage, mon chef et moi étions invités. Leur rapport de stage commençait par des remerciements aux services techniques et plus particulièrement à Jean-Paul D. Ça m'a fait vraiment très plaisir qu'ils citent mon nom. C'était dit devant deux professeurs de leur école, un ingénieur de mon entreprise et deux chefs de service. En plus, c'était écrit et le rapport restera dans l'entreprise, au service informatique.* »

Leur sourire et l'éclat du regard des personnes qui racontent ce genre d'anecdote montrent à quel point ces épisodes sont importants et valorisants pour eux. Pourtant, en soi, ça ne paraît pas grand-chose, juste une reconnaissance explicitée de ce qu'ils ont fait « naturellement ».

Mais tout n'est pas aussi agréable ; un exemple en est donné par Stéphane.

> **Stéphane :** « *J'avais pris mon poste de responsable du contrôle et assurance qualité dans un atelier de fabrication de jus de fruits depuis deux mois (c'était mon premier poste), quand mon responsable me convoque pour me présenter une nouvelle procédure. Puis il me laisse repartir avec tout à faire (des solutions à préparer). Il me tutoie, moi je lui dis vous. Il repasse une heure après et je n'avais pas terminé. Il me dit : "Tu resteras plus longtemps puisque tu n'as pas fini et la prochaine fois je demanderai à la femme de ménage de les préparer, ce sera plus vite fait." Je ne lui ai rien répondu, parce que je ne pouvais pas, mais je n'ai jamais oublié.* »

Quel rapport entre le témoignage de Stéphane et ceux de Martine ou de Jean-Paul ? C'est que, aussi éloignés soient-ils, les comportements de leurs interlocuteurs représentent les deux faces d'une même médaille, appelée **« signe de reconnaissance »**. L'un correspond à la face qu'on peut appeler positive (quand ça fait plaisir), l'autre négative (quand ça ne fait pas plaisir).

L'expression française « signe de reconnaissance » ne traduisant pas ces deux aspects, nous garderons le mot anglais **« stroke »** qui est polysémique et signifie, entre autres, coup et caresse. En plus, il est amusant, en s'autorisant un néologisme, de conjuguer le verbe « stroker ».

## ■ Qu'est-ce qu'un stroke ?

Un stroke est une attention donnée (volontairement ou pas) à une personne. Les strokes sont autre chose que de simples récompenses ou punitions ; même s'ils peuvent se matérialiser ainsi. Par exemple, une augmentation de salaire sera vécue comme un stroke (positif) par le salarié qui en bénéficie si, en plus d'enrichir son porte-monnaie, elle enrichit la considération qu'il a de lui.
À défaut d'autre mot, on pourrait dire que le stroke fait du bien (ou du mal) à « l'âme ».

**Un stroke est une façon de manifester à quelqu'un qu'il existe pour nous.**

Les premiers strokes donnés aux enfants sont à dominante physique : câlins, baisers, voix douce (caresse, stroke positif) ou grosse voix et fessées (coup, stroke négatif). Après, avec le temps, la forme des strokes évolue. En entreprise, il n'est pas nécessairement recommandé de faire un câlin à un collègue pour lui signifier qu'on apprécie son travail, ni de lui donner une gifle pour lui manifester qu'on ne l'apprécie pas ! Alors, on symbolise les strokes : ils sont donnés avec des mots le plus souvent. Mais les strokes passent aussi dans le non-verbal (regard, sourire, geste de la main, mimique, etc.) et le paraverbal.

## ■ À quoi servent les strokes ?

### • À vivre

Les strokes sont des nourritures psychologiques et affectives indispensables à la vie. Il ne suffit pas de donner à un être humain toutes les nourritures matérielles dont il a besoin pour vivre. Dans nos régions, même dans les cas très difficiles, les enfants ont un minimum de strokes (positifs ou négatifs) de la part de leur entourage, et on n'a pas toujours conscience que les strokes sont indispensables. Mais peut-être avez-vous en mémoire des reportages sur la mortalité élevée et sur l'état des survivants dans les orphelinats roumains dans les années 1990 où les enfants étaient certes nourris mais ne pouvaient bénéficier d'attentions de la part des personnels, épuisés et surchargés.

**Caractéristiques des strokes**

- Le stroke est indispensable pour la survie biologique et psychologique.
- Le stroke peut être conditionnel ou inconditionnel.
- Le stroke peut être positif ou négatif.
- Un individu préfère un stroke négatif à pas de stroke du tout.
- L'effet positif du stroke est lié à sa qualité (approprié, dosé, personnalisé, argumenté, sincère).
- Chaque individu a une dose habituelle de strokes.
- Chaque individu a un canal préférentiel de stroke et un filtre à strokes.
- On peut refuser un stroke négatif.
- On peut stocker des strokes.
- Chacun peut s'autostroker positivement.
- **Le stroke est une ressource naturelle, gratuite, inépuisable et à la portée de tous.**

## • Précisions sur les caractéristiques des strokes

Un stroke est **conditionnel** lorsqu'il porte sur ce que l'on **FAIT**. Il est inconditionnel lorsqu'il porte sur ce que l'on **EST.**

| Stroke | Conditionnel | Inconditionnel |
|---|---|---|
| Positif | J'ai apprécié votre présentation : c'était clair, court et complet. Bravo ! | Vous êtes brillant, on peut toujours compter sur vous. |
| Négatif | Je ne suis pas satisfait de vos derniers résultats : ils sont en baisse de 12 %. Que se passe-t-il ? | Vous êtes nul. |

Il va sans dire (mais toujours mieux en le disant !) que **seuls les strokes conditionnels** sont de mise en entreprise, les positifs comme les négatifs. Si ces derniers ne font peut-être pas plaisir à celui qui les reçoit, ils sont indispensables pour qu'un responsable tienne son rôle de Parent Normatif. Ils permettent au collaborateur de progresser, à condition que le stroke porte sur le travail, qu'il soit formulé en A (des faits, des précisions et des recherches de solutions).
Les strokes positifs conditionnels, s'ils sont formulés en A, avec des faits, sont de puissantes sources de motivation.
En dehors de l'entreprise, il serait intéressant de tester aussi l'évolution des relations si on arrivait à donner davantage de strokes conditionnels que d'inconditionnels... pour les négatifs, c'est évident : répéter dix fois par jour « ce

que tu es maladroit » ou « tu es nul en maths » risque de se transformer en croyance... partagée et comme nous passons beaucoup de temps à vérifier nos croyances, il y a de fortes chances qu'on devienne « maladroit » ou « nul en maths »... C'est vrai que ça va plus vite de dire « tu es maladroit » que : « Quand tu poses cet objet en équilibre comme cela, il risque de tomber. Comment pourrais-tu faire pour qu'il reste bien posé ? »
Pour les strokes inconditionnels positifs, les choses semblent plus simples et pourtant... S'entendre répéter « tu es brillant » fait certes plaisir, mais la personne « brillante » se doit d'être toujours à la hauteur de sa réputation, ce qui est fatigant et ne lui donne aucun droit à l'erreur... Et pensons à la « méchante » reine de Blanche Neige qui avait dû être bercée de « tu es la plus belle » et qui se trouve condamnée pour cause de superlatif, l'âge aidant, à devoir passer son temps à vérifier qu'elle est toujours la plus belle. Et les miroirs magiques sont redoutables...
Dans la **sphère privée**, il y a **un stroke positif inconditionnel verbal** qui, s'il est sincère, est non seulement autorisé mais chaudement **recommandé**... Vous avez trouvé ? Si oui, bravo, sinon, cherchez encore, vous allez trouver !

**Un individu préfère un stroke négatif à pas de stroke du tout** : tout sauf l'indifférence ! Cela est important pour comprendre que si une personne est en manque de strokes, elle peut accepter (et même dans certains cas réclamer) des strokes négatifs.

## • Qualité du stroke

→ **Approprié** : en accord avec ce que vous avez apprécié (ou pas apprécié) ; si vous êtes furieux parce que votre collaborateur est en retard à la réunion, ne lui reprochez pas son manque d'initiative... ce n'est pas cela qui est en question... aujourd'hui.

→ **Dosé** : la « bonne » dose. Si vous vous pâmez d'admiration parce que votre collaborateur a fait un excellent compte rendu de réunion... vous perdez en crédibilité et, même si vous ne vous moquez pas, cela risque d'être perçu comme un stroke (très) négatif.

→ **Personnalisé** : pour être efficace, un stroke doit s'adresser à la personne concernée et ne doit pas être une formule passe-partout qui, même si elle fait plaisir, ne fait pas qu'on se sente reconnu, c'est-à-dire unique... Un stroke a davantage d'impact si la personne qui le donne s'implique : utilisez le « je » dans la formulation. Dire « je suis satisfait de l'issue de la négociation que vous avez menée » touche davantage que « vous avez mené une bonne négociation ». Essayez, même pour des strokes anodins du style « j'aime bien ta veste », est meilleur que « tu as une belle veste ». Ainsi, l'interlocuteur sait que c'est vous qui lui donnez un signe de reconnaissance et pas une entité ectoplasmique.

→ **Argumenté** : il est beaucoup plus efficace (et plus difficile) d'expliciter ce que l'on aime (ou ce que l'on n'aime pas) en donnant des précisions plutôt que de se contenter d'une vague généralisation. Dire « c'est bien », c'est bien mais dire en quoi c'est bien, c'est mieux... Pour une critique, ça permet à la personne de savoir précisément ce qui ne va pas et donc de pouvoir modifier. De plus, elle est aussi informée que l'auteur de la critique ne dit pas n'importe quoi mais a bien analysé son travail, ce qui en soi est un signe de reconnaissance.

→ **Sincère** : un stroke positif pas sincère est reçu (à juste titre) comme un stroke négatif. Il ne s'agit pas de dire des choses que l'on ne pense pas, il s'agit de regarder ce que font les personnes de son entourage et d'arriver à distinguer ce qui va de ce qui ne va pas en fonction de critères objectifs (dans le cadre professionnel). Puis d'être capable de faire part à la personne concernée de certaines de nos observations si on est légitime pour le faire.
Si on « n'y croit pas », s'abstenir. Y compris pour les strokes anodins.

**Chaque individu a une dose habituelle de strokes, un canal préférentiel et un filtre à strokes.** Les strokes, c'est comme la nourriture : on a chacun nos habitudes... Il y a des gros mangeurs et des personnes qui ont besoin de beaucoup de strokes, positifs ou négatifs (eh oui, il y a des gens qui consomment des produits « qui ne sont pas bons pour la santé », qui le savent ou qui ne le savent pas mais qui ont du mal à modifier leur alimentation), et d'autres qui se nourrissent de peu de choses, par choix ou non. Il y a des végétariens (canal préférentiel en P, A ou E) et ceux qui ne consomment jamais tel ou tel aliment, par goût, par allergie ou parce qu'ils n'en ont jamais goûté (filtre qui ne laisse pas passer certains strokes en P, en A ou en E).

L'important est d'être attentif aux besoins qualitatifs et quantitatifs en strokes de l'interlocuteur et de les respecter. Comment savoir ? Par la pratique : si vous faites un « vrai » stroke positif (sincère, dosé, argumenté) et que l'interlocuteur ne le reçoit pas – ou le refuse – ou le vit mal (ça se voit à son non-verbal), c'est que votre stroke est trop « fort » ou non adapté à son canal, ou qu'il refuse tout stroke positif dans ce domaine.

**Exemples**

« J'aime bien ta veste » et l'interlocuteur (trice) au lieu de vous dire « merci » avec un sourire vous répond :
– « Cette veste ? je ne l'ai pas payée cher ! » (Or vous ne lui avez pas demandé combien ?)
– « Je l'ai achetée chez Zygomar. » (Or vous ne lui avez pas demandé où ?)
– « Oh là là, il y a longtemps que je l'ai ! » (Or vous ne lui avez pas demandé quel âge ?)
– « Tu te moques de moi, là ou quoi ? » (Or vous ne vous moquez pas.)

Dans tous ces cas, votre stroke a dépassé ses capacités d'accueil de strokes dans ce domaine (E ou/et P). Cela ne signifie pas que ça ne lui fait pas plaisir, ça veut plutôt dire qu'elle n'est pas habituée, que c'est trop pour elle et qu'elle minimise votre stroke, ne sachant pas l'accepter en toute simplicité pour ce qu'il est. Que faire dans ce cas ? Rien... sinon prendre en compte que les strokes sur les vêtements ne sont pas encore dans ses filtres... Agir en Adulte, c'est-à-dire accepter que votre « cadeau » ne plaise pas à cet interlocuteur. Il est tentant, dans ces cas-là, de passer en Parent Persécuteur (jugement exprimé ou non, du genre « quel sale caractère » ou « elle prend tout mal », « on ne peut vraiment rien lui dire, c'est à vous dégoûter d'être sympa »...) ou en Parent Sauveur (« comme elle doit manquer de confiance en elle pour réagir ainsi, il faut vraiment que je l'aide »... ). Il est possible, si on peut le faire « naturellement », de sourire et de lâcher : « Je la trouvais juste jolie et j'avais envie de te le dire », mais gare aux transactions cachées...

**On peut refuser des strokes négatifs et stocker des positifs :** c'est difficile pour certaines personnes, qui se croient obligées d'avaler toutes les couleuvres présentées par l'interlocuteur, de dire **« stop »** ou **« non »,** et pourtant, si une personne ne dit pas **« non »** à un donneur de strokes négatifs inconditionnels, il n'y a aucune raison qu'il s'arrête. L'attitude du E Soumis est certes parfois nécessaire, mais pas si souvent qu'on le croit : après tout, que risque-t-on, objectivement, la plupart du temps, à refuser, poliment et fermement, d'être traité en paillasson mité (ou pas même mité !) ?
Par contre, si un jour vous recevez des strokes positifs qui dépassent largement vos capacités quotidiennes, plutôt que de les refuser, prenez, mais avec du recul, et stockez-les pour éviter l'overdose. Vous pourrez les ressortir dans des périodes d'intempéries, soit de sécheresse (manque de strokes), soit de tourmente (trop de strokes négatifs) : ils seront moins forts que des strokes « frais » mais permettront d'attendre et de patienter en attendant un retour à la normale. Évitez de les garder trop longtemps, ils perdent vite de leur énergie quand ils ne circulent plus.

**Les autostrokes** : quand on a « bien » fait quelque chose, avant (ou après, ou même sans) que les autres le « reconnaissent », on peut commencer par le reconnaître soi-même et se féliciter ! Et se le dire tout haut, c'est encore mieux (« sur ce coup-là, j'ai vraiment assuré, je suis fier(e) de moi ! »). L'autosatisfaction, quand elle est légitime, est… légitime ! Et elle réapprend à donner et à accepter les strokes positifs, si besoin est.
Pour ceux qui ne peuvent accepter des strokes positifs que rabougris (et qui disent « **oui**, j'ai réussi **mais** c'était facile » ou « **mais** c'était un coup de chance », se donner des « vrais » autostrokes positifs est une des façons d'augmenter son capital. Donc, suppression des « oui… mais », des « pas mal » des « petits » de son vocabulaire.

## Remarque

Si vous avez du E disponible et que vous aimez les histoires, il existe un livre, court et illustré, qui dit tout sur les strokes de façon métaphorique : *Le Conte chaud et doux des chaudoudoux* de Claude Steiner, illustré par Pef, chez InterEditions. On peut consulter cet ouvrage à partir de trois ans jusqu'à… pas de limite supérieure.

**Résumé**

Un stroke est un don symbolique, empoisonné ou pas, que l'on offre à quelqu'un. Le cadeau peut être apprécié ou pas, accepté ou pas, rendu ou pas. Les échanges de strokes rythment l'épanouissement de la vie de chacun.
L'écoute et la reformulation sont des strokes positifs toujours acceptés.

Fiche 20

# Comment gérez-vous la circulation des strokes ?

La gestion des strokes ressemble à celle de l'argent, avec ses entrées et ses sorties, avec sa circulation. La circulation est nécessaire au bon fonctionnement de la société, et pourtant les strokes ne ressemblent pas à l'argent. La différence essentielle est que plus on en distribue, plus on en a, qu'il n'y a pas de limite à la quantité de strokes en circulation, que les strokes sont toujours donnés et jamais prêtés. On peut en garder en réserve, mais les strokes stockés se dévaluent vite et tout le monde y gagne si on les remet en circulation. La formule « on n'a encore jamais vu un coffre-fort suivre un corbillard » s'applique parfaitement aux strokes. En outre, il n'y a pas d'héritage possible des strokes non utilisés : paradoxalement, on ne peut transmettre que ceux que l'on a donnés de son vivant.

L'autre différence est qu'il existe des strokes négatifs, qui circulent aussi librement et légalement que les positifs : voilà qui complique les choses ! C'est tout de même plus simple quand la fausse monnaie est illégale !

Rappelons que les strokes, qu'ils soient positifs ou négatifs, se donnent :

- en verbal : un mot, une phrase, une reformulation ;
- et/ou en non-verbal : un regard, un sourire, une écoute, un froncement de sourcils, un haussement d'épaules, une grimace, un geste ;
- et/ou en paraverbal : la façon de dire un stroke verbal va confirmer, accentuer, annuler ou contredire un stroke verbal ; l'émission d'un son, d'un sifflement ou… un silence peut être très « parlant ».

## • Trois remarques

**1** Chacun peut évaluer de façon subjective, sur une échelle personnelle, de 0 à 10 par exemple, l'intensité de l'effet d'un stroke reçu. L'émetteur du stroke n'a pas toujours conscience de l'impact de son stroke : X peut tout à fait envoyer un stroke (négatif) 2 sur son échelle d'émission et être reçu 9 sur l'échelle de Y. Il en est ainsi de certaines remarques « pas méchantes » (pas méchantes pour qui ?) qui peuvent faire très mal. Le non-verbal du destinataire peut renseigner sur l'impact.

Tout le fiel (et le plaisir ?) des transactions cachées peut se révéler dans ces échanges. Surtout si le destinataire, touché à 9, feint d'être touché à 1 (« même pas mal ! ») !

**2** Le paradoxe du stroke positif est qu'il est d'autant plus « efficace » que l'émetteur ne le donne pas pour qu'il le soit ! À la réflexion, cela se vérifie aussi pour les négatifs...
Il est quand même des cas où les strokes sont donnés avec une intention délibérée. Ainsi un manager, réalisant qu'il ne donne pas beaucoup de strokes positifs à ses collaborateurs, décide de modifier cet état de choses. Au début, il vise un objectif d'efficacité professionnelle. Il faut bien un moteur pour faire quelque chose d'aussi difficile que... de dire aux autres qu'on apprécie leur travail. Mais très vite, la gêne du début disparaît et il le fait « naturellement » et pas seulement pour motiver son équipe. Il est toutefois recommandé aux responsables qui souhaitent donner des strokes positifs alors que ce n'est pas dans leurs habitudes, d'y aller très, mais vraiment très progressivement, sinon, leurs collaborateurs pourraient s'inquiéter (« mais qu'est-ce qui lui prend, il est malade ou quoi ? » Ou pire : « C'est pas normal, qu'est-ce que ça cache ? »). Là encore, si on accepte de passer ce premier cap, la vie change de couleurs.

**3** Comme le *Manager Minute* (1), si vous « surprenez » quelqu'un à faire quelque chose de bien, félicitez-le immédiatement. Et surtout n'en profitez pas pour lui glisser quelques reproches, même légitimes. En dehors des entretiens annuels, un temps pour chaque chose : un temps pour les strokes positifs, un temps pour les négatifs. Pour savoir où on en est dans sa gestion des strokes, on peut de temps en temps se faire un débriefing à la fin d'une journée ordinaire et remplir le tableau suivant, après avoir quantifié ses strokes sur son échelle personnelle. C'est une façon de repérer les signes de reconnaissance que nous échangeons en permanence sans nous en rendre compte.
Alors, quel est votre bilan ? Plus les strokes positifs échangés sont nombreux, mieux ça va dans le cadre de vie où on les échange. Plus les strokes négatifs sont nombreux, plus on risque de « jouer ». Avec très peu d'échanges de strokes, la vie peut être ressentie comme terne et ennuyeuse.

(1) De Blanchard et Johnson, aux Éditions d'Organisation.

Ce pourrait être un tableau comme celui ci-dessous pour le cadre professionnel :
- avec C pour stroke Conditionnel (j'ai apprécié votre implication dans le projet Z) ;
- avec I pour stroke Inconditionnel (vous ne vous impliquez jamais dans les projets de l'équipe, c'est insupportable).

| **Stroke** | **Donné** | | | | **Reçu** | | | |
|---|---|---|---|---|---|---|---|---|
| | **Positif** | | **Négatif** | | **Positif** | | **Négatif** | |
| | **C** | **I** | **C** | **I** | **C** | **I** | **C** | **I** |
| Hiérarchiques | | | | | | | | |
| Collègues | | | | | | | | |
| Collaborateurs | | | | | | | | |

Ce même tableau peut être construit dans le cadre familial, avec les différents membres de la famille ou dans un cadre amical et de relations sociales, ou dans un cadre de loisirs, d'activités non professionnelles.

# Test sur les positions de vie

## Huit thèmes de vie professionnelle

Sur chacun des huit thèmes de vie professionnelle ci-dessous, répartissez 10 points en fonction de la fréquence avec laquelle VOUS agissez ainsi.

**Style de commandement**

A - Je me justifie, me défends, parfois je critique, parfois je me protège.
B - J'utilise le contrôle et la persuasion. Je n'hésite pas à faire pression.
C - J'aide les gens. Ma sympathie m'aide à me faire accepter.
D - J'informe, je propose des occasions de développement, nous analysons ensemble les problèmes et les opportunités.

**Approche des problèmes**

A - J'essaie de les éluder, je m'arrange.
B - Je tiens aux objectifs et aussi à la qualité de la vie de travail de chacun.
C - Je me soucie surtout de tenir les objectifs.
D - Je fais en sorte que chacun soit satisfait.

**Attitude face aux règles**

A - Pour moi, les règles, c'est tout.
B - Les règles sont une bonne chose, j'insiste pour qu'on les suive.
C - Ce sont les règles de conduite. Elles sont utiles mais n'en soyons pas prisonniers.
D - Je pense qu'on doit s'efforcer de les suivre.

**Vision des conflits**

A - Les conflits peuvent être utiles. Nous en tirons souvent des occasions de progresser.
B - Je n'aime guère les conflits, ça nuit aux relations.
C - Je pense qu'il faut d'abord penser au travail et ne pas refaire le monde.
D - Ce n'est pas mon affaire.

**Réaction à la colère**

A - Je n'aime pas me confronter à la colère, ça m'est très pénible.

B - Ça me rend très désagréable et méfiant.
C - Dans ce cas, je provoque une bonne confrontation.
D - J'en veux à ceux qui se permettent ça, je rumine ma rancœur.

**Humour**
A - Je fais rire à mes dépens.
B - Je pratique l'ironie désabusée.
C - Je sais trouver le mot qui libère et détend.
D - Mon humour est caustique et mordant.

**Attitude de base**
A - Je t'y ferai aller.
B - Je vais de l'avant avec toi.
C - Puisqu'il faut y aller.
D - Aller là ou ailleurs...

## Décodage du test : les quatre positions de vie

Il y a quatre positions de vie (ou quatre façons de se juger soi-même, par rapport aux autres).

- Je suis +, ils sont +
- Je suis +, ils sont –
- Je suis –, ils sont +
- Je suis –, ils sont –

Reportez vos réponses dans le tableau et additionnez en colonnes.

| | ++ | +– | –+ | –– |
|---|---|---|---|---|
| Style de commandement | D | B | C | A |
| Approche des problèmes | B | C | D | A |
| Attitude face aux règles | C | B | D | A |
| Vision des conflits | A | C | B | D |
| Réaction à la colère | C | D | A | B |
| Attitude comme subordonné | D | A | B | C |
| Humour | C | D | A | B |
| Attitude de base | B | A | C | D |
| **Nombre de points pour vous** | | | | |

Là encore, il n'y a pas de bonnes ou de mauvaises réponses. Ce qui est intéressant, si on se retrouve dans les résultats (après consultation de la fiche 22), c'est de repérer si on a une position de vie dominante, actuellement, dans un cadre professionnel et d'observer comment se traduisent concrètement, pour chacun, les différentes positions de vie. Aussi bien pour ce qui relève de la communication avec les hiérarchiques, les collègues et les collaborateurs, ce qui concerne le management si on est responsable (responsabilité hiérarchique ou fonctionnelle) d'une équipe, ou son attitude face aux situations conflictuelles.

Fiche 22

# Les positions de vie

Une position de vie est une représentation des liens relationnels entre soi et les autres. Chaque personne a une opinion d'elle-même, bonne ou mauvaise, et aussi une opinion, bonne ou mauvaise, des personnes qui l'entourent.
Nous garderons le « OK » de Berne pour définir ces positions de vie. L'expression est intraduisible en français, et nous dirons que si *je suis OK+,* c'est que je considère que j'ai une certaine valeur, que je suis plutôt quelqu'un de bien, que je m'accepte comme je suis, que je me sens autonome et me fais confiance. Et que dans le cas contraire, *je suis OK–.*
Dans la vie il y a moi... et il y a aussi les autres. Et l'autre, je peux le considérer comme OK+ ou OK–. Ce qui nous donne schématiquement quatre « positions de vie » : OK+ / OK–, OK– / OK+, OK– / OK– et OK+ / OK+

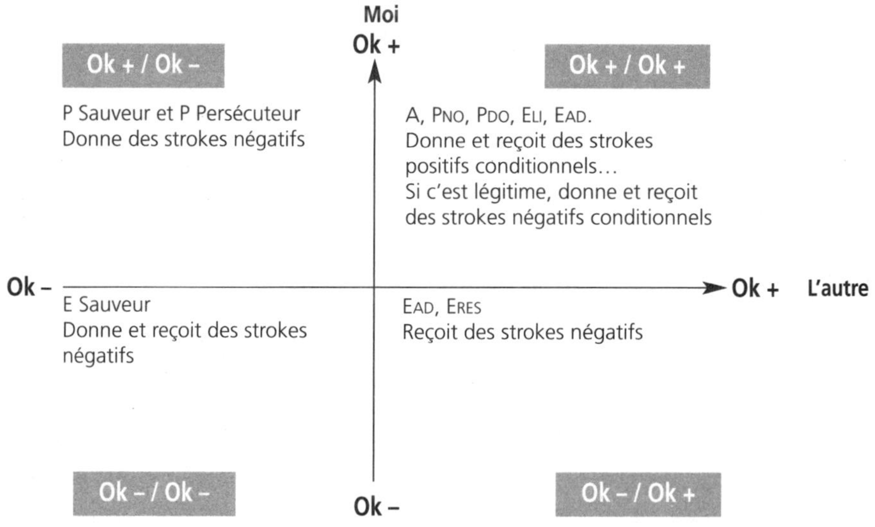


## OK+ / OK–

La personne a une représentation positive d'elle-même et négative des autres (*« Mon service fonctionnerait plutôt bien. Quel dommage que je sois entouré d'incompétents »).*
Quand une personne se trouve dans cette position, elle a tendance à se considérer comme supérieure à son interlocuteur, à penser que ses idées, ses opinions sont les meilleures. Elle ressent du mépris ou/et de la colère ou/et de la condescendance ou/et... de la pitié pour l'autre.

L'état du moi caractéristique est le P, Persécuteur ou Sauveur (ce qui ne paraît pas forcément évident pour ce dernier. Et pourtant, si on fait quelque chose à la place de quelqu'un qui ne nous a rien demandé, ou si on répond à sa place, c'est bien que, à tort ou à raison, on se croit davantage capable que l'autre de le faire… c'est-à-dire qu'on se croit « supérieur » à lui dans ce domaine).
La personne en OK+ / OK– envoie des strokes négatifs à son interlocuteur.

### OK– / OK+

C'est le contraire : la personne a une représentation négative d'elle-même et positive des autres (*« Je me rends bien compte que malgré tous mes efforts, je ne suis pas à la hauteur »).*
Quand une personne se trouve dans cette position, elle a tendance à se considérer comme inférieure aux autres, à se dévaloriser, à manquer de confiance en elle et à estimer que les autres sont mieux qu'elle ou qu'ils ont plus de chance.
Elle ressent de la peur ou de la honte et espère l'approbation des autres quand elle fait quelque chose.
L'état du moi le plus manifesté est le E, Adapté surtout mais aussi Soumis et parfois Rebelle (parce que, malgré tout, il y a des fois, ça suffit comme ça !).
La personne reçoit des strokes négatifs, du moins ce sont les négatifs qui passent le mieux à travers ses filtres.

## ■ Remarques

Les personnes qui fonctionnent assez souvent en position OK+ / OK– « jouent » très bien avec les personnes qui fonctionnent assez souvent en OK– / OK+ : elles sont en effet très complémentaires ! Court scénario (presque) imaginaire : X étant le responsable de Y, qui est lui-même le responsable de Z (si Z est n, Y est n+1 et X est n+2).
X « recadre » vertement Y et Y fait profil très bas (« oui M. le Directeur… j'ai bien compris… ça ne se reproduira plus M. le Directeur… »). Quand l'entretien est terminé… que croyez-vous qu'il arrivât? Y convoque Z et le « recadre » vertement et Z fait profil très bas. Y, comme beaucoup d'entre nous, passe allégrement de la position OK– / OK+ à la position OK+ / OK–.
Moralité : quand on est hiérarchique et que l'on se comporte en OK+ / OK– avec son collaborateur, il y a de fortes chances que ce collaborateur reproduise le schéma avec son propre collaborateur. Dit autrement : quand on a reçu un stock de strokes négatifs qui dépasse nos possibilités de stockage, on va se dépêcher de s'en débarrasser sur l'interlocuteur le mieux placé pour les recevoir (ou qui n'osera pas les refuser). Et Z, auprès de qui va-t-il s'en débarrasser ? C'est une bonne question…

## OK– / OK–

La personne a une représentation négative d'elle-même et négative des autres (*« Bof... faire ça ou autre chose... de toute façon tout va mal... on ne s'en sortira pas... ça ne sert à rien ! »*).

Quand une personne est dans cette position, elle dévalorise tout, elle-même et les autres. Elle ne voit que le négatif. Autant la position OK– / OK+ recèle un moteur d'action (parce que même si « c'est toujours comme ça », c'est insupportable de ne pas être à la hauteur et l'espoir non dit est qu'un jour, tout de même, on inversera la position – *« Je l'aurai, un jour je l'aurai ! »*), autant la position OK– / OK– est une position sans potentiel de changement : je suis nul et bon à rien, certes, mais les autres étant comme moi, pourquoi changer ?

Elle ressent de la tristesse et/ou du désespoir et/ou de l'apathie et/ou de la rancœur. L'état du moi le plus souvent manifesté est l'état E, le Soumis en majorité.

Elle donne et reçoit des strokes négatifs. Ses filtres ne laissent passer aucun stroke positif, ni dans un sens ni dans un autre.

La personne dont c'est la position dominante dans un contexte donné (milieu professionnel par exemple) attire systématiquement chez l'interlocuteur l'état Parent Sauveur qui sommeille en chacun de nous... Et bien évidemment, elle refusera toutes les offres, propositions, suggestions, gentillesses qui lui seront proposées (mais si vous écoutez bien ce qu'elle dit, elle se plaint beaucoup, il ne lui arrive que des malheurs, certes, mais elle ne vous a pas demandé explicitement de l'aide ; cf. fiche 8). Cela ne veut pas dire qu'il n'y a rien à faire, mais il ne faut certainement pas agir en Sauveur. Les personnes qui fonctionnent majoritairement en OK– / OK– sont peu nombreuses en entreprise (sinon l'entreprise ne pourrait pas « tourner ») mais c'est avec elles que les collègues et managers passent le plus de temps... Et ce sont elles qui alimentent le plus les conversations !

## OK+ / OK+

La personne a une représentation positive d'elle-même et des autres. Ce n'est pas une représentation idyllique du genre « tout le monde, il est beau, tout le monde il est gentil » : la personne qui se trouve dans la position OK+ / OK+ s'accepte comme elle est avec ses points forts et ses difficultés, ses valeurs et ses opinions, et accepte l'autre de la même façon. L'intérêt de cette position est que tout le monde se sent reconnu et que chacun peut fonctionner au mieux de ses capacités. Le mot « différent » est pris dans son acception « autre » sans que l'idée de comparaison n'intervienne. Différent signifie « pas pareil » et non pas « mieux » ou « moins bien ». Dans ces conditions, on peut faire des choses ensemble, les idées de l'un s'enrichissant des idées de l'autre et réciproquement. Les états du moi manifestés sont l'Adulte, mais aussi le Parent (Normatif pour donner des règles claires et Donnant pour faire plaisir si ça ne nuit pas au

fonctionnement de la structure) et l'Enfant (Libre, pour rire et créer des idées innovantes, Adapté pour faire « normalement » ce qui lui est demandé).
Il donne des strokes conditionnels, positifs le plus souvent, mais aussi négatifs quand ils sont argumentés et qu'il est légitime pour le faire. Inversement, il accepte les strokes positifs et négatifs s'ils sont conditionnels, argumentés et proviennent de personnes légitimes pour les donner.

## ■ Remarques

Une même personne peut adopter des positions différentes suivant son interlocuteur, selon le contexte dans lequel elle se trouve, mais la plupart d'entre nous avons une position dominante dans laquelle nous nous retrouvons quand le stress atteint un certain niveau.
Les positions de vie sont imaginaires et ne correspondent à aucune réalité objective : on n'est pas mieux ou moins bien qu'une autre personne, cette formulation n'a pas de sens. Ce qui est objectif, c'est que, dans un domaine donné, à un moment donné, une personne peut être plus compétente ou plus efficace qu'une autre et ça ne veut pas dire qu'elle est mieux que l'autre. Il n'empêche que ces positions pourtant imaginaires vont déterminer nos comportements relationnels et nos comportements en situation institutionnelle.

**C'est une question de lunettes...**

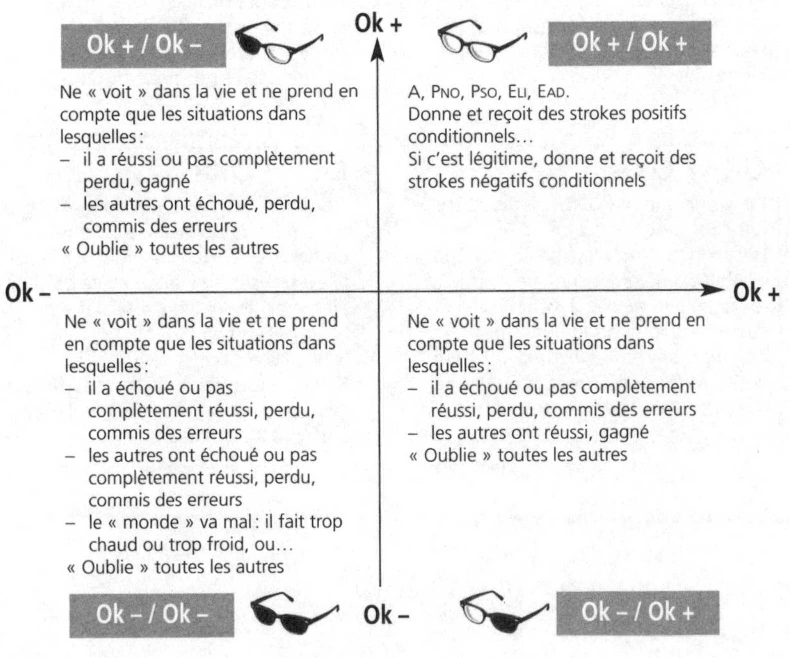

**Il est important de distinguer sa position de vie dans un cadre professionnel et sa position hiérarchique : les positions de vie relationnelles ne sont pas les positions hiérarchiques dans l'entreprise,** même s'il faut bien admettre qu'il est plus facile (et tentant pour certains, surtout si de façon existentielle ils se situent plutôt en OK– / OK+) d'utiliser sa position hiérarchique pour faire de l'abus de pouvoir avec ses collaborateurs et se positionner en OK+ / OK–.
Nous verrons dans la fiche 23 que les choses se jouent à deux et que l'on ne peut se maintenir en OK+ / OK– que si l'interlocuteur veut bien adopter la position OK– / OK+. Il est intéressant d'observer deux personnes qui fonctionnent individuellement souvent en OK+ / OK– : deux OK+ / OK– ensemble, ce n'est pas possible (c'est le « combat des chefs » ou... « le combat de coqs »). Il faut bien que l'un des deux (ou alternativement) prenne le rôle de OK– / OK+.
Les choix des positions de vie dépendent de notre histoire mais ne sont pas nécessairement figés dans le temps.

**Exemples d'attitudes relationnelles en situation professionnelle**

| | |
|---|---|
| **OK+ / OK–**<br>Communique avec agressivité ou use de l'ironie et du sarcasme, ou en version « douce » avec paternalisme.<br>Ce qui compte, dit-il, c'est l'efficacité.<br>Sait tout et sait tout faire mieux que tout le monde : il a du mal à déléguer ou à accepter une délégation et aime décider seul.<br>Passe beaucoup de temps à raconter ses « exploits », à provoquer ou à persuader. | **OK+ / OK+**<br>Communique avec facilité, aime informer et être informé ouvertement, concilie l'efficacité et la prise en compte de la relation humaine.<br><br>Aime apprendre, progresser, évoluer et si c'est en même temps que d'autres, c'est encore mieux.<br>Gère son temps : il sait évaluer le temps de ses différentes activités et s'y tenir, et prend le temps pour communiquer avec les autres. |
| **OK– / OK–**<br>Communique pas ou peu et quand il le fait c'est avec hostilité.<br>Le savoir ne l'intéresse pas beaucoup et n'a aucune envie d'apprendre (puisque rien ne sert à rien !).<br>Passe beaucoup de temps à être débordé, à se saper le moral (et celui des gens qui l'entourent, même si ce n'est pas dans ses intentions !). | **OK– / OK+**<br>Communique en se dévalorisant ou en restant sur la défensive ; aime communiquer dans le registre affectif.<br>N'est pas sûr qu'il ait assimilé ou qu'il ait bien compris : il a besoin d'être encouragé et soutenu.<br>N'aime pas décider seul.<br>Passe beaucoup de temps à se faire du souci, à travailler plus qu'il ne faut et parfois à s'en plaindre. |

**Exemples d'attitudes en cas de désaccord et de situations potentiellement conflictuelles**

| | |
|---|---|
| **OK+ / OK–**<br>Aime les situations conflictuelles qu'il assimile à des guerres dans lesquelles il y a un vainqueur et un vaincu.<br>Attaque et combat en étant sûr de vaincre. Ne s'embarrasse pas de fair-play.<br>Une seule issue pour lui : gagnant (lui)-perdant (l'autre). | **OK+ / OK+**<br>Les situations conflictuelles sont l'expression d'un désaccord. C'est une information comme une autre et à traiter.<br>Il analyse la situation avec les protagonistes (les causes possibles, la nature du conflit, les enjeux, les rapports de force en présence) et s'il estime que le conflit est nécessaire pour faire évoluer les choses, il recherche des solutions.<br>Quand la solution trouvée est gagnant-gagnant, c'est idéal. Cela arrive rarement : c'est le cas lorsque la solution retenue n'est ni la solution de départ de l'un ni celle de l'autre et que les protagonistes trouvent ensemble une troisième proposition qui satisfait les deux (1). Sinon, le positionnement OK+ / OK+ permet de négocier, de trouver des compromis, d'aménager des solutions dans un esprit gagnant-gagnant. En sachant qu'aucune solution n'est définitive… |
| **OK– / OK–**<br>Les conflits, comme le reste, ne servent à rien, alors le mieux (plutôt le moins pire) est de les ignorer ou de les cacher. De toute façon il se sent dépassé.<br>La fuite est sa stratégie privilégiée et s'il ne peut faire autrement, il met tout et tout le monde en cause, ce qui fait que du coup, beaucoup en sont au même point que lui : dépassés, accablés.<br>L'issue du conflit est… perdant-perdant (ce qui est le cas de l'issue de la plupart des situations conflictuelles humaines qui s'éternisent. Même si, tous autant que nous sommes, nous sommes prêts à jurer sur ce que nous avons de plus cher que nous ne fonctionnons pas comme ça… et que si ça arrive… « c'est de la faute de l'autre » (cf. fiche 23 sur les jeux). | **OK– / OK+**<br>N'aime pas les situations conflictuelles qu'il assimile lui aussi à des guerres avec vainqueur et vaincu.<br>Il est sûr d'être incompétent ou du moins que les autres sont « plus forts » que lui.<br>S'il peut éluder, il élude : il ne veut pas savoir, c'est pas un problème, ou il n'a pas d'avis, ou ce n'est pas de son ressort (même quand ça l'est).<br>S'il « doit » quand même aller au conflit, l'issue pour lui est : perdant (lui)-gagnant (l'autre). |

(1) La formule « il n'y a pas de problème, il n'y a que des solutions » est tout aussi utopique que la formule shadockienne « s'il n'y a pas de solution, c'est qu'il n'y a pas de problème ».

Fiche 23

# Les « jeux », ou l'art et la manière de tourner en rond

Avez-vous vu un jeune enfant sur un manège ? Il tourne, accroché à son cheval ou au volant de son superbe véhicule, l'air absent (juste un regard vers les parents quand il passe devant, histoire de les rassurer) et même avec l'air parfois de s'ennuyer ferme. Et pourtant il ne veut pas descendre… *encore un tour…*
Quand ils grandissent, on rajoute les pompons à attraper (il n'est jamais trop tôt pour leur apprendre à se positionner en OK+ / OK– ou OK– / OK+ !), puis ils montent dans des manèges qui tournent de plus en plus vite et qui font de plus en plus peur (ceux qui prétendent le contraire hurlent comme les autres et sont souvent plutôt verdâtres en descendant), et on continue…
Il y a peut-être des points communs avec les « jeux » de l'analyse transactionnelle ! Pourtant, un jeu, du point de vue de l'analyse transactionnelle, c'est tout, sauf drôle…
Ces « jeux » portent le même nom que les jeux dits de société, que ce soit le jeu de l'oie, les échecs ou le Scrabble : ils sont proches d'une certaine façon, et tout jeu de société peut dégénérer en « jeu » au sens AT, dès que ceux qui s'y livrent ne le font pas « gratuitement » mais pour « prouver quelque chose ».

**Exemples de différences entre les jeux**

| Jeu dit « de société » | Jeu en analyse transactionnelle |
|---|---|
| Les joueurs savent à quoi ils jouent. | Les joueurs ne savent pas à quoi ils jouent, ils ne savent même pas qu'ils jouent ! |
| Les règles sont explicites et consultables par tous. | Les règles sont implicites et les joueurs les respectent sans savoir qu'elles existent. |
| Un joueur (ou plusieurs) peut tricher mais il ne faut pas qu'il se fasse prendre et s'il triche trop, personne ne voudra plus jouer avec lui. | Les joueurs ne peuvent officiellement pas tricher puisqu'il n'y a pas de règles officielles, ce qui n'empêche que tout jeu est « malhonnête » de la part des deux joueurs. |
| À la fin du jeu, il y a un gagnant et un perdant, dans certains cas égalité, auquel cas on peut rejouer si on ne veut pas en rester au match nul. Le vainqueur est content, l'autre… pas trop, surtout s'il est « mauvais joueur ». | À la fin d'un épisode de jeu, tous les joueurs éprouvent une sorte d'insatisfaction, une vague impression de malaise, sans trop bien savoir pour quelles raisons… |

## Remarque

On peut parfaitement respecter des règles sans les connaître explicitement. C'est le cas d'une personne qui parle correctement une langue sans en connaître les règles de grammaire. Quand une personne dit : « Si j'avais su, je ne serais pas venue », elle applique les règles de la concordance des temps alors qu'elle ne les connaît pas toujours (et elles ne sont pas simples ! La tendance « logique » serait celle de Petit Gibus : « Si j'aurais su, j'aurais pas venu » [1]).
Dans la suite, quand on mentionnera « jeu », ce sera au sens AT.

## Qu'est-ce qu'un jeu ?

D'après Berne, « il s'agit d'un système récurrent de transactions, souvent répétitives, superficiellement plausibles, à motivation cachée ; ou bien, en langage plus familier, d'une série de « coups » présentant un piège ou un « truc » (2).

Un jeu est avant tout une **RELATION** entre deux ou plusieurs personnes (on ne peut pas jouer tout seul ; si un interlocuteur joue et que l'autre ne rentre pas dans ce jeu, la relation s'arrête immédiatement) avec les caractéristiques suivantes :

- les protagonistes échangent des **transactions à deux niveaux** : un niveau apparent, le plus souvent A↔A, et un niveau caché. **Il n'y a pas de jeu sans transactions cachées ;**
- la relation est **involontaire ;**
- elle est prévisible pour les spectateurs (certains joueurs aiment bien qu'il y ait des spectateurs). Pour les joueurs, le jeu est **prévisible après et imprévisible avant.** La phrase précédente est idiote et pourtant c'est comme ça. Quand la phase de jeu est terminée, un joueur (voire les deux) dit : « *De toute façon, avec lui (elle) ça se termine toujours comme ça, il n'y a pas moyen de discuter.* » Donc, c'était prévisible ; ça n'empêchera pas les joueurs de foncer tête baissée dans le jeu dès que l'occasion se représentera, persuadés que « *cette fois ça ne sera pas pareil* ». Eh bien, si, ce sera pareil !
- elle est **répétitive ;**
- elle est de **durée et d'intensité variables.** Il y a trois niveaux de jeux. Nous ne mentionnerons que des jeux de degré 1. Ce sont en principe ceux-là qui

(1) *La Guerre des boutons,* de Yves Robert.

(2) *Des Jeux et des hommes,* Eric Berne.

se jouent en entreprise : les joueurs ont l'impression de perdre beaucoup de temps et d'énergie avec ce genre d'échanges, ils éprouvent des sentiments désagréables mais ça passe relativement vite. Dans certains contextes professionnels, les jeux peuvent être de degré 2 ; les séquelles y sont beaucoup plus douloureuses et durables. Les jeux de degré 2 et a fortiori de degré 3 (dans lesquels on joue « pour de bon ») se terminent souvent très mal ;

- **qui semble uniquement de la faute de l'autre** (« *c'est lui (elle) qui a commencé* » ou « *faut dire qu'il (elle) m'a cherché(e)* ». À chaque fois que l'on dit « *ah non, là ce n'est pas un jeu, je n'y suis pour rien, c'est mon collègue qui joue* », il y a de fortes chances qu'on soit dans un jeu... Ce qui ne veut pas dire que l'on ne soit pas sincère et que l'on ne souhaite pas que ça s'arrête ;
- comme pour tous les jeux, **les joueurs préfèrent jouer avec quelqu'un de leur niveau** ; en d'autres termes, si un de vos collègues est vraiment « redoutable » et que vous continuez à polémiquer avec lui, vous êtes sans doute aussi un grand joueur... La force d'un grand joueur est qu'il arrive (presque) toujours à trouver le point faible de l'autre et donc à le faire « démarrer » ;
- les jeux sont initialisés par un des trois « rôles » que l'on joue « en toute bonne conscience » : **Sauveur, Victime ou Persécuteur ;**
- dans un jeu, les partenaires peuvent « tourner » sur les trois sommets du triangle SVP : les rôles ne sont pas statiques.

**Triangle « dramatique »**

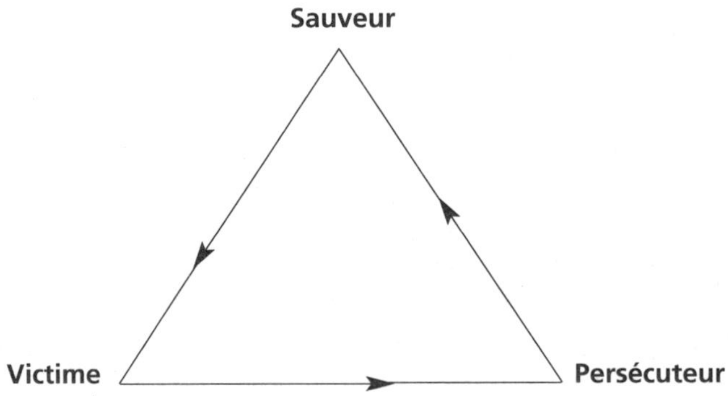


Rappelons que les désignations « Victime, Persécuteur et Sauveur » ne correspondent pas à des réalités objectives mais à des positions imaginaires des personnes (ce qui n'empêche absolument pas les difficultés et les souffrances d'être réelles).

**Exemple de l'amorce d'un jeu**

Pour jouer, il faut donc être au moins deux : X énonce une phrase (presque) anodine, par exemple : « J'ai des problèmes d'yeux depuis qu'on a changé de locaux : l'éclairage sur mon bureau est très mauvais. »

L'échange pourrait s'arrêter là. Il suffirait que Y réponde : « Ah bon, qu'est-ce que tu comptes faire ? » Mais si Y a un vague sentiment latent de culpabilité (qui l'amène à venir en aide à toute personne sympathique qu'elle croit en difficulté), elle va « répondre » (mordre à l'hameçon jeté « innocemment » par X). Ce pourrait être : « Tu pourrais demander un éclairage supplémentaire », ou « peut être qu'en changeant l'orientation de ton bureau, ce serait mieux », ou « tu devrais en parler avec ton ophtalmo, il ne faut pas plaisanter avec les yeux », ou...

Et voilà, c'est parti pour un jeu du « oui... mais ».

Y va répondre quelque chose du genre : « Oui, mais tu les connais aux services généraux, ils ne sont pas coopératifs », ou « oui, mais tu sais comme je suis, je n'aime pas déranger, je ne vais pas faire bouger tout le monde », ou « oui, c'est sûr, mais c'est pas ça qui va améliorer l'éclairage », ou... l'imagination n'a pas de limites pour contrer les conseils et suggestions de l'interlocuteur, de même que l'imagination n'a pas de limites pour offrir des conseils et suggestions aux personnes qui ne nous ont rien demandé.

Formule possible d'un jeu d'après Berne : **AN + PF = R → CDT → MS →B.**

Dans laquelle :

- **AN** = attrape-nigaud, on dirait maintenant « accroche par un sous-entendu » d'un des joueurs. Dans l'exemple, c'est la phrase de X.
- **PF** = point faible de l'autre joueur (le sentiment latent de culpabilité).
- **R** = réponse apparemment « normale » du second joueur.

C'est la première partie de l'équation.

La suite est :

- **CDT** = coup de théâtre, on dirait maintenant retournement de situation avec changement de rôle. Dans l'exemple précédent, au bout d'un moment, il est possible que Y, exaspéré, dise quelque chose comme « si tu ne veux rien faire, ça ne s'arrangera pas » ou « de toute façon avec toi, il y a toujours quelque chose qui ne va pas ». Il passe donc brutalement de Sauveur à Persécuteur. Il est aussi possible que X, exaspéré, dise quelque chose comme : « De toute façon, je ne sais pas pourquoi je te raconte ça, toi c'est pas ton problème et tu te débrouilles toujours pour être le mieux placé partout. » Il passe donc brutalement de Victime à Persécuteur.
- **MS** = moment de stupeur : c'est un moment de surprise de la part du premier joueur après l'inversion des rôles, étonné que « ça se termine comme ça ».
- **B** = bénéfice : chacun retire son « gain ».

## ■ Mais pour quelles raisons joue-t-on ?

Si on joue, et on joue tous, c'est bien parce qu'on y trouve quelque chose qui nous convient ! Alors, ces bénéfices, mentionnés dans la formule de Berne, quels sont-ils ?

### • Quand on joue

- On établit une **relation FORTE** avec un autre.
- On récupère des **strokes**, négatifs certes, mais des strokes, et parfois en grande quantité.
- On confirme ses croyances sur soi, sur l'autre et donc sur notre position de vie privilégiée (*Je ne lui ai pas envoyé dire ce que je pensais de lui* ; OK+ / OK– ; ou encore : *Il ne veut jamais rien entendre, je ne sais plus comment lui dire* ; OK– / OK+).
- On **évite de trouver des solutions** aux problèmes (eh oui, c'est un avantage pour tous ceux à qui l'inconnu fait peur. Quand on joue, on tourne en rond, ce n'est pas constructif mais c'est connu et prévisible, donc rassurant. Innover en testant d'autres façons de faire, c'est se lancer dans quelque chose de nouveau, donc d'imprévisible…).
- On **évite d'établir une relation dite « d'intimité »** qui est une relation de confiance réciproque, un échange sans masque et sans peur (donc sans transactions cachées). Tout le monde rêve d'établir une relation d'intimité avec les autres, mais chacun redoute, s'il se montre tel qu'il est avec ses failles et ses fragilités, que l'autre « en profite ». C'est possible, mais le pire n'est jamais sûr ! C'est un risque à prendre, ou à ne pas prendre. Et ça se fait de façon non délibérée, de la même manière que tomber amoureux, ou se casser la cheville : on ne le fait pas exprès. Ce sont les relations d'intimité qui apportent le plus de strokes, tous positifs. Dans le cadre professionnel, ce peut être une relation de complicité amicale, un échange de regards au cours d'une réunion qui en « dit » plus qu'un long discours sur l'accord des deux personnes dans l'instant. Une dernière précision : se casser la cheville n'est pas ici considéré comme une bonne façon d'échanger des strokes positifs (même si tout peut arriver…), c'était un exemple pour dire que « ça arrive », et qu'établir des relations d'intimité aussi ça arrive, et c'est même plus agréable que de se casser les pieds…

## • Quelques exemples de jeux

Ce sont des jeux « de société », en ce sens qu'ils se jouent très fréquemment dès que quelques personnes sont réunies et qu'ils sont parfois un peu agaçants mais pas très méchants… tant qu'ils en restent au degré 1.

**• LE MIEN EST MIEUX QUE LE TIEN •**

À deux ou plus.

Le nom est explicite…

**Exemple**

Plantons le décor : un repas entre « amis ». La conversation dérive sur les vacances. Quelqu'un raconte ses excellentes dernières vacances. Dès qu'il a fini, un autre convive parle de ses vacances à lui, et ainsi de suite… Chacun y va de son anecdote, et à chaque fois, très courtoisement, le suivant se positionne très légèrement en OK+ / OK– par rapport au précédent.

Les vacances ou les voyages sont un bon sujet, mais tout est utilisable : la comparaison des restaurants, des ordinateurs, des voitures, des études, des romans, des films ou des pièces de théâtre (si on connaît les noms de réalisateurs et leur filmographie, c'est plus chic…), les recettes de cuisine aussi bien que les marques.

Tout le monde y joue, ça commence à la maternelle (« *mon papa, il a…* », « *ben mon papa à moi, il a…* », et ça se joue toute la vie. Et quels sont les petits garçons qui n'ont pas fait des concours de jets de pipi ?

C'est très souvent un jeu qui permet de s'assurer qu'on appartient bien au même milieu et donc qu'on peut continuer à frayer ensemble. Et si au cours des échanges, quelqu'un ne joue pas le jeu (soit ne participe pas, soit, pire, casse le jeu en critiquant le choix du thème par exemple), il sera peut-être encore invité une fois, mais pas deux : « Je n'ai pas proposé à Machin(e) de venir, il (elle) est gentil (le), mais un peu bizarre ! » On ne joue d'ailleurs pas à « vacances de rêve » si l'on sait qu'une des personnes présentes traverse un période financière difficile et que, pour elle, les vacances ne sont pas à l'ordre du jour.

Ce jeu peut être inversé, mais il reste le même (« **moi, c'est pire que toi** »). Cela fonctionne bien avec les maladies, les enfants difficiles, les maris qui ne participent pas aux tâches ménagères, les « ennuis » en général, y compris les ennuis de vacances !

Si l'on y prête attention, c'est un jeu qui se joue presque tout le temps, au début de tout échange « social » entre plusieurs personnes. Il peut même être agréable, drôle et stimulant quand il se joue avec légèreté.

**• OUI… MAIS •**

Ou « comment refuser l'aide que j'ai (presque) sollicitée ». On pourrait dire aussi « comment aider ceux qui s'obstinent à refuser mon aide ».

À deux ou plus.

Une personne X expose une difficulté qu'elle rencontre actuellement. Elle a l'air parfois très ennuyée ou très affligée par cette difficulté. L'autre personne ou quelqu'un dans l'assistance propose une solution pour l'aider. X répond « *oui, mais...* » et explique en quoi la solution proposée ne s'applique pas à son cas. Au bout de trois « oui mais » à trois propositions différentes, on peut affirmer que tout le monde joue... Cela rappelle l'exemple donné plus haut avec les problèmes de vue après déménagement du service (p. 129). « Trois », parce qu'il est possible que la personne émette une (voire deux) objection(s) tout à fait recevable(s) et qu'elle souhaite quand même de l'aide (je n'y crois pas complètement, mais faisons-lui un « crédit » d'intention ! Au bout de trois, plus de doute... elle ne cherche pas de solutions...). Les solutions proposées peuvent être intelligentes et tout à fait applicables, elles seront refusées...

Précisons que X n'a en aucune façon demandé explicitement de l'aide. Mais alors, se disent les âmes simples, pourquoi en parle-t-elle ?

C'est une bonne question... Peut-être parce qu'en parler lui fait plaisir, que se l'entendre formuler l'aide à y voir plus clair. Peut-être a-t-elle besoin de compassion ? Il faudrait lui poser la question... La plupart du temps, X ayant tourné le problème dans tous les sens, et n'ayant pas trouvé de solutions, il en a déduit (sans qu'il se le soit explicité) qu'il n'y a pas de solution. Alors s'il n'y en n'a pas, il n'y en n'a pas, donc les propositions que les autres font ne peuvent pas en être (des solutions). X serait une personne assez bête pour penser que si **elle** n'a pas trouvé de solution, ça veut dire qu'il n'y en n'a pas ? Oui, comme tout le monde, y compris vous et moi, quand on est persuadé d'avoir fait le tour du problème...

Après déploiement de trésors d'imagination de tous les partenaires pour trouver des solutions (pour les uns) et pour les ruiner (pour l'autre), le jeu se termine quand X dit « *laisse tomber, ça ne fait rien, et puis je ne t'avais rien demandé* » ou que l'un des participants lâche : « *Faudrait savoir si tu veux en sortir ou pas de ton problème.* » Tout le monde est assez frustré à la fin de ce jeu, mais X a « gagné » : les autres ne sont pas plus malins que lui, eux non plus n'ont pas trouvé de solution...

Si on ne souhaite pas entrer dans ce jeu (très fréquent... soyez attentifs aux « oui mais » pour le constater), on peut relire la fiche 8...

### • JAMBE DE BOIS •

Ou comment utiliser une difficulté réelle, exagérée ou même imaginaire, à des fins détournées.

Jouer à « jambe de bois » consiste pour un des joueurs à se servir d'un handicap, ou de quelque particularité vécue comme un handicap, pour se dédouaner de ses insuffisances dans des domaines qui n'ont pas de lien avec le handicap. Ainsi, une personne qui a réellement une jambe de bois, si elle joue, prétendra que, à cause de sa jambe de bois, elle ne peut pas essuyer la vaisselle (ou n'importe quoi d'autre). « *Qu'espérez-vous d'un pauvre homme qui a une jambe de bois ?* » L'autre joueur n'osera pas dire : « *Je ne comprends pas ce que tu racontes, ce n'est pas parce que tu as une jambe de bois que tu ne peux pas tenir un torchon.* »

**Exemples**

« *Je n'ai pas fait beaucoup d'études, alors comment voulez-vous que je ne fasse pas de fautes d'orthographe ?* » L'autre joueur, surtout s'il a bac + 25, n'osera pas rétorquer que ce n'est pas une raison et qu'il existe des correcteurs d'orthographe, des dictionnaires ou des personnes qui peuvent renseigner… Son point faible est de se sentir coupable d'avoir eu la chance de faire des études, lui…

« *Je ne peux pas travailler au 10e étage, je suis claustrophobe et je ne peux pas prendre l'ascenseur.* » Il n'y a pas beaucoup de gens qui n'entreront pas dans le jeu en osant répondre : « *Je comprends très bien que vous ne puissiez pas prendre l'ascenseur mais vous pouvez prendre l'escalier.* »

**• BATTEZ-VOUS •**

Incontournable en entreprise et… ailleurs. Indispensable en version soft, redoutable sinon. Se joue au moins à trois.

X dit quelque chose à Y sur Z (en l'absence de Z). Ce peut être :« *Si Z continue à manifester son intransigeance pour tout ce qu'on lui propose, ça va mal finir pour lui. Vous qui le connaissez bien, vous devriez lui parler. Bien évidemment, ne lui dites pas que ça vient de moi.* » Y, très ennuyé, ne sait pas s'il doit ou pas en parler à Z… Soyons tout de suite rassuré, quoi qu'il fasse il aura tort. S'il ne dit rien, il y a de fortes chances qu'un jour ou l'autre Z reproche à « son ami » Y de ne pas lui en avoir parlé (il n'y a pas de secret qui ne « transpire » pas un jour ou l'autre). Si Y parle à Z, ce sera quelque chose comme : « *Je suis très ennuyé, je ne sais pas si je fais bien de t'en parler, mais j'ai l'impression que ton intransigeance risque de te jouer des tours.* » Alors, pressé de questions par Z, il sera bien obligé de lui dire que c'est X qui lui en a parlé, mais que là encore le secret s'impose.

Vous suivez ?

Le jeu peut s'appeler « battez-vous » parce qu'au bout d'un moment, plus ou moins long, Z, qui maintenant **sait**, va regarder autrement X, ce qui n'échappera pas à X, et l'un des deux finira par « exiger une explication » plus ou moins houleuse. A priori, c'est X et Z qui vont « se battre » dans un premier temps.

Les trois jouent puisque les transactions cachées sont à tous les niveaux et concrétisées par la demande de secret.

Si on ne voulait pas jouer (ce qui est impossible si on souhaite être tenu un minimum au courant de ce qui se passe dans l'entreprise), il suffirait, pour X, de dire les choses directement à Y (ne jamais parler de quelqu'un en son absence… difficile !), pour Y, de remercier X et de lui préciser qu'il va immédiatement transmettre l'intégralité de ses propos à Z (voire aller chercher Z pour que X puisse lui dire tout de suite… mais s'il faisait ça, X ne lui pardonnerait jamais et… il ne serait plus au courant de rien), et pour Z, de remercier Y pour ces informations et lui préciser qu'il va immédiatement aller trouver X pour lui en parler en citant ses sources (mais, s'il faisait ça, Y ne lui pardonnerait jamais…).

On voit bien que la rupture du jeu ferait autant de dégâts que le jeu. Simplement, il existe des seuils de « secrets », donc de rumeurs, tolérables. Comme souvent, ne pas dépasser la dose prescrite, sauf que la dose prescrite... n'est pas connue.
Dans *La Zizanie* (1), Uderzo et Goscinny caricaturent ce type de fonctionnement avec un joueur tellement « bon » dans sa catégorie, Tullius Detritus, qu'il réussit à faire jouer... tout le monde.

Existent aussi « **c'est bien parce que c'est toi** », « **fais-le à ma place** », « **ce n'est pas moi, c'est lui** », « **engueulez-moi, merci** », « **au four et au moulin »** ou **« débordé(e)** », « **l'arbitre** », « **ça ira, ça ira** », « **regarde ce que tu m'as fait faire** » (inverse de « **le petit nous a fait une rougeole** »)... La liste est infinie et les noms sont à eux seuls des programmes.

## ■ Comment sortir d'un jeu ?

Mais faut-il en sortir ?
À sa guise : si on estime que les choses sont bien comme ça (ou qu'il n'est pas possible de faire autrement), on continue. Dans ces conditions, il est bon de veiller à ce que le jeu ne s'emballe pas et qu'il reste à un niveau agréable. Que le manège ne tourne pas trop vite...
Si on estime, d'une part, que les jeux font perdre trop de temps et/ou trop d'énergie, et que, d'autre part, il est possible d'en sortir ou au moins de jouer moins intensément, voici quelques points de repère possibles :

- brancher le plus souvent possible son état **Adulte** : parler de faits, recadrer les discussions en fonction de l'objectif officiel à atteindre, écouter et reformuler par exemple ;
- rester en **OK+ / OK+.** Les jeux nécessitent des positions de vie OK+ / OK–, ou OK– / OK+ ou encore OK– / OK– ; or on ne passe dans ces positions que si les deux sont d'accord pour y passer. Même si on se pose en « Victime », si personne ne veut jouer « Persécuteur » ou « Sauveur », ça ne marchera pas. Même si on se pose en Sauveur, si personne n'a envie de jouer Victime... il n'y aura personne à sauver, et ainsi de suite ;
- **connaître ses points faibles**. Pour les repérer, identifier quelles sont les remarques ou attitudes qui nous blessent, nous mettent mal à l'aise ou nous font « monter au créneau ». Quand on en connaît quelques-uns... **les accepter**. Nobody's perfect (2). Le fait de ne pas nier ses points faibles permet d'éviter

(1) *Astérix* n° 15.

(2) « Personne n'est parfait », dernière réplique du film *Certains l'aiment chaud*, de Billy Wilder.

de répondre aux « accroches » comme un taureau devant lequel on agite un chiffon rouge ;
- ne pas appuyer « involontairement » sur les points faibles de l'autre (si, si, on les connaît, et non, on n'est pas obligé d'appuyer dessus...) ;
- repérer les phases du jeu, ce qui permet de se mettre en recul et de jouer moins fort ;
- **chercher et trouver des strokes positifs.**

**Et pourquoi ça serait toujours à moi de faire des efforts et à moi de sortir du jeu ?** Pour une raison très simple : c'est celui qui en souffre ou du moins qui en a assez qui peut faire quelque chose. Et c'est aussi lui qui a les « outils » pour le faire. Pourquoi voulez-vous que quelqu'un qui y trouve « son compte » fasse quoi que ce soit pour changer les choses ?

**Attention**

Si vous souhaitez sortir d'un jeu, vos partenaires de jeu vont vous le faire « payer ». Ils ne comprendront pas pour quelles raisons leurs petits camarades de toujours « ne veulent plus jouer avec eux » et ils risquent de vous dire des choses très désagréables et d'en colporter sur vous. C'est « normal » et il faut le savoir. Les personnes qui jouaient assez fort dans leur entreprise et qui ont complètement arrêté de jouer ont en général changé de service (voire d'entreprise), et ces changements se sont accompagnés d'apports de strokes positifs extérieurs. Quand on a réussi à sortir d'un jeu et qu'on l'a fait consciemment, on ne recommence en général pas le même type de jeu ailleurs. Par contre, si le jeu s'est arrêté de façon conjoncturelle (déménagement, départ du protagoniste), sans qu'il y ait engagement personnel pour comprendre et cesser le jeu, le risque est de recommencer ailleurs, avec d'autres personnes tant que l'on n'a pas mis en évidence les différentes phases du jeu. Or **le meilleur moyen de sortir d'un jeu, c'est... de ne pas y entrer.**

**Résumé**

« Le jeu est l'âme de la mécanique », dit-on en... mécanique. Et le « jeu » est parfaitement calibré, il se mesure en millimètres, voire en dixièmes de millimètre, et à cette condition il permet la mobilité recherchée. Et si le « jeu » était l'âme des relations humaines ? Alors, pour que les choses circulent entre les personnes : ni trop (sinon risque de luxation) ni trop peu (sinon risque de blocage).

Fiche 24

# Qu'est-ce que le PCM ?

La Process Communication est une approche qui peut être considérée comme issue de l'analyse transactionnelle.
Elle a été développée par Taibi Kahler (docteur en psychologie aux États-Unis).
Taibi Kahler part du principe que, « au fur et à mesure que le pouvoir et l'autorité sont délégués de manière adéquate aux différents niveaux de management, les énergies utilisées jusqu'alors de façon improductives sont recyclées de façon productive... Le pouvoir absolu en tant que philosophie de management est une illusion. Le partage du pouvoir augmente le sens de la responsabilité. La clé du succès d'une organisation se trouve dans la capacité qu'a le manager de communiquer efficacement, de créer le contact avec les personnes qui l'entourent, d'influencer, de persuader, de négocier, de susciter des dialogues constructifs afin de résoudre les problèmes, d'être capable de passer de son cadre de référence à celui de son interlocuteur. De telles capacités nécessitent la compréhension de différents types de personnalités et le désir de communiquer avec des individus en tant que personnes et non en tant que membres d'un groupe. La Process Communication n'est pas une nouvelle technique de management. Il s'agit d'un outil permettant de développer la communication... La Process Communication a pour but de vous enseigner à vous centrer sur la façon dont vous communiquez (le COMMENT) plutôt que sur le contenu (le QUOI). L'objectif du PCM (Process Communication Management) est de vous permettre d'atteindre plus d'efficacité (processus) dans le management de ce que vous êtes déjà en train de faire (le contenu).

La Process Communication identifie six types de personnalité auxquels sont attribués des caractéristiques de communication (aptitude à communiquer, sources de motivation, besoins psychologiques, perceptions de l'environnement, canaux de communication, styles de management) ainsi que des éléments de stress.
Un individu a, en général, un type de personnalité de base qui définit ses caractéristiques fondamentales, et possède, de façon plus légère, certaines caractéristiques des autres types de personnalité (il est donc clairement caractérisé par un des six types de personnalité et possède différentes caractéristiques empruntées aux cinq autres types de personnalité). On parle souvent de « l'immeuble de personnalités » d'un individu, qui est en fait l'empilement des

différents types de personnalité le caractérisant (le type fondamental étant le socle de cet immeuble de personnalités).
Par ailleurs, la notion de phase prend en compte l'évolution de la personnalité : une phase correspond à une période (« un instant ») de la vie d'une personne. On peut considérer que chaque personne, prise à un moment de sa vie, est dans une phase déterminée, en évolution probable vers une autre phase. Le changement de phase, lorsqu'il se produit, entraîne des changements de comportement, de communication et de motivation(s).
Toute personne qui communique présente des signes (physiques, verbaux, comportementaux...) qui indiquent son type de personnalité.
Lorsque les besoins psychologiques de la personne sont insuffisamment satisfaits, la personne adopte des comportements qui peuvent aller jusqu'à du désespoir.
La connaissance par toute personne de son immeuble de personnalités lui permet de connaître la séquence des stress auxquels elle est soumise ET DE les gérer par la recherche de la satisfaction de ses besoins.
La notion de « masques » de mécommunication (autre façon de nommer les impossibilités de communication en PCM) affichés par nos interlocuteurs permet de déceler leur état de réceptivité et la nécessité de modifier notre communication à leur égard.

De façon schématique, le PCM peut être considéré comme une approche permettant de développer un certain nombre de savoirs qui sont globalement les suivants.

- Inventorier ses propres types de personnalité.
- Comprendre les concepts de base de la communication au travers des six types de personnalité et de leurs spécificités.
- Développer une communication positive par une bonne perception de l'environnement par chaque type de personnalité (matrice d'évaluation du type de personnalité de son interlocuteur, canal de communication pour être entendu de son interlocuteur).
- Motiver ses collaborateurs (besoins psychologiques, styles de management).
- Comprendre et gérer ses propres comportements de stress (stress par insatisfaction des besoins psychologiques, scénarios de stress en fonction des types de personnalité, les « drivers », les masques et les mécanismes d'échec).

En outre, le PCM permet de développer d'autres savoirs en termes de communication.

Fiche 25

# Qu'est-ce qu'un type de personnalité ?

Le PCM distingue six types de personnalités :

**EMPATHIQUE**
**TRAVAILLOMANE**
**PERSÉVÉRANT**
**RÊVEUR**
**REBELLE**
**PROMOTEUR**

Chaque type de personnalité est inné ou acquis dans les premières années de la vie. Le type, une fois construit chez un individu, ne semble pas changer au cours de la vie. Seules la répartition des types et la prépondérance de l'un d'entre eux (notion de phase) peuvent varier.

Chacun dispose des caractéristiques de tous les types de personnalité (on parle d'« immeuble de personnalités » dans la mesure où l'on peut considérer qu'il y a toujours, et chez chacun d'entre nous, les six types – ou étages – de la personnalité).

Aucun type de personnalité n'a une valeur plus grande qu'un autre.

Le type de personnalité de base (que l'on peut considérer comme le rez-de-chaussée de l'immeuble de personnalités) est celui qui définit la phase dans laquelle nous nous trouvons à une période donnée de notre vie.

Dès lors que l'on considère que la psychologie d'une personne est un « empilement » de six types de personnalité, on dénombre 720 possibilités.

Chaque type de personnalité a des comportements associés.

Quelle que soit notre personnalité de base, nous pouvons faire appel à tous les comportements de tous les types de personnalité.

Une phase (prédominance d'un type de personnalité) peut durer quelques années ou toute une vie.

Un stress important et de durée relativement longue peut aboutir à un changement de phase.

Dans une phase déterminée, nous développons des motivations psychologiques qui lui correspondent et, de ce fait, des comportements personnels et professionnels relativement prévisibles et parfois sources d'échecs.

Fiche 26

# Type de personnalité empathique

**Dans cette fiche, comme dans toutes celles relatives aux types de personnalité, nous reprenons la terminologie utilisée par Taibi Kahler. De même, la description fournie dans chacune des fiches correspond au type de personnalité dans sa plus grande pureté.**

**Traits de caractère dominants** : compatissants, sensibles, chaleureux.

**Expressions faciales** : arcs de cercle autour des yeux, maquillage et coiffures très importants.

**Habillement** : se vêtent pour les autres empathiques ; couleurs douces et coordonnées ; bijoux portés avec soin.

**Organisation du bureau et de la maison** : confortable, chaud comme un petit nid ; photos de famille ; plantes ; odeurs plaisantes ; ambiance agréable.

**Caractéristiques** : capacité d'être « donnant », attentif aux besoins d'autrui. Aptitude à créer de l'harmonie.

**Perception** : vivent immédiatement en termes de ressenti ; intègrent les gens et les choses par le biais des sentiments qu'ils éprouvent à leur égard.

**Besoins psychologiques** : être reconnus en tant que personne ; veulent entendre « tu comptes pour moi », « tu es important dans notre équipe » ; désirent une acceptation inconditionnelle ; recherchent un environnement mettant en valeur les aspects sensoriels.

Fiche 27

# Type de personnalité travaillomane

**Dans cette fiche, comme dans toutes celles relatives aux types de personnalité, nous reprenons la terminologie utilisée par Taibi Kahler. De même, la description fournie dans chacune des fiches correspond au type de personnalité dans sa plus grande pureté.**

**Traits de caractère dominants** : logiques, responsables, organisés.

**Expressions faciales** : lignes de soucis sur le front.

**Habillement** : se vêtent en fonction de la situation ; avec soin, netteté, propreté ; vêtements impeccables…

**Organisation du bureau et de la maison** : fonctionnalité, ordre, modernité, affichage des diplômes ; objets bien à leur place.

**Caractéristiques** : capacité de penser logiquement ; intègrent les faits et les idées en faisant preuve d'esprit de synthèse…

**Perception** : pensent d'abord ; identifient et catégorisent les choses et les gens…

**Besoins psychologiques** : besoin d'être reconnus pour leur réflexion et leurs réalisations (« bon travail », « excellente idée », « tâche bien accomplie »). Veulent une bonne structuration du temps ; souhaitent connaître l'échéance de chaque chose.

Fiche 28

# Type de personnalité persévérant

**Dans cette fiche, comme dans toutes celles relatives aux types de personnalité, nous reprenons la terminologie utilisée par Taibi Kahler. De même, la description fournie dans chacune des fiches correspond au type de personnalité dans sa plus grande pureté.**

**Traits de caractère dominants** : dévoués, observateurs, consciencieux, engagés.

**Expressions faciales** : sillon entre les yeux ; regard intense.

**Habillement** : se vêtent pour l'organisation ; conservateurs.

**Organisation du bureau et de la maison** : fonctionnalité ; mobilier traditionnel ; motifs antiques et /ou orientaux.

**Caractéristiques** : capacité de formuler des opinions, convictions et jugements.

**Perception** : jugent d'abord ; évaluent les choses et les gens en fonction de leurs opinions.

**Besoins psychologiques** : besoin d'être reconnus pour les convictions et les croyances (« ton opinion est importante » ; « j'admire cela en ce qui te concerne » ; « que considères-tu que nous devrions faire ? »). Recherchent également à être appréciés pour leurs réalisations (« bon travail », « excellente idée », « tâche bien accomplie »).

# Type de personnalité rêveur

**Dans cette fiche, comme dans toutes celles relatives aux types de personnalité, nous reprenons totalement la terminologie utilisée par Taibi Kahler. De même, la description fournie dans chacune des fiches correspond au type de personnalité dans sa plus grande pureté.**

**Traits de caractère dominants** : introvertis, imaginatifs, calmes.

**Expressions faciales** : visage lisse, très peu de rides, même avec l'âge ; pas ou peu de maquillage ; cheveux portés naturellement, sans mise en forme.

**Habillement** : se vêtent selon le temps qu'il fait ou pour leur confort. Couleurs et styles ne sont pas très importants.

**Organisation du bureau et de la maison** : lieu de travail ou de vie simple ; pas de sophistication ; l'environnement n'est pas très important.

**Caractéristiques** : capacité de se livrer à l'introspection, travaillent bien avec les choses et les tâches concrètes. En général habiles pour les travaux manuels.

**Perception** : sont motivés pour l'action par des personnes et des choses.

**Besoins psychologiques** : demandent à avoir du temps pour eux-mêmes…

Fiche 30

# Type de personnalité rebelle

**Dans cette fiche, comme dans toutes celles relatives aux types de personnalité, nous reprenons la terminologie utilisée par Taibi Kahler. De même, la description fournie dans chacune des fiches correspond au type de personnalité dans sa plus grande pureté.**

**Traits de caractère dominants** : spontanés, créatifs, ludiques.

**Expressions faciales** : lignes de sourire autour des yeux et de la bouche ; regard vif.

**Habillement** : se vêtent pour attirer l'attention ; vêtement unique et/ou inhabituel.

**Organisation du bureau et de la maison** : toutes sortes d'éléments stimulants ; posters, jeux, jouets, lumière, sons, mobilier original.

**Caractéristiques** : capacité de jouer et d'apprécier l'instant présent.

**Perception** : réagissent aux gens et aux choses en les adorant ou en les détestant.

**Besoins psychologiques** : recherchent le contact par une interaction amusante telle que la plaisanterie.

# Type de personnalité promoteur

**Dans cette fiche, comme dans toutes celles relatives aux types de personnalité, nous reprenons la terminologie utilisée par Taibi Kahler. De même, la description fournie dans chacune des fiches correspond au type de personnalité dans sa plus grande pureté.**

**Traits de caractère dominants** : adaptables, persuasifs et séducteurs.

**Expressions faciales** : énergique (voire teint rouge).

**Habillement** : vêtements et ou bijoux chers et voyants.

**Organisation du bureau et de la maison** : tapis épais, fauteuils rembourrés, trophées, couleurs rouge et noir.

**Caractéristiques** : capacité d'être ferme et direct.

**Perception** : orientation quasi permanente vers l'action.

**Besoins psychologiques** : pas de crainte de l'incident ; forte dose d'excitation dans une courte période de temps.

Fiche 32

# Les styles de management vus par le PCM

Le style de management est le comportement que le manager a tendance à utiliser naturellement ; c'est celui pour lequel il manifeste une préférence généralement inconsciente.
Le PCM met en évidence cinq styles de management :l'autocratique, le démocratique, le bienveillant, le laisser-faire, l'individualiste.

- **Le style autocratique** : il se traduit par des ordres donnés avec des directives ; il encourage les collaborateurs à rendre compte de ce qu'ils font. Un manager de style autocratique peut parfois décourager les interactions et les discussions.
  - **Avantages** : il convient aux collaborateurs qui ont besoin de lignes directrices, de structure, de descriptions de fonctions. Il est aussi généralement indiqué à toute personne qui est en cours de formation.
  - **Inconvénients** : il peut freiner les interactions normalement source de « fertilisation croisée ». Il freine la communication ascendante et peut décourager les collaborateurs à forte motivation interne. Il provoque parfois la suradaptation ou le rejet.

- **Le style démocratique** : il se fonde sur des interactions et des décisions de groupe. Il encourage les interactions entre le manager et ses collaborateurs, mais aussi entre les collaborateurs. Il développe la circulation de l'information et le recours à la créativité.
  - **Avantages** : les collaborateurs autonomes se voient encouragés et se développent à leur rythme. Le groupe augmente sa cohésion et sa performance par la recherche d'objectifs communs.
  - **Inconvénients** : il risque de ne pas structurer suffisamment le travail des collaborateurs qui en ont besoin ainsi que celui des nouveaux arrivants pendant leur période de formation.

- **Le style bienveillant** : style pour lequel l'orientation du manager est tournée vers les personnes plutôt que vers la tâche ou l'activité. Les sentiments de chacun des collaborateurs sont importants. Ce style est associé à la croyance que les personnes sont productives lorsqu'elles se sentent bien au travail. Le travail se fait dans un « esprit de famille » avec des interactions multiples entre les collaborateurs et entre chaque collaborateur et le manager. Il y a encouragement du sentiment d'appartenance par ce type de manager.

- **AVANTAGES** : ce style de management est très bien accepté par les collaborateurs qui ont besoin d'être reconnus en tant que personnes.
- **INCONVÉNIENTS** : risque de sentiment de mélanger vie professionnelle et vie privée par certains collaborateurs. Certains peuvent même considérer ce style de management comme une forme d'atteinte à leur vie privée. D'où des difficultés de travail avec ce type de managers.

▪ **Le style laisser-faire** : style encore moins directif que le style démocratique. Ce style propose aux collaborateurs (alors que le manager est bel et bien LE titulaire de l'autorité) d'assumer autant d'autorité et de responsabilités qu'ils le peuvent.

- **AVANTAGES** : a de bons résultats avec les personnes pour qui la notion même d'autorité est irritante, celles pour qui l'autonomie est très importante. Style stimulant en ce qui concerne le travail indépendant et la créativité.
- **INCONVÉNIENTS** : est généralement incapable d'apporter la structuration dont beaucoup de personnes ont besoin dans leur vie professionnelle. Peut ne pas donner puissance et autorité nécessaires pour diriger efficacement dans certaines circonstances.

▪ **Le style individualiste** : dans l'approche PCM, on constate qu'aucun des quatre styles de management présentés précédemment n'est véritablement adapté aux spécificités de l'ensemble des collaborateurs d'un manager. Ce style a pour vocation de montrer aux managers comment, en utilisant énergie et ressources personnelles, ils peuvent changer de style de management de façon à mieux coller aux besoins de leurs collaborateurs. Ce style est donc fondé sur l'adaptation du manager et sur sa réactivité face à ses différents collaborateurs. C'est, en quelque sorte, un management de la complexité… humaine.

- **AVANTAGES** : utilisation de tous les types de personnalité par le manager, en fonction de la personnalité profonde de son interlocuteur (le socle de son immeuble de personnalités) pour mieux communiquer avec lui. Par principe, il doit en résulter une amélioration de la communication, source de productivité et d'efficacité. Cela se produit en même temps qu'une forte réduction du stress (meilleure prise en compte des besoins psychologiques de chacune des personnes de l'équipe).
- **INCONVÉNIENTS** : ce style de management nécessite un grand engagement, donc beaucoup d'énergie. Il suppose, de ce fait, une grande capacité du manager au contrôle de soi. Il nécessite de bien maîtriser la distinction entre la façon dont nous disons (le COMMENT) et ce que nous disons (le QUOI). Ce style demande d'avoir une bonne connaissance des types de personnalité et des besoins des collaborateurs.

Fiche 33

# Types de personnalité et styles de management vus par le PCM

À titre tout à fait « illustratif », nous proposons quelques relations entre types de personnalité et styles de management.

| TYPE DE PERSONNALITÉ DU COLLABORATEUR | STYLE DE MANAGEMENT | |
|---|---|---|
| | **Probablement efficace** | **Probablement inefficace** |
| EMPATHIQUE | Bienveillant | Autocratique |
| TRAVAILLOMANE | Démocratique | Autocratique |
| PERSÉVÉRANT | Démocratique | Autocratique |
| RÊVEUR | Autocratique | Bienveillant |
| REBELLE | Laisser-faire | Autocratique |
| PROMOTEUR | Autocratique | Démocratique |

Fiche 34

# Canaux de communication vus par le PCM

L'approche par le PCM considère que la mécommunication reste, dans les entreprises, la principale source des pertes d'efficacité. Lorsque des individus communiquent VRAIMENT, ils le font à partir de cinq canaux de communication. Ces canaux sont ceux que recense le PCM.

Ce sont :

- émotif (appelé aussi canal 5) ;
- nourricier (canal 4) ;
- interrogatif (canal 3 ;
- directif (canal 2) ;
- interruptif (canal 1).

- **Canal 1 : INTERRUPTIF**

Ce canal permet d'interrompre une mécommunication notamment lorsqu'une personne perd partiellement le contrôle d'elle-même.

C'est un canal qui s'utilise en situation de crise. Il permet de reprendre en main la communication face à une situation de stress. Il peut être très utile en situation de négociation.

- **Canal 2 : DIRECTIF**

Dans ce canal, il s'agit de la formulation de directives avec utilisation de l'impératif (« faites-moi telle action »). Il faut pour cela que la partie de personnalité de l'interlocuteur soit en situation de « recevoir » cette demande. C'est le type de réponse de l'interlocuteur qui permet de savoir si on est bien dans ce canal. Il ne faut pas pour autant que l'interlocuteur se sente dans une situation d'infériorité ; il doit se sentir dans une situation telle que l'ordre apparaisse comme une « évidence ».

- **Canal 3 : INTERROGATIF**

Le canal interrogatif nécessite l'échange d'informations entre deux personnes. Les informations sont claires, les émotions n'apparaissent pas ; les réponses aux questions se font de façon directe ; on est dans une situation où chacun des interlocuteurs est bien « programmé » pour échanger des informations.

- **Canal 4 : NOURRICIER**

Dans ce canal, il y a sollicitation de la partie de notre Parent qui est chaleureuse et nourricière. L'interlocuteur répond par la partie de sa personnalité qui ressent des sentiments authentiques.

- **Canal 5 : ÉMOTIF**

C'est un canal qui procure beaucoup de gratifications, voire de plaisir. Il permet aux interlocuteurs de partager leurs sentiments.

## ■ Les masques en PCM

La notion de masque est associée à une position de vie et à un rôle (ces deux définitions étant prises aux sens classiques de l'AT).
Ainsi, le PCM distingue les masques de Geignard, Attaqueur, Blâmeur, voire de Désespéré.
Le masque de Geignard associé à un rôle de victime est révélateur de la position de vie *« je ne suis pas acceptable, je n'ai pas de valeur ; par contre, toi tu l'es »* (Je pas OK, Toi OK).

La notion de masque étant destinée à mettre en évidence les notions de mécommunication, il est bon de citer, à ce stade, **« LES QUATRE MYTHES »** que recense le PCM.

1 ▪ J'ai la croyance que je peux te faire sentir bien en pensant à ta place (S → V)
2 ▪ J'ai la croyance que tu peux me faire sentir bien en pensant à ma place (V → S)
3 ▪ J'ai la croyance que je peux te faire sentir mal émotionnellement (P → S)
4 ▪ J'ai la croyance que tu peux me faire sentir mal émotionnellement (V → P)

## Les masques et leurs relations avec les positions de vie, les mythes, les rôles et les rackets (racket est pris ici au sens de sentiment parasite)

| MASQUES | POSITIONS DE VIE | MYTHES | RÔLES | RACKETS |
|---|---|---|---|---|
| **Geignard** | Je n'ai pas de valeur, tu as de la valeur | Tu (les choses) es (sont) capable(s) de me faire sentlr mal émotionnellement | Victime | Inquiétude, Culpabilité, Tristesse, Légère dépression, Inadéquation, Confusion, Peur |
| **Attaqueur** | J'ai de la valeur (j'ai raison), tu n'as pas de valeur (tu as tort) | Je (les choses ou la situation) suis (sont) capable(s) de te faire sentir mal émotionnellement | Persécuteur | Droiture, Arrogance, Rage, Triomphalisme |
| **Blâmeur** | J'ai de la valeur (j'ai raison), tu n'as pas de valeur (tu as tort) | Je (les choses ou la situation) suis (sont) capable(s) de te faire sentir mal émotionnellement | Persécuteur | Blâmer, À blâmer, S'ennuie, Vengeur, Vindicatif, Jaloux, Rejette la faute, Revenchard |
| **Désespéré** | Je n'ai pas de valeur, tu n'as pas de valeur | Tu es capable de me faire sentir mal émotionnellement et je pourrais te faire sentir mal émotionnellement de telle sorte que chacun de nous soit perdant | Victime | Désespéré, Coincé, Piégé, Dépressif, Indésirable, Mal-aimé, Rejeté, Sans valeur, Sans espoir |

Fiche 35

# Masques, types de personnalité et mécanismes d'échec vus en PCM

| MASQUE | TYPE DE PERSONNALITÉ | MÉCANISME D'ÉCHEC |
|---|---|---|
| GEIGNARD | EMPATHIQUE | Fait des erreurs |
| | RÊVEUR | Attend passivement |
| ATTAQUANT | TRAVAILLOMANE | Surcontrôle |
| | PERSÉVÉRANT | Part en croisade |
| BLÂMEUR | REBELLE | Blâme |
| | PROMOTEUR | Manipule |

# PCM et inventaire de personnalité

Un des éléments clés du PCM est l'inventaire du type de personnalité qui a été créé par Taibi Kahler.

Cet inventaire est basé sur le modèle de la Process Communication. Il s'agit d'un questionnaire qui, après un traitement informatique, permet de déterminer « l'immeuble de personnalités » de celui qui y répond. C'est généralement un outil nécessaire au démarrage de toute formation en PCM. Il peut être utilisé pour toutes sortes d'autres nécessités.

Les points essentiels sur lesquels porte cet inventaire de personnalités sont :
- Les points forts que l'on se reconnaît.
- L'animal que la personne choisirait pour la représenter symboliquement.
- La perception que l'on pense être celle des autres, sur soi et au travail.
- Les tendances face à des problèmes professionnels.
- Les attitudes pendant les pauses.
- Les comportements généraux pendant le travail.
- Les comportements en situation difficile.
- Les mots d'ordre.
- Les façons de passer le temps.
- Le partenaire de travail idéal.
- Les habitudes d'habillement.
- Les préférences sur les modes de travail (seul, en équipe…).
- La définition d'un bon manager.
- Certaines croyances.
- Les points sur lesquels il paraît impossible de transiger.

Fiche 37

# Les émotions (dans le cadre de la santé émotionnelle au travail)

## • Note préliminaire

Les éléments concernant la santé émotionnelle au travail sont extraits des travaux de Charles Henri Amherdt (voir, aux éditions Demos, son ouvrage *La Santé émotionnelle au travail*).
Nous ne souhaitons, dans ces fiches, qu'indiquer des pistes complémentaires dans l'approche des relations de travail.
Dans ses travaux, C.H. Amherdt montre la très forte corrélation entre la vie émotionnelle, la qualité de la vie et la santé mentale au travail (notamment au Canada et en France).
Cette approche de la santé mentale met aussi en lumière la perspective d'une crise, plus ou moins proche, des ressources humaines dans les pays économiquement développés.
Cela semble lié au fait qu'actuellement le milieu du travail semble chargé d'émotions principalement négatives (études réalisées en Amérique du Nord).

## • Émotions

En première approche, on peut considérer que l'on ressent des émotions dès la naissance. Le mécanisme de l'émotion est l'aptitude à ressentir ; la source de l'émotion est aussi bien interne qu'externe.
Différents auteurs ont dénombré près d'une centaine de définitions des émotions ; cela témoigne de la difficulté à donner une définition simple et claire de l'émotion.
La définition proposée par C.H.Amherdt (fondée sur les travaux de Scherer, 1994) consiste à considérer que les émotions servent à séparer le stimulus de la réponse.
Cela peut se traduire par le simple schéma suivant :

**Stimulus – Émotion – Réponse**

Le stimulus provient de notre environnement et provoque une émotion dont la réponse est le comportement que nous adoptons.
Cette approche met en évidence la place centrale des émotions en psychologie, dans la mesure où elles sont à la source des comportements.
Dans ce travail et en utilisant les quatre genres d'expérience émotive de Larivey (2002), C.H.Amherdt propose la classification suivante.

**Les émotions simples**
Émotions proprement dites et dans leur plus simple expression (le plaisir).

**Les émotions mixtes**
Composées de plusieurs expériences émotives, elles comprennent une ou deux émotions et d'autres expériences qui servent à se défendre contre une de ces émotions (l'amertume).

**Les émotions repoussées**
Expériences émotives habituellement à dominance corporelle, elles prennent place lorsque l'on repousse une émotion ou que l'on évite son expression (la panique).

**Les pseudo-émotions**
Ayant l'apparence d'émotions, elles sont plutôt des « façons de dire les choses » qui cherchent à cerner l'émotion (l'ambivalence).

À ces différentes catégories, Larivey (2002) associe des recommandations qui sont les suivantes.
Pour s'informer sur ce qui est important, il est nécessaire de ressentir des émotions simples (plaisir par exemple).
Pour s'informer correctement, il faut décomposer l'émotion mixte afin de pouvoir ressentir la (les) émotion(s) et traiter adéquatement les autres expériences qui la composent (amertume par exemple).
Il faut retrouver l'émotion refoulée (panique par exemple).
Enfin, il faut repérer l'émotion que les pseudo-émotions traduisent.

Nous donnons ci-dessous des exemples (toujours selon le même auteur) d'émotions permettant de se rendre compte de leur étendue.

**Émotions simples**
Agrément, attendrissement, colère, contentement, dégoût, délectation, émerveillement, enchantement, ennui, envie, euphorie, fierté, haine, impatience, joie, jouissance, nostalgie, peur, plaisir, rage, ravissement, révolte, tristesse, volupté.

**Émotions mixtes**
Amertume, amour, culpabilité, écœurement, honte, jalousie, mépris, pitié, rancune, ressentiment.

**Émotions repoussées**
Anxiété, panique, malaise.

**Pseudo-émotions**
Admiration, ambivalence, bonheur, compassion, confusion, déception, découragement, désespoir, embarras, emprisonné, être blessé, être déprimé, être distant, estime, figé, frustration, hostilité, humiliation, impuissance, indifférence, inquiétude, intimidé, manipulation, paresse, reconnaissance, regret, rejet, sentiment d'abandon, solitude, stress, trahison, violence.

Les émotions sont contagieuses par le biais de la contamination émotionnelle. Autrement dit, les émotions émises par les autres agissent sur nous comme de véritables « agents infectants » en provoquant des émotions en nous.
La contagion émotionnelle s'effectue au quotidien dans notre travail au travers des organisations dans lesquelles nous nous trouvons. La contagion émotionnelle se produit aussi dans les situations de conflits.
Dans les différents travaux évoqués ci-dessus, une relation très forte est mise en évidence entre émotion et conscience. Une approche des émotions peut aussi se faire sous l'angle neuropsychologique.

Fiche 38

# Quelques éléments relatifs à la notion de flow

La notion de flow été mise en évidence et définie par Csikszentmihalyi et reprise par C. H Amherdt dans ses propres travaux.
Cette notion permet de modéliser le fonctionnement des émotions.
Il apparaît nettement, au travers de cette notion de flow, que le plaisir et la performance sont totalement liés. Or cette affirmation n'est pas évidente en première analyse : on imagine souvent que le plaisir est une affaire de tranquillité, voire de farniente, alors que la performance exige, elle, un engagement complet, quasiment un dévouement sans faille et sans répit !

**Le flow est « l'expérience optimale »** qui porte celui qui la vit (il se décrit souvent comme ayant le sentiment d'être « emporté ») par quelque chose qu'il ne peut même pas contrôler, d'où le terme de flow). Il avance « sans effort dans un courant d'énergie, aux plus forts moments de jouissance » (Csikszentmihalyi). Ce sentiment de flow est connu par certaines personnes, quels que soient leur âge, leur sexe, leur niveau social…

L'un des exemples « simples » de flow est donné par ces grimpeurs qui ont mis au point des techniques d'escalade leur permettant (quasiment à main nue et avec le minimum de matériel) de parcourir en des temps très courts et de façon remarquable des parois réputées difficiles (voire impossibles) avant qu'ils ne s'en rendent maîtres. Ce sont ces mêmes types de grimpeur qui ont réussi à escalader les plus hautes montagnes du globe en absence d'assistance respiratoire en oxygène et qui enchaînent, multiplient et « pulvérisent » tous les records précédemment établis, tout cela dans la plus parfaite simplicité apparente et avec le sourire !
Or nul n'ignore la concentration, l'énergie, les difficultés à vaincre pour parvenir à ce résultat, tout cela en parfaite relation avec le formidable plaisir de celui qui est le premier à parcourir telle ou telle partie de la planète encore inexplorée !

Pour compléter cette première approche de définition, nous reprenons ci-dessous un tableau présenté par C. H. Amherdt dans son ouvrage issu des travaux de Csikszentmihalyi (2003 et 2004).

La notion de flow ou d'expérience optimale comporte huit caractéristiques qui sont les suivantes.

**Défi et habileté**
La tâche entreprise est réalisable mais constitue un défi et exige une aptitude particulière.

**Concentration**
L'individu se concentre sur ce qu'il fait.

**Cible claire**
La cible visée est claire.

**Rétroaction**
L'activité en cours fournit une rétroaction immédiate.

**Absence de distraction**
L'engagement de l'individu est profond et élimine toute distraction.

**Contrôle de l'action**
La personne exerce le contrôle sur ses actions.

**Perte de conscience de soi**
La préoccupation de soi disparaît, mais, paradoxalement, le sens de soi en est renforcé.

**Perception altérée du temps**
La perception de la durée est altérée.

Fiche 39

# Le flow et son influence sur les compétences non techniques

Nous inspirant toujours des travaux cités précédemment, nous proposons dans cette fiche des éléments permettant de montrer comment les compétences non techniques des individus sont renforcées par le flow. Les spécialistes considèrent que c'est l'alliance entre le flow et les compétences non techniques qui provoquera une bonne santé émotionnelle.
C. H. Amherdt propose sept caractéristiques de la personne en bonne santé émotionnelle.

**Conscience de soi**
**Lieu de contrôle**
**Résistance à l'adversité**
**Performance durable**
**Estime de soi**
**Développement optimal**
**Qualité de vie**

Les personnes en bonne santé émotionnelle ont une bonne connaissance d'elles-mêmes et de leurs compétences (« capacités »). Elles ont une bonne connaissance de leurs émotions. En réalité, elles connaissent leurs limites, ce qui ne les empêche pas de les dépasser, MAIS en connaissance de cause et en maîtrisant les risques correspondants. C'est la **conscience de soi**.

Elles sont conscientes du pouvoir qu'elles ont sur leur environnement. Elles ont la certitude que le résultat de leurs actions sera bien plus lié à leur propre engagement qu'à toute influence externe.
Leur **lieu de contrôle** est interne bien plus qu'externe.

Elles ont une meilleure capacité à faire face aux difficultés rencontrées dans la vie quotidienne comme dans la vie professionnelle. Dans de nombreux cas, les obstacles les renforcent plus qu'ils ne les affaiblissent. Elles ne se sentent pas malchanceuses et ressentent les difficultés de façon positive, voire comme un simple défi à relever. Elles ont une forte **résistance à l'adversité**.

De manière presque « logique » (en effet cela découle de façon quasi immédiate des points présentés ci-dessus), elles obtiennent non seulement des performances MAIS des **performances durables**. Elles ont une motivation interne forte et pratiquement indépendante de la tâche entreprise.

Leur(s) réussite(s) et l'origine de cette (ces) réussite(s) (pratiquement totalement interne), permettent aux personnes en bonne santé émotionnelle d'avoir une bonne **estime de soi**.

Les défis successifs qu'elles relèvent nécessitent la mise en œuvre de compétences à chaque fois renforcées, développées et mieux maîtrisées... Elles sont presque constamment en **développement optima**l.

La **qualité de vie** est une conséquence simple et évidente de tout ce qui précède.

Mais, au fait, si l'on menait jusqu'au bout le raisonnement, on s'apercevrait probablement que les personnes en bonne santé émotionnelle sont dans ce que l'on nomme classiquement **une spirale vertueuse** (par opposition au cercle vicieux) !

Fiche 40

# Qu'est-ce que la PNL ?

## • Que signifie le sigle PNL ?

**P** pour **p**rogrammation, **N** pour **n**euro, **L** pour **l**inguistique.
Bien, mais encore ?

**Programmation** fait référence à notre aptitude à produire et à appliquer des « programmes » comportementaux. Ces programmes sont liés aux apprentissages, le plus souvent inconscients, et ils nous permettent de penser et d'agir « naturellement ». Par exemple, prendre un verre d'eau (ou autre chose, cela dépend de nos programmes) et boire son contenu ne pose en général pas de problème particulier à la plupart d'entre nous... et pourtant quelles anticipations et coordinations ce simple geste nécessite-t-il ! On en prend conscience quand le programme n'est pas encore complètement installé, chez un enfant de trois ou quatre ans par exemple.
De même que la plupart des apprentissages sont réversibles, les programmes peuvent être modifiés par transformation, ajout ou suppression.

**Neuro** parce que nous sommes des êtres de chair et de sang et pas des ordinateurs, que les connexions de nos « circuits » se font entre autres par neurones et que le système nerveux ne fonctionne certainement pas aussi « simplement » que les ordinateurs actuels. Neuro parce que, étant des êtres vivants, toute connaissance se fait à partir de nos organes des sens et que nos états émotionnels font partie de notre psycho-physiologie.

**Linguistique** parce que nous nous exprimons par le langage, qu'il soit digital (le « langage » dans le sens courant, fait de mots, lesquels forment des phrases) ou analogique (celui du corps et de la voix).
On retrouve les distinctions faites dans la fiche 1 et les répartitions de l'impact des messages en fonction des diverses composantes du langage humain.

## • C'est quoi la PNL ?

La PNL est un ensemble de techniques permettant, entre autres, le décodage et le codage de comportements, des modélisations pour modifier, si on le souhaite, nos comportements en vue d'atteindre nos objectifs. Nous allons présenter des

outils permettant d'améliorer la communication interpersonnelle en établissant un rapport de confiance avec l'interlocuteur et en respectant ses systèmes de représentation et de fonctionnement.
La PNL nous vient des États-Unis. John Grinder (linguiste et docteur en psychologie) et Richard Bandler (informaticien et docteur en psychologie) s'associent à partir des années 1970 pour créer les outils de la PNL. Grinder et Bandler observent et décrivent les processus mis en œuvre par les personnes qui savent « bien » faire ce qu'elles font (entre autres communiquer). Ce qui permet une modélisation de ce savoir-faire et une reproduction adaptée aux capacités de chacun.

Comme pour l'analyse transactionnelle, nous proposons des références bibliographiques pour permettre à ceux qui le souhaitent de s'informer plus avant sur la PNL.

Fiche 41

# Les présupposés de la PNL

Un présupposé est une affirmation sans laquelle un message n'aurait plus de sens. La phrase « quand vous sortirez, éteignez la lumière s'il vous plaît » contient des présupposés implicites qui sont qu'il y a une personne à qui ce discours s'adresse, que cette personne est dans un endroit où la lumière est allumée et que cette personne va quitter ce lieu...
Les présupposés de la PNL ne sont pas présentés comme des « vérités » mais sont une sorte de philosophie de la PNL.

**Sur le monde**

1. Le monde existe.
2. Notre vision du monde n'est pas le monde (la carte n'est pas le territoire).
3. Chaque modèle (ou vision) du monde est unique.
4. Il n'y a pas de modèle du monde plus vrais que d'autres, mais il y en a de plus efficaces.
5. Les limites sur lesquelles nous buttons ne sont généralement pas dans le monde mais dans la vision que nous en avons.
6. Il vaut mieux savoir « comment ça marche » plutôt que « pourquoi ça ne marche pas ».

**Sur l'être humain**

7. La carte mentale se reflète dans la carte verbale.
8. Plus on a de choix, mieux ça vaut : si ce que vous faites ne marche pas, essayez autre chose.
9. Chacun de nous possède les ressources nécessaires pour évoluer, atteindre des objectifs ou résoudre des problèmes.
10. Quel que soit le comportement manifesté, il a une fonction positive.
11. Il n'y a pas d'échecs, seulement des résultats.
12. Nous sommes des personnes qui avons des comportements, nous ne sommes pas nos comportements.

**Sur les relations**

13. Faire a priori un crédit d'intention est plus efficace pour atteindre ses objectifs que de faire un procès d'intention.
14. Le sens du message que nous émettons est donné par la réponse qu'il suscite chez notre interlocuteur.

Si vous ne les acceptez pas, si vous n'adhérez pas à cet état d'esprit qu'est la PNL, ce qui est tout à fait votre droit, la PNL n'aura pas grand « sens » pour vous et vous allez devoir vous priver de ses outils, mais, heureusement pour vous, il existe d'autres techniques répertoriées pour améliorer sa compétence relationnelle.

Aux sceptiques, Bandler aime répondre : « *Nous ne vous enseignons que des mensonges. Faites comme s'ils étaient vrais et vous verrez que ça marche !* »

Pour les personnes qui sont prêtes à faire leurs ces présupposés mais qui « accrochent » sur certains points, voici quelques précisions.

1▪ Celui-ci est en principe accepté comme évident et pourtant il existe des philosophes, tel Berkeley, pour lesquels seuls existent les idées et l'esprit, pas la « matière ».

2▪ Du monde, nous n'avons que des représentations. Ce qu'est « le monde », nous l'ignorons, nos représentations sont comme des cartes du monde dans lequel nous évoluons. Les cartes du monde, à la manière des cartes routières, nous donnent des indications, des repères, mais ne nous permettent pas de ressentir la fatigue d'une montée de 10 kilomètres à 12 % ou l'émotion devant le spectacle d'une « vue panoramique ». Suivant la nature ou l'échelle des cartes, le voyageur aura des informations différentes.

3▪ L'histoire de chacun étant unique, nos représentations du monde sont personnelles et chacun a une vision du monde qui lui est propre. Notre expérience et donc notre vision du monde sont SUBJECTIVES.

4▪ En PNL, on ne cherche pas la « Vérité » mais une représentation qui nous permet d'être plus efficace dans ce que l'on entreprend.

5▪ C'est une vision sympathique (et rassurante !) des choses. Si on change de lunettes, on a des chances de pouvoir avancer…

6▪ Voici qui n'est pas très cartésien, puisqu'on ne cherche pas les relations de cause à effet, et difficile à accepter dans une culture française : on peut cependant remettre à plus tard l'étude (passionnante au demeurant) du pourquoi et en attendant trouver des solutions pour que « ça marche » : « *Nous ne cherchons pas pourquoi c'est un gâteau au chocolat, nous voulons savoir quoi mettre dedans pour qu'il soit réussi (1).* »

7▪ Les différents niveaux de langage (analogique et digital) d'une personne donnent, pour qui sait les observer, des informations sur ses représentations du monde. Pour paraphraser une ancienne publicité, « c'est écrit dessus ». Il suffit de vouloir apprendre à lire.

8▪ Ce présupposé apporte une énergie et une dynamique efficaces pour trouver une solution à un problème. Il arrive très souvent qu'avant même d'avoir

(1) *Un cerveau pour changer,* Richard Bandler, InterEditions.

cerné une difficulté, on ait « déjà » la solution et si celle-ci ne convient pas, on abandonne sans même imaginer qu'il y a de nombreuses autres solutions à tester. C'est l'opposé du « yaka » bien connu.

9▪ C'est plutôt agréable ! L'idée est que même si on met « bêtement » toujours le même programme (qui ne marche pas), on n'a pas d'autres programmes en réserve ou on peut en ajouter d'autres.

10▪ Beaucoup de personnes ne seront pas d'accord et pourtant... L'idée est d'admettre au moins la possibilité qu'une personne ait un comportement « négatif » avec en première instance une intention « négative » parce qu'avec la vision du monde qu'elle avait au moment considéré, c'était peut-être le seul comportement qu'elle ait trouvé pour se protéger ou protéger autrui. Ce comportement avait une utilité. La conséquence de ce présupposé est de chercher l'intention positive dans toute action (de soi ou de l'autre) et... dès lors qu'on la cherche, on la trouve !

11▪ Il n'y a pas d'échec, seulement du « feed-back », c'est-à-dire une évaluation de l'atteinte de l'objectif pour permettre de rectifier son action si besoin est (j'ai eu 9 à l'examen, comment faire pour avoir au minimum 10 la prochaine fois). Une « erreur », si on prend en compte l'information qu'elle renvoie, est une excellente méthode pour changer. À ce titre, ce n'est pas une erreur, c'est une information. La seule « erreur » consisterait à ne pas en tenir compte et donc à la reproduire. Diable à part, ce n'est pas nouveau, puisque dans les années 400, saint Augustin disait dans ses sermons : « *Se tromper est humain, persévérer est diabolique.* »

12▪ Lié au 10. Ce n'est pas parce que nous avons un comportement « négatif » que notre identité se réduit à ce comportement. Chacun de nous peut avoir des comportements « idiots » sans être « idiot » (que celui qui n'a jamais eu un comportement idiot se fasse connaître...).

13▪ Lié au 10. On a plutôt tendance à faire des « procès d'intention » et ce présupposé ne dit pas qu'on a « tort », il dit qu'on est plus efficace si on commence par un crédit d'intention (le commerçant m'a vendu une pomme pourrie, peut-être qu'il n'avait pas remarqué que cette pomme-là était abîmée et... je vais lui demander de la changer).

14▪ Un message envoyé est clair... pour celui qui l'envoie puisqu'il est dans sa vision du monde à lui. L'interlocuteur reçoit ce message dans sa propre vision du monde et, au mieux, sa compréhension est « proche » de celle de l'émetteur, au pire... tout peut arriver. Comme dans cette histoire de soldats qui, lors d'une reconnaissance sur la crête qui surplombait leur QG, avaient fait un prisonnier. Ne sachant pas ce qu'ils devaient en faire, ils téléphonent au QG pour le leur demander. L'officier présent au quartier général répond :

Avec toute la « bonne foi » possible, si on se pense « normal » ainsi que l'interlocuteur que l'on apprécie, on en déduit que nos fonctionnements sont les mêmes. Erreur ! Nos filtres peuvent être proches mais jamais identiques, et nos visions du monde sont différentes. Si l'on souhaite « communiquer », il est indispensable qu'il y ait un recouvrement minimal entre les deux visions du monde. Pour cela, il suffit… d'« ouvrir » ses filtres, pour rejoindre l'interlocuteur, ce qui, en outre, offre un enrichissement personnel ! Cela s'appelle la **flexibilité**.

L'injonction « ne faites pas aux autres ce que vous ne voudriez pas qu'on vous fasse » est très intéressante du point de vue de l'intention positive qu'elle comporte, mais… d'une efficacité non garantie si les visions du monde sont très différentes…

On ne change pas l'autre. On peut changer ses propres comportements et c'est à partir du moment où l'interlocuteur est accepté avec ses comportements qu'il peut (peut-être) en changer…

Et pour quelles raisons ce serait à « moi » de m'adapter ? Réponse fiche 23, p. 135.

Parmi les filtres, nous traiterons plus spécifiquement :

- le système sensoriel (fiches 45 à 49) ;
- les croyances (fiche 50) ;
- ses exemples de fonctionnements mentaux (fiche 51).

Nous traiterons ensuite des questions à poser pour obtenir des informations pertinentes par rapport à l'objectif de l'échange et lever certaines imprécisions inhérentes au langage (fiche 52).

**En guise de résumé**

Une classe d'élèves âgés d'une douzaine d'années est en route pour se rendre au stade. Un professeur d'éducation sportive les accompagne. Ou, plutôt, il les suit. À un moment, voyant que les gamins, en ordre très dispersé, se rapprochent du carrefour « dangereux », il donne de vigoureux coups de sifflet. Aucune réaction de la part des élèves. Tout en sifflant de plus belle, le voici qui se met à courir, il rattrape les enfants et leur hurle, essoufflé et très en colère : « Alors, vous ne comprenez plus le français ? »

# Les trois secteurs de l'expérience

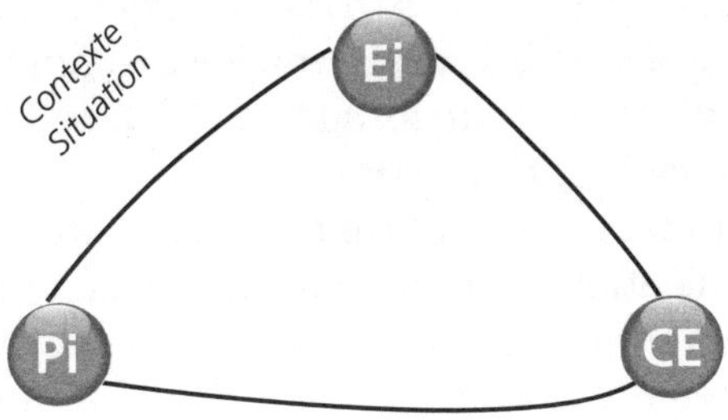


**PI** signifie « **Processus Interne** », c'est-à-dire tout ce qui est lié aux modes de perception, aux façons de penser. On pourrait dire que PI représente « ce que l'on a dans la tête ».
**EI** signifie « **État Interne** », c'est-à-dire tout ce qui est lié aux émotions, aux sentiments, aux sensations, aux désirs, aux besoins. On pourrait dire que EI représente « ce que l'on a dans le cœur, à moins que ce ne soit dans le ventre... ».
**CE** signifie **« Comportement Externe »**, c'est-à-dire ce que nous affichons à l'extérieur. Il s'agit du non-verbal, du verbal et du paraverbal (cf. fiche 1).

Étant donné que personne n'a (pour l'instant ?) d'accès direct à ce qui se passe dans notre tête ou dans notre cœur (pas même la personne concernée la plupart du temps, nos mécanismes étant en général « automatiques ») et que nous communiquons avec les autres, il doit bien y avoir une extériorisation d'au moins une partie de ce qui se passe à l'intérieur... Cette extériorisation est le CE.

## Les liens entre PI, EI et CE

Les trois secteurs d'activité sont liés les uns aux autres, et il s'agit plus certainement d'interpénétration entre les trois secteurs que d'entités bien délimitées comme le schéma – pour des raisons de commodité – le montre.

**Exemple**
Si à un moment donné vous vous dites : « Je suis en pleine forme. »
Comment cela se manifeste-t-il ? (CE)
Que ressentez-vous quand vous êtes en pleine forme ? (EI)
Comment savez-vous que vous êtes en pleine forme : que voyez-vous, qu'entendez-vous, que vous dites-vous ? (PI)

Il n'est pas si facile de répondre à ces trois questions… et pourtant si quelqu'un veut « être en pleine forme », il pourra prendre exemple sur vous… à condition que vous puissiez expliciter les processus en jeu dans PI et EI. Pour le CE, vous pouvez simplement observer la personne.
Quand on est en relation avec une autre personne, seul son comportement (CE) nous donnera des indications sur son état interne, à condition d'observer très précisément son non-verbal et son paraverbal, et de pouvoir associer pour cette personne un comportement à un état interne. En PNL, on appelle cela « calibrer ». Par exemple, vous avez pu constater que chez un interlocuteur donné, se passer la main dans les cheveux (CE) est un signe avant-coureur de prise de décision (PI et EI), qu'un geste similaire chez un autre est signe d'hésitation et de… non-prise de décision.

Pour une même personne, le comportement, le processus et l'état internes varient en fonction du contexte (où, quand, avec qui, quels sont les enjeux…) et sont sans cesse en activité même sans changement apparent de la situation externe… ce qui n'est pas possible puisque, au moins, le temps « passe ».
Une variation d'un des trois pôles entraîne (ou précède ?) une variation des deux autres. Par exemple, si une personne pâlit (changement de comportement), vous pouvez en déduire un changement d'état interne et un changement dans les processus internes. Mais attention, en PNL, on travaille sur les processus et pas sur les contenus : on ne peut pas dire quel est l'état interne qui est apparu, on peut seulement dire qu'il y a eu changement d'état interne (et de processus interne). On n'est ni dans la tête ni dans le cœur de l'interlocuteur. Si on observe une soudaine pâleur, cela peut nous inciter à poser des questions à l'interlocuteur (« que t'arrive-t-il, je t'ai vu pâlir » par exemple) ou à modifier son discours pour tenter de le ramener à un état interne plus « positif ».

## ■ Chaîne positive et chaîne négative

Quand tout va bien, la chaîne EI, PI et CE est **positive** : on se sent bien (EI), on se dit que la vie est belle et que la journée va être agréable (PI), on a le visage ouvert, le regard qui brille et le sourire aux lèvres (CE). Et comme on est avenant et ouvert, il y a de fortes chances que ce que l'on entreprend marche bien (ou qu'on n'en fera pas un drame si les choses ne se déroulent pas comme prévu), et on boucle sur du positif.

C'est plus facile à vivre que la **chaîne négative**, lorsqu'on ne sait même pas pourquoi on « est de mauvaise humeur ». On « fait la tête », ce qui se traduit par une bouche légèrement pincée, des petites rides supplémentaires au coin de la bouche et des yeux, un regard sombre, un teint plus gris et un tonus musculaire différent des jours « normaux », une posture tête basse, etc. (CE) ; on se sent un peu triste, démotivé, fatigué, etc. (EI), et on se dit que rien ne va bien se passer aujourd'hui, on entend déjà les remarques désobligeantes de son responsable, on imagine la tête renfrognée de certains de ses collègues (PI) ; bref, tout va mal. Et il y a de fortes chances que les choses se déroulent comme prévu, c'est-à-dire mal, et on boucle sur du négatif.
En règle générale, on ne passe pas tous les instants de sa vie sur une chaîne négative (mais non, mais non ; même ceux qui le croient se racontent des histoires, ils « oublient » simplement les moments agréables et ne retiennent que les autres).
Si on ne reste pas sur une chaîne négative, même en l'absence d'événement extérieur heureux (ou du moins qu'on veuille bien le considérer comme tel), c'est que chacun de nous a des stratégies – souvent non conscientes – pour casser ce cercle vicieux. On peut le casser en trois endroits : PI, CE, EI.
Quand on casse en PI, on **se dit** des choses comme « c'est tout de même pas dramatique », « il y a sûrement pire comme situation », « bon, ça suffit, maintenant faut que je me bouge », ou on **pense** à des choses agréables, on s'**imagine** en vacances ou près des gens que l'on aime, ou on **entend** la voix de sa grand-mère qui disait « ne t'inquiète pas, les choses finissent toujours pas s'arranger », etc. Et après, tout va mieux.
Quand on casse en CE, on **fait** quelque chose. On **parle** à quelqu'un qu'on aime bien, on **lit**, on **écoute** de la musique, on **écrit**, on **fait** une activité physique, on **prend** un bain, on s'**achète** quelque chose, on **mange** une pomme (ou du chocolat...), on **boit** un « petit » whisky, etc. Et après, tout va mieux (effet plus ou moins durable, avec parfois « petits » effets secondaires non souhaités).
Quand on casse en EI, c'est qu'on pratique un **ancrage**. L'ancrage est un processus qui consiste à associer un déclencheur externe à un état interne positif afin que la réaction soit provoquée très rapidement et si possible discrètement. C'est un raccourci des techniques précédentes. Le prototype de l'ancrage est le « doudou » de l'enfant. Il pleure (EI négatif), hop, le doudou : un bout de tissu, la tétine, le pouce (ça, c'est pour les petits malins qui ont toujours leur déclencheur à portée, mais là encore, gare aux effets secondaires), tout s'apaise et ça va mieux (EI positif). Et pourtant, il n'y a aucun lien « logique » entre un bout de chiffon et

un état interne de sérénité... Les « doudous » des grands sont très variables. Il est possible que certaines des actions citées précédemment s'apparentent aux doudous si leur action est immédiate. Sinon, cherchez quels sont les vôtres...

Le fait de prendre conscience de nos stratégies pour sortir d'une chaîne négative nous permet de le faire volontairement quand la stratégie ne s'est pas mise en place d'elle-même. À moins, évidemment, que l'on souhaite rester en chaîne négative.
Le fait de repérer certaines de ces stratégies automatiques chez un interlocuteur permet de le remettre plus rapidement en chaîne positive. Or être en état interne positif est une condition nécessaire (mais non suffisante) pour que la relation s'installe dans la coopération.

# La synchronisation non verbale

La PNL est l'observation de tout ce qui « va bien ».
Or il existe un phénomène naturel que l'on peut observer quand deux personnes sont bien ensemble, que le « courant passe bien », qu'elles sont sur la « même longueur d'ondes » ; il existe pléthore d'expressions différentes… qui signifient qu'une relation de confiance est établie entre les deux et que la communication est bonne. Ce phénomène est la **synchronisation**. Observez, regardez, que ce soit à la maison, au restaurant ou dans une réunion : il n'y a pas besoin de connaître la PNL, on voit (ou on sent, ou on entend) que les gens sont bien ensemble. Avec la PNL, on observe plus concrètement et on constate qu'à ce moment les deux personnes sont synchronisées physiquement. **Leurs postures se ressemblent, leurs gestes sont en harmonie**, quand l'une change de position, l'autre ne tarde pas à en faire autant.
Tout le monde sait que si l'on souhaite mettre un interlocuteur à l'aise, on lui propose de s'asseoir si soi-même on est assis, ou qu'au contraire, à un moment, on se lève, ce qui est une désynchronisation et une façon non verbale très efficace de prévenir que l'entretien est terminé.
Quand des personnes sont bien ensemble, elles sont synchronisées ; réciproquement, si deux personnes sont synchronisées, elles seront « bien » ensemble.
L'idée de la PNL est qu'un moyen d'**établir le rapport**, **c'est-à-dire une relation de confiance, d'harmonie et de coopération**, est de se synchroniser avec quelqu'un. Se synchroniser veut dire observer la posture et les gestes d'une personne et reproduire ce qu'elle fait. Attention, reproduire ne veut pas dire singer. Se synchroniser se fait dans le respect de l'autre, avec ses capacités et ses préférences à soi, le but du jeu étant d'être dans le rythme de l'interlocuteur.
La synchronisation revient à envoyer un message non verbal (et non perçu consciemment par l'interlocuteur si c'est bien fait) qui est : « Sois rassuré, quelque part nous nous ressemblons. » Le non-verbal constituant plus de la moitié de l'échange, cette technique est très efficace. On renvoie à l'interlocuteur une image qui lui ressemble et a priori on n'a pas peur de sa propre image.
Quand la relation est établie, alors on peut commencer à construire quelque chose ensemble.

Deux remarques s'imposent.

- On se synchronise volontairement lorsqu'on a quelque chose à faire avec la personne, que l'on a un même objectif à atteindre : une négociation, une recherche en commun de solutions à un problème, une information à faire passer, etc. On ne se synchronise pas « pour voir si ça marche », sauf peut-être au début, quand on apprend à le faire. On a intérêt à expérimenter cette technique quand il n'y a pas d'enjeux, parce que les premières fois, on perd un peu, beaucoup même, le fil de la conversation. Mais si on choisit d'utiliser cette technique, l'aisance vient rapidement.
- La synchronisation peut être croisée, c'est-à-dire le pied peut suivre le balancement d'une main, le mouvement des bras accompagner les postures des jambes de l'interlocuteur (les différentes postures habituelles des jambes étant souvent très différentes chez les hommes et les femmes... surtout quand ces dernières sont en jupe...).

Un enfant apprend presque tout par synchronisation : il marche debout parce que les autres marchent debout, et il parle français (par exemple) non pas parce qu'il « est » français mais parce qu'autour de lui c'est le français qui est parlé. Les accents sont aussi un bel exemple de synchronisation sur le paraverbal de ceux qui nous entourent.

Il existe donc aussi la **synchronisation sur le paraverbal** : le volume, le débit, le rythme des paroles de l'interlocuteur. Une synchronisation très efficace est celle **sur la respiration** mais elle est difficile à pratiquer. Elle se fait automatiquement quand on chante ensemble... que dire du plaisir éprouvé par les choristes...

Résumé

Dans son livre intitulé *Le Temps du changement,* (Éditions La Tempérance), Bandler écrit dans la dernière page : « Cet ouvrage vous propose des techniques qui donnent de bons résultats. Mais ce n'est pas la peine d'utiliser ces techniques si vous n'avez pas le ton de voix adapté, si vous n'avez pas le rythme, si vous ne les avez pas d'abord expérimentées sur vous-même. »

Fiche 45

# Autotest de perception sensorielle (1)

## Consigne

Lisez la question et choisissez la réponse A, B, C ou D qui vous paraît être la plus proche de votre expérience. Quand vous aurez répondu aux quinze questions, reportez-vous à la grille d'analyse.

**1. En vous réveillant le matin, que remarquez-vous surtout ?**

A -le bruit du réveil

B - vous cherchez à discerner la lueur du jour à travers les volets

C -vous pensez à la journée qui vous attend

D -la sensation de chaleur sous les couvertures qu'il va falloir bientôt quitter

**2. Vous vous promenez sur une plage :**

A -vous remarquez le bruit des vagues et le chant des oiseaux de mer

B - l'odeur de l'air et la sensation de la brise chargée d'embruns

C -vous vous dites que vous avez choisi le bon moment pour vous promener

D -vous admirez le paysage

**3. Quand vous prenez le bus :**

A -vous regardez les gens autour de vous

B - vous vous plongez dans vos pensées

C -vous trouvez que les bus sont mal climatisés, il y fait toujours trop chaud ou trop froid

D -vous écoutez les conversations autour de vous

**4. Au restaurant, outre la qualité de la cuisine vous aimez :**

A -qu'il y ait une musique de fond

B - que la salle soit bien décorée

C -que les chaises soient confortables

D -que le menu change souvent

---

(1) Source : Catherine Cudicio.

**5. Quand vous faites vos courses au supermarché, ce qui vous ennuie le plus, mis à part le fait d'attendre longtemps à la caisse est :**

A -de constater qu'une fois de plus les prix augmentent
B -le baratin du démonstrateur qui hurle dans un micro dans l'espoir de vous faire acheter quelque chose
C -de ne plus trouver vos produits habituels au même endroit, car l'emplacement des rayons change souvent
D -l'absence de contact humain personnalisé : il n'y a jamais de vendeur pour vous conseiller quand vous cherchez un produit précis

**6. Vous êtes entré dans une vieille église, ce qui vous frappe c'est :**

A -l'odeur de l'encens
B -la semi-obscurité dans laquelle vous discernez la lueur des cierges et les vitraux
C -le silence
D -rien de particulier ne retient votre attention, toutes les vieilles églises se ressemblent un peu, mais vous ne vous êtes pas demandé pourquoi

**7. Quand il pleut l'été à la campagne :**

A -vous vous dites que c'est une journée de perdue
B -vous appréciez l'odeur de la terre humide
C -vous guettez l'arc-en-ciel
D -vous écoutez tomber les gouttes

**8. Vous sortez dans un lieu où l'on danse :**

A -vous trouvez que la musique est trop ou pas assez bruyante
B -vous cherchez à observer la disposition de la salle, les éclairages, etc.
C -vous savez tout de suite si l'ambiance est bonne
D -vous vous félicitez d'avoir réservé une table

**9. Vos voisins rentrent de vacances :**

A -leurs enfants ont une mine superbe
B -c'en est fini du silence, ils sont bien gentils mais qu'ils sont bruyants !
C -cela vous fait plaisir pour eux
D -vous pensez que bientôt ce sera votre tour

**10. Vous prenez de l'essence à une station self-service :**

A -vous contrôlez attentivement les chiffres lumineux qui défilent au compteur
B -le bruit du dispositif automatique vous renseigne quand le plein est terminé
C -cela fait du bien de prendre l'air, dommage qu'il y ait cette odeur d'essence !
D -vous pensez à votre consommation ou à autre chose

**11. Vous vous trouvez dans une fête foraine :**
A -cela fait beaucoup de bruit
B - les couleurs des manèges et des stands sont vives, éclatantes
C -vous vous sentez bousculé et pressé par la foule des badauds
D -cela vous fait penser à d'autres fêtes foraines et vous les comparez

**12. Vous êtes en voiture sur la route mais ce n'est pas vous qui conduisez :**
A -vous regardez le paysage
B -vous vous occupez de mettre de la musique ou de chercher un programme radio qui vous convient
C -vous vous détendez
D -vous essayez de penser à autre chose, car vous êtes tenté de critiquer le conducteur

**13. Vous prenez un bain :**
A -vous appréciez la chaleur de l'eau sur votre corps
B -vous goûtez en paix un moment de silence ou vous en profitez pour écouter de la musique
C -vous vous dites que c'est vraiment agréable de se détendre ainsi
D -vous rêvez en regardant la mousse

**14. Vous essayez un pull dans un magasin. Celui que vous achetez :**
A -est le plus confortable et agréable au toucher
B -est celui qui vous va le mieux quand vous vous regardez dans la glace
C -est celui dont vous vous dites qu'il vous donnera satisfaction
D -est celui qui, tout bien réfléchi, vous paraît le mieux adapté à l'usage que vous voulez en faire

**15. Vous êtes chez des amis, et leur chat vient en miaulant se frotter à vos jambes :**
A -il a l'air si mignon que vous le prenez sur vos genoux
B -en l'entendant miauler, vous vous demandez ce qu'il veut
C -sa fourrure est très douce, vous le caressez
D -vous pensez que ce chat a bien de la chance que vous aimiez les animaux

Fiche 46

# Résultats du test

## Utilisation

Entourez d'un trait vos réponses. Faites le total pour chaque ligne de la grille.

La ligne sur laquelle vous totalisez le plus de réponses correspond à votre mode de perception dominant.

| Questions | 1 | 2 | 3 | 4 | 5 | 6 | 7 | 8 | 9 | 10 | 11 | 12 | 13 | 14 | 15 |
|---|---|---|---|---|---|---|---|---|---|---|---|---|---|---|---|
| Réponses | A | A | D | A | B | C | D | A | B | B | A | B | B | C | B |
| | B | D | A | B | C | B | C | B | A | A | B | A | D | B | A |
| | D | B | C | C | D | A | B | C | C | C | C | C | A | A | C |
| | C | C | B | D | A | D | A | D | D | D | D | D | C | D | D |

| | |
|---|---|
| Perceptions auditives | Perceptions kinesthésiques |
| Perceptions visuelles | Dialogue intérieur |

Quelques remarques concernant vos résultats. Comme pour les autres autotests, les résultats sont à prendre avec précaution : ils donnent une indication sur un instantané des comportements. Il n'y a pas de « bons » ou de « mauvais » résultats !

Une dominante dans un canal ne signifie pas que l'on entende ou que l'on voie mieux que les autres, mais que l'on utilise plus souvent le canal auditif ou le canal visuel comme filtres de la réalité.

Si vous reconnaissez une **dominante dans le canal auditif,** cela signifie que vous êtes sensible à l'environnement sonore, que vous reconnaissez facilement les personnes à leur voix, vous êtes à l'aise avec le téléphone, vous aimez les mots qui sonnent bien, vous retenez facilement ce que vous avez entendu : vous mémorisez en écoutant et en répétant… Au cinéma, la musique des films est

importante pour vous. Vous aimez parler et écouter, et vous n'avez pas besoin de regarder votre interlocuteur pour l'entendre.
Si vous vous reconnaissez une **dominante dans le canal visuel**, vous avez le sens de l'observation, vous êtes physionomiste (même si vous ne vous souvenez pas du nom de la personne...), vous êtes sensible à l'environnement visuel (parfois vous remarquez immédiatement si des objets ont été « dérangés »), vous aimez vous faire des films, imaginer. Vous mémorisez en faisant des photos ou des films dans votre tête (« *je ne me souviens plus de la formule, mais c'était en haut à gauche d'une page* »). Vous avez besoin de regarder votre interlocuteur pour le comprendre.
Si vous vous reconnaissez une **dominante dans le canal kinesthésique,** vous êtes sensible aux ambiances. Vous aimez la convivialité, vous sentir à l'aise et savez mettre les autres à l'aise. Vous aimez le concret, l'expérience et le bon sens. Vous vous épanouissez dans les contextes chaleureux. Votre fragilité, contrairement aux « visuels » et aux « auditifs », est que toute information est d'abord traitée par votre état interne (EI) et que si l'information vous déplaît, vous passez immédiatement en chaîne négative, ce qui risque de « bloquer » une partie de vos processus internes (PI), et vous ne réagissez plus avec tous les moyens dont vous disposez.
Si vous vous reconnaissez une dominante dans le **canal auditif interne,** vous réfléchissez beaucoup avant d'agir. Vous analysez les situations et vous vous parlez « dans votre tête ». Quand vous êtes seul, cela vous permet de faire des briefings efficaces (avec vous, l'agenda, les plannings et la liste des courses sont dans la tête) et tout va bien quand ces « voix » sont aidantes (cf. la fiche 50), moins bien quand elles sont limitantes (« *tu ne vas pas donner ton avis, tu vas encore être critiqué* » par exemple). Là où ça ne va plus du tout, c'est lorsque vous restez en auditif interne lorsque vous êtes avec un interlocuteur : celui-ci ne se sent pas écouté. Il le dit parfois (« *tu ne m'écoutes pas* », et c'est vrai, même si vous pouvez lui répéter ce qu'il vient de dire : vous l'avez entendu mais vous vous écoutiez...). Autant passer en auditif interne peut être une aide efficace à la prise de décision, autant, face à quelqu'un, « branchez-vous » sur l'autre et faites-vous confiance pour savoir réagir. Quand ce sera à vous de parler, vous vous accorderez trois dixièmes de seconde pour réfléchir avant de lui répondre (sans préparer la réponse pendant qu'il parle !) et le tour sera joué.

47 Fiche

# Le système sensoriel

## Le premier de nos filtres

De la « réalité », chacun de nous a une représentation ou « vision ». Pour percevoir ce monde extérieur, nous disposons de cinq sens : la vue, l'ouïe, le toucher, l'odorat et le goût. Nous utilisons tous nos cinq sens (sauf évidemment ceux d'entre nous atteints de cécité, de surdité, d'anosmie ou d'agueusie), et nous pourrions penser que nous percevons tous le monde extérieur de la même façon ; en effet, tous les humains perçoivent les mêmes radiations lumineuses, celles comprises entre les ultraviolets et les infrarouges (très précisément entre 380 et 750 nm ; de même, toutes les oreilles humaines perçoivent les sons dont la fréquence est comprise entre 20 et 20 000 hertz (nous ne sommes ni des dauphins ni des chauves-souris !).
Eh bien non ! Nous avons le même potentiel de perception mais, dans notre système de représentations, nous favorisons un ou plusieurs canaux, et ce de façon généralement non consciente. **Nous avons les mêmes filtres physiologiques mais nos filtres individuels sont différents.**

L'ensemble des opérations sensorielles est appelé le VAK (OG). Soit respectivement visuel (V), auditif (A), kinesthésique (K), olfactif (O) et gustatif (G). Kinesthésique fait référence à tout ce qui est mouvement et sensations tactiles et, au second degré, à tout ce qui est lié aux affects. Il arrive fréquemment que l'olfactif et le gustatif soient regroupés dans le kinesthésique : on parle alors du système VAK. Les sens du toucher, de l'odorat et du goût ont été considérés comme moins « nobles » que les autres et par conséquent regroupés, et moins étudiés que le visuel et l'auditif. « Contrairement à la vue et à l'ouïe, sens supérieurs, dotés d'un vocabulaire spécifique étendu, l'odorat a en outre été jugé incapable de donner naissance à un art. C'est le fait de toute une tradition philosophique illustrée par de très grands noms : Platon, Kant, Hegel, Schopenhauer, Bergson… Ces opinions ont pesé lourd dans l'esprit des esthéticiens (1). » La tendance à mépriser l'odorat, en particulier, se modifie depuis quelques années et il y a de fortes chances qu'il prenne dans l'avenir une plus grande place (et les recherches vont d'autant plus être dans l'air du temps que le concept sera rentable…). D'ici

(1) *À fleur de peau. Corps, odeurs et parfums,* sous la direction de Pascal Lardellier, Belin.

à quelques années, on en saura peut-être un peu plus sur les filtres de l'odorat, et l'expression « je ne peux pas le sentir » passera alors du sens figuré au sens propre !

Revenons au VAK : si on vous parle d'un incendie, vous avez sans doute d'abord imaginé des flammes ou l'arrivée d'une voiture rouge de sapeurs-pompiers (V), ou alors vous avez entendu la sirène deux tons (le pin-pon caractéristique) des véhicules ou le crépitement du feu (A), ou bien encore vous avez ressenti inquiétude ou compassion pour les éventuelles victimes (K).

La PNL distingue plusieurs fonctions des systèmes sensoriels, entre autres :
- le système perceptif, qui nous permet de « percevoir » le monde extérieur. On parle alors du VAKOG externe ;
- le système de représentation, qui réalise une « copie » interne de ce que nous avons perçu de la réalité. C'est à ce système que nous faisions référence dans l'exemple de l'incendie et c'est de celui-là dont il sera question par la suite. On parle alors du VAKOG interne.

## ■ En quoi est-il important de repérer le canal utilisé par notre interlocuteur à un moment donné ?

La prise d'informations et le traitement de ces informations dans les différents canaux donneront des représentations variées du même événement. Si on le sait et que l'on mette à profit ces divers points de vue pour enrichir les modèles du monde de chacun, tout va bien. Si on ne le sait pas, le risque est l'incompréhension réciproque, qui menace la relation de confiance. Or rien de constructif n'est possible entre deux personnes sans ce rapport de confiance.

Fiche 48

# Repérage du système sensoriel chez l'interlocuteur

**Comment repère-t-on le canal utilisé par l'interlocuteur ?**
De deux façons : par le non-verbal et par le verbal.

## ■ Par le non-verbal

En observant le mouvement des yeux. Quand on traite ou que l'on cherche (dans sa tête) une information, on ne peut pas ne pas bouger les yeux. Et la direction du mouvement du regard indique quel est ou quels sont les canaux sollicités.
Si vous demandez à quelqu'un : « combien font 2 et 2 ? », il y a de fortes chances pour qu'il vous réponde du tac au tac sans bouger les yeux. En effet, la réponse est « toute prête », elle est automatique et ne nécessite pas de recherche.
Mais dès que la réponse n'est pas disponible immédiatement, on doit aller la chercher là où elle est stockée, et cette recherche s'accompagne d'un déplacement involontaire, qui peut être très bref, du regard.
Vous pouvez le vérifier très facilement en posant des questions « simples » (les guillemets parce que si les questions sont banales, les réponses sont très difficilement accessibles) qui font appel à un canal spécifique telles que : « quelle est la première chose que tu as vue ce matin en ouvrant les yeux ? » (V), « quel est le premier mot que tu as entendu ce matin ? » (A). À ce genre de questions, si la personne vous répond sans bouger les yeux, il y a de fortes chances qu'elle vous donne une réponse statistiquement probable, mais certainement pas la « vraie » réponse ; non pas qu'elle mente, mais elle n'a pas accès à la réponse.
Avec l'accord du partenaire, il est amusant et intéressant d'observer le mouvement des yeux pour découvrir les stratégies des personnes interrogées, de poser des questions comme « quelle est la septième lettre de l'alphabet », « épelle synchronisation à l'envers », « combien font 47 et 78 », « quels sont les noms des sept nains de Blanche-Neige », etc. Bien évidemment, ce qui est important dans ce décodage ce n'est pas la justesse de la réponse mais la stratégie d'accès à cette réponse (V, A, K ou une combinaison).

**Visuel**

Quand on regarde l'interlocuteur et que l'on voit ses yeux « partir » vers le haut, c'est qu'il se fait une représentation visuelle. Il peut aussi garder les yeux au milieu, dans le vague.

**Auditif**

Quand ses yeux « partent » sur le côté, c'est qu'il se fait une représentation auditive.

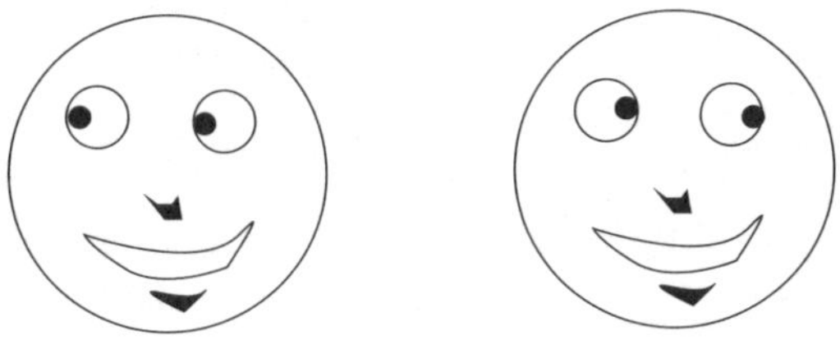

**Auditif interne** **Kinesthésique**

Quand ses yeux « partent » vers le bas, il est en contact avec lui-même. Quand vous le regardez et que ses yeux descendent à votre droite, c'est de l'auditif interne. À votre gauche, c'est du kinesthésique. (La droite et la gauche sont données du point de vue de l'observateur.)

## ■ Par le verbal

Certains mots ou expressions du vocabulaire sont à référence sensorielle et l'utilisation de ces mots donne une indication du (ou des) canal (ux) utilisé(s) par l'interlocuteur au moment où il s'exprime.

Exemple : « *Je **vois** ce que tu veux dire* » est plutôt utilisé lorsque le canal visuel est en action. Cela a le même sens que « *ça **me parle** ce que tu me dis* » ou « *je **sens** bien ce que tu veux dire* ». Il n'empêche que chacun comprend mieux si on lui parle dans « sa langue ».
Il existe des mots sans référence sensorielle, c'est le vocabulaire non spécifique, ou neutre. Il est utilisé quand on a un fonctionnement « intellectuel » ou conceptuel, ou technique ou... que l'on ne souhaite pas donner (consciemment ou pas) des informations sur ses modes de fonctionnement VAK. Mais... il reste le mouvement des yeux pour décoder. À moins que l'interlocuteur ait aussi « verrouillé » l'accès à son système sensoriel en portant des lunettes noires à verre réfléchissant...

Quelques exemples de traductions possibles d'un vocabulaire dans un autre. Comme toujours, « traduire, c'est trahir », mais il vaut mieux une traduction imparfaite que pas de traduction du tout quand on souhaite être compris par l'autre en lui parlant dans son langage.

| Visuel | Auditif | Kinesthésique | Non spécifique |
|---|---|---|---|
| Voir | Entendre | Sentir, ressentir | Comprendre |
| Apparaître | Percer le silence | Surgir | Se laisser percevoir |
| Aveuglant | Assourdissant | Brûlant | Surréaliste |
| Brillant | Percutant | Frappant | Manifeste |
| Éclaircir | Sonner plus juste | Enlever un poids | Évoluer |
| À première vue | Premier son de cloche | La première impression | En première étude |
| Voir le bout du tunnel | Entendre une musique céleste | Être dans la bonne direction | Finaliser prochainement |

## ■ À quoi ça sert de décoder le système sensoriel ?

La plupart d'entre nous sont polyglottes ; nous mélangeons dans une même phrase les différents vocabulaires. Dans ces cas-là, aucune traduction n'est nécessaire... en principe. Toutefois, les mouvements oculaires donnent ponctuellement une indication sur la façon dont la personne réfléchit. À ce moment, si vous voulez qu'elle **entende** que vous êtes sur la **même longueur d'onde** qu'elle (A), qu'elle se **sente** comprise (K), qu'elle accepte **votre point de vue (V),** qu'elle sache que vous la comprenez (non spécifique), **synchronisez-vous sur son canal par le vocabulaire.** Et ainsi vous établirez le rapport.

**Mon objectif est de...**

Quand il me prend dans ses bras (K)
Il me parle tout bas (A),
Je vois la vie en rose (V),
Il me dit des mots d'amour (A)
Des mots de tous les jours (A)
Et ça me fait quelque chose (K)
Etc.

Tous les canaux sont représentés : le refrain de *La Vie en rose* commence et s'achève sur du K, après avoir balayé le V et le A. Serait-ce une raison de la popularité et des multiples versions de cette vieille chanson (1942) ?

Fiche 49

# Application du VAK (Visuel, Auditif, Kinesthésique)

## ■ Quelques malentendus à dissiper

Dans ce qui va suivre, nous parlerons de « visuel », d'« auditif », etc. C'est évidemment un **abus de langage, personne n'est « monocanal »**, ce sera un raccourci pour dire : quand l'interlocuteur utilise le canal visuel, etc.

Un visuel, un auditif, un kinesthésique ou un auditif interne qui n'a pas fait de PNL croit, en toute bonne foi, que sa façon de penser est universelle et que les autres font comme lui. En fait, il ne se pose pas explicitement la question. Mais comme les comportements (CE) sont différents suivant le canal utilisé (PI), il ne va pas « comprendre » si quelqu'un ne réagit pas à sa manière et... très certainement porter un jugement de valeur par rapport au « déviant ».

**Exemples**

- Un visuel a besoin de regarder l'interlocuteur (ou, à l'école, le tableau et l'enseignant). Un auditif ne regarde pas nécessairement l'interlocuteur. Contrairement à ce que pensent les visuels, on entend mieux avec ses oreilles qu'avec ses yeux. Alors que se passe-t-il quand un visuel – qui regarde – rencontre un auditif – qui ne regarde pas ? Il le traite de « pas franc », de « pas impliqué », d' « impoli », il se méfie... À vérifier ! On peut être auditif et « faux jeton », mais il n'y a aucune corrélation. De sérieuses difficultés relationnelles proviennent (entre autres) de ces différences de canaux.
- À l'école ou pendant une réunion, certains enseignants (ou animateurs de réunions) ne supportent pas que des élèves ou des participants dessinent pendant qu'ils parlent... Or, pour certains auditifs, le fait de dessiner les aide à mieux se concentrer et à mieux écouter... Même les visuels, quand ils téléphonent (pas d'interlocuteurs à regarder), griffonnent. Alors, avant de faire un procès d'intention aux dessinateurs, pensez à vous assurer s'ils écoutent ou pas. Ce n'est pas parce que quelqu'un dessine qu'il écoute (ce serait trop facile !) mais ce n'est pas parce qu'il dessine qu'il n'écoute pas et qu'il ne participe pas.
- Quand un adulte « gronde » ou sermonne un enfant, ce dernier reçoit le message avec déplaisir... Il faut bien qu'il l'intègre. À chacun sa méthode : certains le ressentent douloureusement (ou avec colère), c'est-à-dire en kinesthésique, et donc baissent les yeux (en bas à droite pour l'interlocuteur) ; d'autres se disent

« oh là là, sale temps, attendons que ça passe… tu verras quand je serai grand… », donc en auditif interne, et baissent les yeux (en bas à gauche pour l'interlocuteur). Dans les deux cas, l'adulte dit « regarde-moi quand je te parle », et patatras, on n'a même pas le droit d'assimiler l'information. Le plus amusant est que si un enfant regarde fixement l'adulte pendant l'épisode, il s'entend dire : « Baisse les yeux quand je te parle. » On ne sait plus à quel canal se vouer quand on se fait réprimander !

- Pour une information « banale », certains enfants passent dans un monde imaginaire pour s'approprier ce qui est dit et donc lèvent les yeux. Interdit : « ne sois pas dans la lune » ou « arrête de rêvasser ». Et si on leur demandait plutôt « comment vois-tu les choses ? », peut-être cela changerait-il les rapports…

## ■ Comment faire avec un « visuel » ?

Employez des termes visuels (voir, perspective, image, clair, flou, horizon, nuage, coloré, voir la vie en rose, sauter aux yeux, illustrer, coup d'œil, lueur, lucide, objectif, visualiser, refléter… ). Utilisez des métaphores pour lui permettre d'imaginer. Faites-lui et demandez-lui de faire des schémas, des dessins, des tableaux ; il comprend tout de suite. Celui qui a dit « *un dessin vaut mieux qu'un long discours* » est à coup sûr un visuel. Quant au « *s'il vous plaît… dessine-moi un mouton* », on peut supposer que le Petit Prince avait un canal visuel (imaginaire) très développé ainsi que son créateur ; il est d'ailleurs difficile de dissocier le récit des dessins de Saint-Exupéry…
Croisez son regard le plus souvent possible.

## ■ Comment faire avec un « auditif » ?

**Expliquez** les choses : les mots font sens pour lui. Utilisez, bien entendu, des mots et expressions auditives (entendre, écouter, dire, raconter, fausse note, harmonieux, accord, voix, couplet, bruit, rythme, musique, mettre l'accent sur, silence, geindre, déclarer, dans la note…). Ne le regardez pas en permanence et surtout **acceptez qu'il ne vous regarde pas,** ou pas souvent. Les schémas ne lui sont d'aucune aide. Témoin ce dialogue pris sur le vif entre deux personnes qui décident de monter ensemble une armoire livrée en pièces détachées :

- *Ah, bien, il y a un schéma, ça va être facile !*
- *Il n'y a aucune explication, on n'y arrivera pas ; moi quand on me montre des schémas, des courbes ou des graphiques, ça ne me parle pas.*

C'est vrai que les courbes et autres représentations graphiques, « ça ne parle pas », surtout à un auditif. Et pour certains auditifs, un schéma « clair » pour un visuel s'apparente à un gribouillis indéchiffrable.

## ■ Comment faire avec un kinesthésique ?

Donnez des **explications concrètes**, employez des termes et expressions kinesthésiques (sentir et ressentir, mais aussi toucher, prendre à cœur, choc, pression, saisir, froideur, chaleur, contact, effort, affecter, blesser, solide, garder son sang-froid, mettre le doigt sur, mettre cartes sur table…). Accompagnez vos explications d'une gestuelle prononcée. Plus vous pourrez lui montrer, lui faire toucher, mieux il vous comprendra.

Il est amusant d'observer le récit d'un « accrochage » (pas grave) en voiture. La personne qui raconte commence en général par une explication verbale (A) accompagnée de gestes, les mains étant censées représenter les véhicules (K) ; si elle a un crayon,elle trouve un bout de papier pour faire un schéma (V) et si vous ne semblez pas avoir tout compris, elle se sert d'objets pour représenter la scène (K). L'ordre des séquences peut être différent, mais on peut constater que lorsqu'une personne souhaite être comprise, elle utilise spontanément les trois canaux et que très certainement le K est considéré comme le plus éclairant (?), parlant (?), solide (?).

Observez son comportement (CE) pour vérifier qu'il reste sur une **chaîne positive** (tout le monde sait le faire avec un kinesthésique : on voit, on entend ou on sent immédiatement, si on prête attention à l'autre, s'il est en chaîne positive ou négative). Rappelez-vous qu'un kinesthésique perd une partie de ses moyens s'il est en chaîne négative : il comprend de moins en moins, et moins il comprend, plus il s'enfonce dans le négatif… S'il passe en chaîne négative, arrêtez-vous (sans chercher à deviner ce qui a provoqué ce changement ou, si c'est très important pour vous – de savoir –, demandez-le-lui) et débrouillez-vous pour le faire passer en chaîne positive (cf. fiche 43) et si ce que vous tentez ne marche pas, essayez autre chose, en vertu du présupposé 8.

## ■ Comment faire avec un auditif interne ?

Quand votre interlocuteur passe en auditif interne (le regard se pose quelque part derrière vous sur votre droite), **taisez-vous** ! De toute façon, il n'est plus là, il ne vous écoute plus ! La difficulté est de se taire et d'observer un silence attentif et respectueux de son fonctionnement, et non avec un silence agacé ou méprisant. Eh oui, un silence contient beaucoup d'informations sur l'état interne (et donc les processus internes) de celui qui le pratique. Si « *quand on a entendu* *du Mozart, le silence qui suit est encore du Mozart » (*1), le silence qui suit une réprobation est encore une réprobation. Que tout le monde sait décoder. Le vocabulaire courant parle de silence « pesant », « angoissant », « émouvant », « apaisant » ; c'est reconnaître que le silence est bien autre chose que l'interruption de la parole. Quand on se tait lorsque notre interlocuteur est en auditif interne, c'est d'un **silence « complice »** ou « **respectueux »** dont il s'agit. Complice comme lorsque, sur un chemin, on attend avec bienveillance quelqu'un qui s'est arrêté pour cueillir des fraises des bois ou regarder les fleurs du talus. Si vous considérez que le monde professionnel ne ressemble pas à une promenade sur un chemin bordé de fleurs et de fraises sauvages, qu'à cela ne tienne : en avion, avant de décoller, le pilote arrête son appareil pendant quelques secondes le temps de tout contrôler (check-list). Tout le monde sait que cette pause est indispensable pour assurer la sécurité. À court terme, trois secondes de perdues ; à long terme, risque de crash réduit au minimum.

Du haut des trente mètres de la falaise de Québrada, les plongeurs d'Acapulco se recueillent quelques instants et décident, seuls, quand il faut s'élancer pour le saut de l'ange. On n'imagine pas que ceux qui accompagnent celui qui va plonger le poussent quand ils pensent que c'est le bon moment. C'est vrai pour tout plongeur, même ailleurs, même d'une petite hauteur…

Et si vous attendez ainsi l'autre, en dialogue avec lui-même, il « revient » très rapidement avec vous, ce qui se traduit par un regard qui croise le vôtre, accompagné, le plus souvent, d'un sourire. Ce sourire, involontaire, est comme un remerciement adressé à votre attente. Testez-le et vous verrez ! Et vous constaterez peut-être, en plus, ce qu'il vous apporte à vous, cet instant de silence. Puis reprenez le cours de l'échange : l'interlocuteur est disponible.

(1) Sacha Guitry.

Fiche 50

# Les croyances

Très schématiquement, lorsque nous nous exprimons, notre message verbal énonce :
- des faits ;
- des sentiments ;
- des opinions.

**Question**
La phrase « *il fait chaud dans cette salle* » énonce-t-elle un fait, une opinion ou un sentiment ? Qu'en pensez-vous ?

Les **FAITS** correspondent à des connaissances considérées comme indiscutables, que l'on peut démontrer ou mesurer, ou que tout un chacun peut vérifier. Exemples : *Madrid est la capitale de l'Espagne. À pression atmosphérique normale, l'eau pure bout à 100 °C. J'ai acheté un marteau.* Un fait n'est pas nécessairement « vrai », mais chacun peut vérifier si un fait est avéré ou pas.

Nous appellerons **SENTIMENTS** les expressions d'un ressenti ou d'une émotion. Dans ces conditions, l'énoncé d'un sentiment commencera par « je ». *Je suis heureux. J'ai soif. J'ai aimé cette exposition.*

Une **OPINION** est un avis, une conviction, une croyance : *les légumes verts sont bons pour la santé. Les chapeaux rouges portent bonheur* (et pourquoi pas ?). *Les chats noirs sont plus gentils que les autres.*
Alors, vous maintenez votre première réponse ?

**Réponse**
Quelle que soit la température dans la pièce, *« il fait chaud »* est une opinion ou une croyance personnelle. Il y a peut-être quelqu'un qui revient de l'enfer et qui trouve qu'il fait froid dans cette salle… Et ce n'est pas parce que tout le monde est d'accord que ça en fera un fait. Ça fera simplement que les personnes présentes n'en viendront pas aux mains, au moins pour ce sujet-là, et c'est déjà un gain. Le problème (et l'intérêt) de l'opinion, ou de la croyance, est qu'on n'a pas tous les mêmes et que chacun pense que la sienne est meilleure (ou plus « vraie ») que celle du voisin…

**Avec un fait, il n'y a en principe pas de polémique**. Dans notre exemple, le fait associé serait : « *La température de la pièce est de 25 °C* (ou 18 ou 40, ce qu'indique le thermomètre). » Après ça, chacun pourra continuer à dire qu'il fait chaud ou froid, mais au moins les protagonistes s'accorderont sur un point, la température. Quant au sentiment, il ne devrait pas non plus entraîner de polémique puisque personne ne peut me dire « c'est pas vrai » si je dis que « ***j'ai chaud*** ». Les autres peuvent émettre des jugements « toi, tu n'es pas normal(e), tu as toujours chaud » mais ils ne sont pas moi, donc ils ne peuvent contester la vérité de mon ressenti ! Conclusion : si on veut éviter les polémiques, exprimons-nous en donnant des faits. Ou des sentiments. Mais dans ce dernier cas, seulement si on est capables de « s'exposer » en donnant ses sentiments et qu'on sache « répondre » aux éventuels jugements. Répondre ne veut pas dire attaquer mais dire que le jugement émis ne porte pas sur ce qui a été énoncé.
Pour en terminer avec cet exemple, on pourrait dire que si une personne dit « *il fait chaud dans cette salle* », en fait, son message est « *j'ai chaud dans cette salle et vous avez forcément le même ressenti que moi* ». Cela rappelle l'aphorisme : « *Nous ne faisons qu'un, oui, mais lequel*? »

## ■ Alors, qu'est-ce qu'une croyance ?

Une croyance est une adhésion intellectuelle à une « vérité » en l'absence de preuve et d'évidence.

Les croyances reflètent la pensée d'une personne quand c'est une croyance individuelle, mais aussi d'un groupe et d'une époque. Les « anciennes » croyances sociétales, lorsque le groupe n'y « croit » plus, sont appelées superstitions ou bêtises. Exemple : « passer sous une échelle porte malheur », mais également casser un miroir, croiser un chat noir surtout s'il venait de la gauche (sinistre vient du latin senestre, gauche, ce qui montre que certaines croyances résistent très bien au temps), offrir certaines fleurs, ouvrir un parapluie dans une maison, parler de lapin sur un bateau, etc. Et à l'époque du Roi Soleil, l'eau étant dangereuse pour la santé, on ne se lavait pas. Ce qui n'empêchait pas les femmes d'être coquettes et, à l'instar de la belle marquise de Montespan, de s'enduire de crème antirides (faite à partir de saindoux, moelle de bœuf et... bouse de vache) et de garder l'œil vif et le teint frais en buvant chaque matin un grand verre d'urine de mule (1). On peut rire ou sourire de ces croyances, mais notre époque en véhicule nécessairement d'autres, qui feront peut-être sourire (ou

(1) Source : *L'Histoire de France pour les nuls,* First Éditions.

hurler) les générations futures (non, nous ne donnerons pas d'exemples pour... éviter d'être traités de fous ou soupçonnés d'amoralité ou d'être politiquement incorrects...).

Nos croyances se sont fabriquées au cours de notre histoire, à partir de nos expériences et de ce qui nous a été transmis. Ce sont des **généralisations** ou/et des **sélections** ou/et des **distorsions** de l'expérience. Nous préciserons ces trois termes dans la fiche 52.

Les croyances ne fonctionnent pas sur le même plan que la réalité ; elles servent à orienter et à interpréter nos perceptions de la réalité, en les reliant à nos critères et à nos systèmes de valeurs.

Nous n'avons pas toujours conscience de nos croyances fondamentales.

**Une croyance est considérée comme une « vérité » pour la personne qui l'énonce, et elle n'est pas remise en cause (la plupart du temps), même quand elle est démentie par la « réalité ».** Par exemple, si vous avez une croyance personnelle telle que « *je suis très ordonné, je sais toujours où sont mes affaires* », toutes les fois où vous égarez quelque chose (ce qui vous arrive... comme à tout le monde !), soit vous minimisez la situation et vous restez calme (puisque vous « êtes » ordonné, vous allez le retrouver ! Et vous le retrouvez !), soit vous estimez que ce n'est vraiment pas de votre faute (mais les circonstances, les autres, le stress, voire le fait que c'était trop bien rangé, ce qui est quand même un comble !) ; autrement dit, l'événement n'est pas pris en compte. Inversement, si votre croyance est « *je ne suis pas ordonné, je perds tout* », vous ne prenez en compte que les fois où vous avez réellement égaré quelque chose (ce qui vous arrive... comme à tout le monde. Un peu plus quand même ? Oui, mais ça c'est l'entourage qui le dit, non ?), et ça vous met dans un état de stress extrême ; comme vous « êtes » désordonné, vous n'avez aucune méthode pour chercher et au bout de cinq minutes, vous paniquez. D'un autre côté, vous ne prenez jamais en compte toutes les fois où vous savez parfaitement où sont vos affaires, quand les choses se passent « normalement ». De plus, comme vous « savez » que vous perdez tout, vous vous mettez dans l'état interne qui convient, par exemple « distrait ». Ce qui vous permet de vérifier votre croyance. Ce programme peut s'appeler « cercle vicieux ».

Les croyances sont inséparables de la vie des êtres pensants

Il n'y a pas de croyances plus vraies que d'autres (présupposé 4) mais il y a des croyances plus « aidantes » que d'autres, les autres étant alors des croyances « limitantes ». La même formulation d'une croyance peut être aidante pour

certaines personnes, limitante pour d'autres. Par exemple, « l'avenir appartient à ceux qui se lèvent tôt » est une croyance aidante pour les gens qui aiment se lever tôt, limitante pour les autres.
Il est sympathique de pouvoir s'appuyer sur nos croyances aidantes et il serait certainement agréable de modifier certaines de nos croyances limitantes... mais il est très difficile de modifier une croyance par une approche logique ou rationnelle, si tant est qu'on ait déjà réussi à identifier nos croyances limitantes.

## Exemples de croyances

- **Sur l'identité** : elles se formulent avec « *je (ne) suis (pas)* » si elles portent sur moi, avec « *il (n') est (pas)* » si elles portent sur l'autre.
  Si quelqu'un a comme croyances sur lui « *je suis beau, intelligent et modeste* », nous affirmons qu'il aura plus de chances de « réussir » dans la vie que la personne dont les croyances sont « *je suis moche, je sais bien que je ne suis pas très intelligent et pourtant parfois je suis immodeste...* ». L'exemple est caricatural, et pourtant c'est un peu de cette manière que les choses se passent. Ce sont nos croyances qui orientent ce que nous devenons...
  Comme pour les positions de vie de la fiche 22, les croyances ne sont pas des « vérités » mais notre façon de décoder et d'interpréter la « réalité ». Encore une question de regard, ou de lunettes. Tom Sawyer parvient très élégamment à faire faire aux autres une corvée (repeindre une clôture de 27 mètres de long et de 3 mètres de haut !) et même à les faire payer pour cela. Comment fait-il pour que d'autres aient envie de faire quelque chose qui est a priori rébarbatif ? Parce qu'il a compris que « le travail consiste en une tâche que l'on est obligé d'accomplir, alors que le plaisir est une occupation à laquelle on n'est pas obligé de se livrer » (1). Il « suffit » de transformer la croyance « je suis obligé de » en « j'ai envie de ».

- **Sur les capacités** : « *je (ne) suis (pas) capable de...* », « *il (n') est (pas) capable de...* ». Une croyance limitante sur ses propres capacités compromet fortement ses chances de réussite, ou pire nous retient même d'essayer. Nous affirmons que quelqu'un qui a réussi un examen, un entretien de recrutement ou atteint un objectif, quel qu'il soit, avait des croyances aidantes sur ses capacités à réussir. C'est une condition nécessaire (mais pas suffisante, nous en convenons...).

---

(1) *Les Aventures de Tom Sawyer,* de Mark Twain.

Les réussites ou les progrès de salariés, de stagiaires, d'enfants, d'élèves dépendent en partie des croyances qu'ont à leur propos leurs managers, coachs, formateurs, parents, enseignants... Nous souhaitons que ces derniers aient des croyances aidantes sur les capacités des personnes qu'ils sont amenés à former !

- **Sur le monde** : « *les gens sont de plus en plus individualistes* », « *il n'y a plus de valeur* », « *les femmes sont plus intuitives que les hommes* », etc. On retrouve tous les lieux communs, proverbes, clichés et généralisations qui appartiennent à l'état Parent de l'analyse transactionnelle.
  La question n'est pas de savoir si « c'est vrai » ou pas. La question est de savoir quelles sont les conséquences concrètes de telles affirmations pour soi et pour les autres, et quel est leur impact dans la communication, à part alimenter (agréablement ou pas) les conversations.
  Pour cela, il est intéressant de savoir de quoi l'on parle quand on énonce une croyance sur le monde. Par exemple, « les gens sont de plus en plus individualistes ». C'est qui « les gens » ? Cela n'existe pas, « les gens ». Que veut dire « individualiste » ? La définition est-elle la même pour toutes les personnes présentes (parle-t-on de la même chose ?) ? « Plus » individualiste ; plus que qui, plus que quoi ? Comment le sait-on ? Ce type de questionnement sera repris et explicité dans la fiche 52.

## Comment repère-t-on ses croyances ?

Nous **connaissons certaines de nos croyances**. Soit que l'on se le dise en auditif interne, soit qu'on le dise tout haut ! Exemples :
- je suis né sous une bonne étoile ;
- moi, j'ai pas de chance dans la vie ;
- de toute façon, je sais que je m'en sors toujours ;
- qui ne tente rien n'a rien ;
- je n'ai jamais rien compris aux maths ;
- ça tombe toujours sur moi ;
- je suis tenace ;
- j'ai la main verte ;
- c'était écrit, on n'y peut rien.

Je vous laisse décider quelles sont les croyances aidantes ou limitantes.

Nous avons beaucoup de croyances qui nous constituent et dont nous ne savons pas grand-chose. Pour en savoir un peu plus, il suffit d'observer **ce que l'on fait** et **ce que l'on ne fait pas.**

Toutes les fois où l'on est satisfait de ses comportements et que les choses nous paraissent simples, il y a des croyances aidantes en appui. Par exemple, si on prend facilement la parole au cours d'une réunion pour donner son point de vue, les croyances sous-jacentes peuvent être « *mon opinion est aussi intéressante que celle des autres* », « *je sais bien argumenter* », « *je suis écouté quand je parle* », « *je sais dire les choses au bon moment* », « *j'ai une voix qui passe bien* », etc. À chacun de trouver les croyances qui lui permettent d'agir.
Pour les comportements qui nous déplaisent, c'est comme dans un roman policier : qui est le coupable et à qui profite le crime ? Si on ne réussit pas à prendre la parole dans une réunion pour donner son point de vue alors qu'on souhaiterait le faire, les croyances limitantes sont à l'œuvre ! On peut toujours dire « *je manque de confiance en moi* » mais c'est une croyance trop globale pour détecter les programmes qui se mettent en place. C'est là que l'enquêteur (qui peut être soi-même !) entre en scène : « *Et quand vous avez un argument à donner, qu'est-ce que vous vous dites ? qu'est-ce que vous ressentez ? que vous imaginez-vous ?* » Certaines réponses vont indiquer des croyances, telles que « *je ne sais pas me faire entendre* », « *je n'ose pas couper la parole* », « *quand il faut que j'argumente devant un groupe, je perds mes moyens* », etc. À qui profite le crime ? permet de savoir quelle est la fonction positive de ce comportement (présupposé 10). La question de l'enquêteur pourrait être : « *Et que se passerait-il si vous donniez votre point de vue et qu'il ne soit pas entendu ?* » Si la réponse est « *je sentirais que je ne suis pas important* », il est alors possible que les croyances limitantes permettent à la personne de sauvegarder « son importance ». Si la réponse est « *je me sentirais exclu* », il est possible qu'elles lui permettent de sauvegarder son « appartenance » au groupe. Et ainsi de suite.

## À quoi cela sert-il de repérer les croyances ?

- **Les siennes** : pour s'appuyer consciemment sur ses croyances aidantes et penser à les transférer dans un domaine où on n'a pas l'habitude de les utiliser.
  Le fait de décoder certaines de ses croyances limitantes permet déjà de prendre du recul (« *c'est une croyance, je ne sais pas encore comment m'en libérer, mais ce n'est pas une Vérité, avec un V majuscule* »). Il est aussi possible de modifier des croyances limitantes.

- **Celles des autres :**
  Pour les respecter (les = les croyances).
  Pour leur présenter ce que l'on souhaite leur présenter en tenant compte de leurs croyances.

Pour connaître les limites de la collaboration qu'on pourra avoir avec cette personne. Exemple : avoir des croyances opposées à celles de votre collègue sur l'éducation des enfants n'est pas gênant pour travailler dans le même service de comptabilité ; c'est plus gênant si vous voulez faire (ou adopter) des enfants avec lui (elle).

Pour connaître ses propres croyances : dans un discours qui nous déplaît, on peut « remonter » aux croyances qui nous déplaisent (c'est souvent plus facile à faire quand il s'agit des autres) et donc découvrir ses propres croyances (différentes, voire opposées) sur ce sujet.

Dans un cadre professionnel, et si l'on est légitime pour le faire, permettre aux collaborateurs de faire évoluer leurs croyances limitantes liées aux fonctionnements du travail en entreprise.

**En guise de résumé**

*Croyances « vraies », fausses conclusions, inhibition de l'action et comment s'en sortir. Illustration du présupposé 5.*

Né en 1874, Guglielmo Marconi s'est intéressé à la transmission des signaux sans fil. Il réussit effectivement à transmettre des ondes électromagnétiques sur des distances allant de 100 m à 100 km. Puis lui vint l'idée que, avec un émetteur et un récepteur suffisamment puissants, l'Atlantique pourrait être franchi. Les scientifiques et experts de l'époque affirmaient que ce n'était pas possible, puisque les ondes se déplaçaient en ligne droite dans un milieu donné (croyance scientifiquement toujours... vraie) et donc qu'à cause de la courbure de la Terre, elles ne pourraient pas parvenir au récepteur positionné sur Terre. Marconi, autodidacte, plus intéressé par la pratique que par la théorie, mène quand même l'expérience. Le 12 décembre 1901, le signal émis de Poldhu (Angleterre) est reçu à Terre-Neuve (Canada). Grâce à « l'entêtement » de Marconi, les physiciens ont découvert l'existence de couches ionisées dans la haute atmosphère et la propagation à longue distance par réflexion sur ces couches. Marconi a reçu le prix Nobel de physique en 1909. Grâce à lui et au SOS émis par la radio du *Titanic* le 15 avril 1912, 705 passagers ont pu être sauvés. Quand Marconi meurt à Rome le 20 juillet 1937, toutes les radios du monde lui rendent hommage en observant deux minutes de silence.

Fiche 51

# Des exemples de fonctionnements mentaux

Nos fonctionnements mentaux sont des programmes automatiques qui déterminent la façon dont nous trions, découpons et organisons nos expériences. Ils se traduisent dans nos comportements. Les noms donnés à ces comportements le sont à titre d'exemples et vous pouvez les changer s'ils ne vous parlent pas (ou si vous ne les sentez pas, à moins qu'ils ne vous apparaissent pas clairs pour illustrer les descriptions correspondantes…).
Par exemple, si quand elle part en vacances, une personne aime bien aller dans des endroits qu'elle ne connaît pas, découvrir de nouvelles activités, nous dirons qu'elle a un comportement « **Différence** » (du moins pour les vacances). Une autre pourra au contraire avoir plaisir à revenir dans le même lieu plusieurs années de suite et apprécier de retrouver les mêmes personnes. Cette dernière aura un comportement « **Similitude** » pour ses vacances.
Dans une évaluation de situation, les comportements de chacun pourront se situer entre ces deux extrêmes que sont « différence » et « similitude ».
Aucun n'est « bien » ou « pas bien », simplement, en vertu de « mon fonctionnement est meilleur que le tien », il y a risque de jugements réciproques si deux personnes ont des fonctionnements opposés et d'impossibilité à trouver un accord si elles sont amenées à faire des choses ensemble !
Rien n'étant figé et complètement prévisible dans les comportements humains, les fonctionnements mentaux peuvent être différents dans d'autres contextes et à d'autres moments. Un fonctionnement mental se situant quelque part entre ces deux extrêmes, c'est encore par abus de langage et pour aller plus vite que nous écrirons « *il est similitude* ». C'est aussi impropre que lorsque quelqu'un, au restaurant, déclare « *je suis plutôt poisson* ». S'il ne s'agit pas d'un signe zodiacal ou d'une réincarnation, la personne veut certainement signifier : « *En ce moment, je préfère satisfaire mes besoins en protéines animales en mangeant du poisson plutôt que de la viande.* »

ne pas faire) autre chose. Par exemple se porter volontaire pour une action afin d'éviter d'en faire une autre. La procrastination en est un bon exemple. C'est lorsqu'on s'occupe de faire un tas de choses absolument indispensables dans l'immédiat (comme ranger les papiers qui traînent depuis des mois, prendre une douche, téléphoner à des vieux copains, repeindre la cuisine) pour… éviter de rédiger le rapport (ou autre chose !) qui est en attente sur le bureau.
Avec un collaborateur qui fonctionne ainsi, on est tout surpris qu'un jour, lui toujours volontaire pour aider, « pète les plombs » et refuse tout à coup de faire… ce qu'il faisait avant avec le sourire.

## • Comment faire avec des Aller vers ?

En PNL, on commence par aller sur le terrain de l'autre (pour établir le rapport) avant toute chose et… il serait dommage de briser leur élan. Tant qu'ils peuvent expérimenter sans trop de risques (pour eux-mêmes, pour les autres ou pour l'entreprise), autant les laisser faire. Ils découvriront les obstacles (s'il y en a pour eux ! Et s'ils réussissent, ils permettront aux autres de découvrir que les obstacles étaient leurs croyances…) et la façon dont ils les surmonteront ou contourneront leur permettra (après débriefing) de savoir comment nuancer leur **Aller vers** d'un **en Évitant de.**
Sinon, les aider à imaginer le déroulement du projet et, à l'aide de questions appropriées (cf. fiche suivante), leur permettre de formaliser les difficultés prévisibles et des solutions pour les vaincre.
En cas de réel danger, cadrer, accompagner ou… interdire suivant sa légitimité (institutionnelle et celle que l'on se donne).

## • Comment faire avec les Éviter de ?

Prendre en compte leurs objections, leurs craintes : les écouter et les aider à reformuler. Poser des questions (fiche suivante) pour savoir plus précisément ce qu'ils veulent dire. Leur faire trouver des solutions pour **éviter** les conséquences des inconvénients annoncés. À un **Éviter de,** il est impératif de le rassurer en lui parlant des inconvénients qu'il n'aura pas (et pas des avantages qu'il aura). C'est son mode de fonctionnement. Si une personne vous dit « *je ne veux pas habiter loin de la gare* », elle vous comprendra mieux si vous lui proposez un logement en lui disant « *c'est à 500 mètres, ce n'est pas loin de la gare* » plutôt que « *c'est à 500 mètres, c'est près de la gare* ». Comme « loin » et « près » ça ne veut rien dire, ce n'est pas la même chose de penser « pas loin de » ou de penser « près de ». Idiot ? C'est vrai que, intellectuellement, c'est la même chose et pourtant vous finaliserez plus facilement la transaction avec des formules du premier type pour un **Éviter de** et du second pour un **Aller vers**. Si vous souhaitez « vendre » quelque chose (ça c'est pour les **Aller vers** ; ne pas rater la « vente », ça c'est pour les **Éviter de**), il importe de tester l'impact de ces deux formulations, et vous conclurez vous-mêmes : si ça ne marche pas, vous aurez perdu une minute, et si ça marche... vous vous serez enrichi, à tous points de vue.

## ■ Référence interne/Référence externe

C'est le mode d'évaluation de nos actions (et/ou de nos opinions).

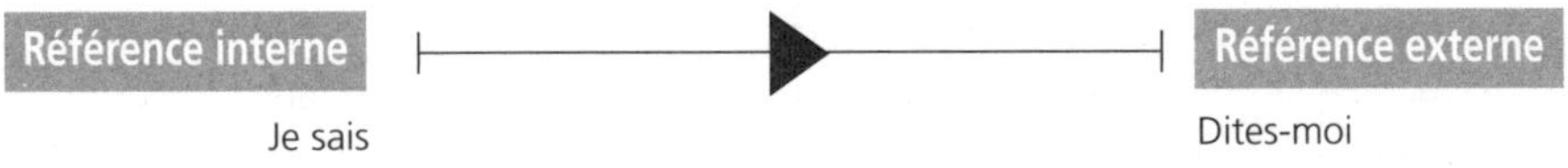


Le fonctionnement **Référence interne** évalue ce qu'il fait à partir de lui-même. Il est motivé par ce qu'il pense. Le fonctionnement **Référence externe** évalue ce qu'il fait à partir d'avis extérieurs et a besoin d'être encouragé par l'entourage. Poussé à l'extrême, le **Référence interne** « pur » serait un dictateur, le **Référence externe** « pur », une girouette.

### • Vocabulaire

| Référence interne (RI) | Référence externe (RE) |
|---|---|
| je sais que...<br>je suis convaincu que...<br>j'ai décidé que...<br>je suis sûr de moi<br>selon moi...<br>c'est comme ça et pas autrement<br>j'ai bien réfléchi et...<br>mon expérience me fait dire que...<br>je veux que... | qu'en penses-tu ?<br>qu'est-ce que tu ferais à ma place ?<br>donne-moi ton avis sur...<br>le chef (ma femme, mon mari, mon père, le voisin, le gourou...) a dit que...<br>j'ai lu que...<br>à la télé, ils ont dit que...<br>il paraît que...<br>que me conseilles-tu ? |

## • Rencontre

Ce qui va créer des difficultés relationnelles, ce ne sont pas (pour une fois), des fonctionnements opposés mais des fonctionnements identiques.
En effet, un Référence interne sait alors que le Référence externe ne sait pas et a besoin d'un avis extérieur : ils sont faits pour s'entendre !
Alors que deux Référence interne ensemble, c'est le combat des chefs et deux Référence externe ensemble, c'est la valse hésitation.

**Exemple**
Deux personnes décident d'aller déjeuner ensemble au restaurant.
- Un RI avec un RE. Le RI dit : « Je connais un italien qui est très bien. » Le RE répond : « Je vous suis, allons-y. » C'est réglé.
- Deux RI. L'un des deux dit : « Je connais un italien qui est très bien. » L'autre répond : « Pourquoi pas, mais le chinois de la rue des Fleurs est génial. » Chacun va y aller de ses arguments imparables, et s'ils veulent vraiment déjeuner ensemble, l'un passera provisoirement en RE et acceptera le point de vue de l'autre (on est toujours le RE de quelqu'un...), ou alors, pour sauver la face, ils décideront « d'un commun accord » d'aller chez l'indien d'à côté...
- Deux RE. L'un dit : « Où va-t-on déjeuner ? » L'autre répond : « Ça m'est égal, où tu veux. » « Non, choisis, toi, moi ça m'est complètement égal. » « Non, je t'assure, c'est comme tu veux. » Ça peut durer longtemps et s'ils veulent vraiment déjeuner ensemble, l'un passera provisoirement en RI (on est toujours le RI de quelqu'un...) ou, alors, ils vont s'en remettre au hasard...

## • Flexibilité

Cela se traduit par un fonctionnement **Référence interne avec vérification externe** ou **Référence externe avec contrôle interne.**

**Exemple**
*Prise de décision*
Le RI avec vérification interne prend « en son âme et conscience » une décision, mais comme il sait qu'il n'est pas Dieu, il va s'assurer qu'il ne se trompe pas. Il va donc demander leur point de vue aux personnes compétentes pour le faire (des experts ou ses pairs ou les personnes concernées par cette prise de décision). Il va écouter leurs avis, leurs arguments, les prendre en compte et si un élément auquel il n'avait pas pensé est intervenu, il est prêt à reconsidérer sa décision.
Le RE avec contrôle interne va d'abord recueillir les avis extérieurs et, à partir de là, décider en son âme et conscience.

## • Comment faire avec les Référence interne ?

**Si c'est le « chef ».** Il ne peut accepter une idée que si elle vient de lui, ses réactions sont donc prévisibles. Procédure pour qu'il accepte votre idée, c'est-à-dire qu'il se l'approprie : vous entrez dans son bureau et lui soumettez plusieurs plans d'action possibles pour atteindre l'objectif qu'il vous avait fixé. Vous signifiez (légèrement et avec arguments) lequel vous paraît le meilleur. Un temps, puis, formule magique avec un RI : « *Mais de toute façon, c'est vous qui décidez.* » Attention au non-verbal. Neutre. Et qui restera neutre quand, après qu'il aura choisi votre proposition, vous lui direz : « *Entendu, nous ferons comme vous dites.* » Rien n'étant garanti à 100 %, cette procédure ne l'est qu'à 98 %. C'est de la manipulation ? Si vous appelez manipulation le fait qu'une « bonne » décision soit prise rapidement et élégamment, alors, oui.
Ce comportement nécessite de la part du collaborateur un détachement certain (c'est pour faire avancer les choses qu'il agit ainsi, pas pour faire une partie de bras-de-fer avec le chef) et qu'il se sente suffisamment reconnu dans l'entreprise. En effet, le responsable « oubliera » que c'est vous qui lui avez proposé cette solution (tous les RI sont persuadés que les bonnes idées sont les leurs ; beaucoup n'ont même pas conscience qu'ils s'approprient les idées ou les travaux des autres). Ce qui veut dire que, si vous utilisez cette procédure, vous acceptez implicitement de perdre (apparemment) la paternité de votre idée ou de votre travail. On ne peut agir ainsi qu'après avoir répondu à la question : ***« Qu'est-ce qui est le plus important pour moi dans cette situation ? »*** Si c'est la reconnaissance (et c'est tout à fait légitime), ne le faites pas.

**Si c'est un collaborateur.** Il est plus efficace quand il n'a personne « sur son dos ». Quand les objectifs lui ont été clairement définis, laissez-le tranquille. Et plutôt que de lui imposer des dates pour faire le point (il sait bien que les évaluations et contrôles sont nécessaires !), demandez-lui à quelle fréquence il souhaite que ça se passe (et il sera plus exigeant avec lui-même que vous ne le seriez avec lui !). S'il se sent libre, il n'hésitera pas à venir vous demander conseil ou à vous faire part de ses difficultés.

**Avec les autres.** Soit vous passez en RI, encore plus RI que lui, soit vous acceptez de lui permettre (dans un premier temps) de croire que « tout » vient de lui, soit vous ne le fréquentez pas (si vous voulez des relations harmonieuses). Dans un premier temps, car le RI a, autant que les autres, besoin d'être « reconnu ». Quand ses fonctionnements et son modèle du monde sont acceptés, et à partir de ce moment-là seulement, il peut « ouvrir » ses filtres et même prendre en compte votre point de vue. Il peut, mais rien ne garantit qu'il le fasse. Comme toujours, ça vaut la peine de tester (avec croyances aidantes sur la possibilité de changement de l'interlocuteur !).

### • Comment faire avec les Référence externe ?

Les hiérarchiques fonctionnent rarement en dominante Référence externe : ce serait inefficace (et sans doute très stressant) pour les prises de décision. Il arrive que certains managers apparaissent très Référence interne dans l'entreprise grâce à l'existence d'une personne de confiance. Avec cette personne, et uniquement avec celle-là, il se comporte en RE. La personne peut avoir un statut d'adjoint, de conseiller, d'astrologue, de hiérarchique, d'ami, de conjoint, etc. Mais, en dehors de cette référence, le responsable ne se comportera pas avec ses collaborateurs en RE (à moins que ce ne soit vous le « référent » !).
Pour un RE, qu'il soit collègue, collaborateur ou relation non professionnelle, rassurez-le et encouragez-le. Donnez-lui des directives claires et faites des points fréquents. Pour lui permettre d'ouvrir ses filtres et d'avancer dans la flexibilité, demandez-lui son avis, posez-lui des questions (« que penses-tu de… ? comment vois-tu l'évolution de… ? quel est ton avis sur… ? Toi, tu ferais comment ? » etc.) Et bien évidemment, reformulez ses réponses, et si sa réponse ne vous paraît pas très pertinente, ne le « cassez » pas. Le meilleur moyen d'enfermer une personne dans un fonctionnement RE est de le contredire dès qu'il ose prendre la parole, ou « mieux » d'ironiser sur ses propos. Et, sauf si ça vous « arrange » que votre interlocuteur continue à fonctionner en RE (c'est-à-dire ne devienne pas autonome), le fait de tenir compte de ses avis lui permet de déplacer le curseur de son fonctionnement vers le pôle RI.

## ■ Global/Spécifique

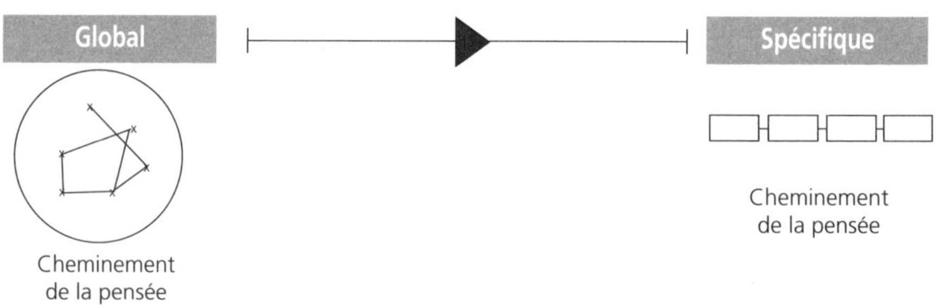


Ces fonctionnements correspondent au mode de « découpage » de la réalité. Un fonctionnement **Global** privilégie un fractionnement large, l'aspect général, la vue d'ensemble, les grandes lignes d'un projet. Au contraire, un fonctionnement **Spécifique** privilégie un fractionnement en petites unités et en détails; les différentes étapes d'un projet seront traitées l'une après l'autre, avec ordre et méthode.

Prenons un exemple, plutôt caricatural, sur la façon de répondre à une demande. Quelqu'un demande « *où aimerais-tu aller pour tes prochaines vacances ?* » Un **Global** répondrait quelque chose comme « *dans un bel endroit où je pourrais faire des choses sympas, l'Égypte par exemple* ». Un **Spécifique** répondrait plutôt « *tu me prends au dépourvu... attends que je réfléchisse... j'aimerais faire un périple en Égypte. Combien de temps j'aimerais rester ? Déjà deux jours au Caire : le premier jour visiter les musées, les souks, et les monuments les plus importants de la ville, je ne sais pas précisément encore lesquels, mais j'achèterai un guide, puis après une nuit dans un hôtel de bonne catégorie au centre-ville, le lendemain, à huit heures, je partirai en taxi pour aller à Gizeh, voir les trois pyramides et le grand sphynx, puis...* ».

Le Global sait ce qu'il veut, mais son fonctionnement étant intuitif, il a du mal à le formaliser, même pour lui-même. Ce qui l'intéresse, c'est le futur, la conception de projets. Il aime mettre en œuvre des actions. Il aime faire plusieurs choses en même temps.

Le Spécifique a une pensée linéaire, logique, un raisonnement inductif et déductif. Il a besoin de faire les choses l'une après l'autre, de façon séquentielle. Il aime finir les choses commencées (dans l'exemple des vacances, il ne connaîtra la durée idéale de son voyage que lorsqu'il aura fini de lister toutes ses activités) et faire une seule chose à la fois.

## • Vocabulaire

| Global | Spécifique |
|---|---|
| globalement<br>en gros<br>l'idée générale est<br>vous voyez ce que je veux dire<br>concept<br>démarche<br>idée<br>projet<br>lignes directrices<br>idéal<br>englober<br>processus<br>je vous laisse régler les détails | précisément<br>spécifiquement<br>point par point<br>je vous explicite les différentes étapes<br>liste<br>énumération<br>premièrement, deuxièmement, etc.,<br>(ou « petit a », « petit b », etc.)<br>par quoi commence-t-on ?<br>répertorier<br>éplucher<br>procédure<br>si... alors ; donc<br>mode opératoire |

## • Rencontre

- Quand un Global rencontre un autre Global, les échanges sont intellectuels, riches et satisfaisants. Ils parlent des mêmes « enveloppes » de projets, dans lesquelles ils ne mettent pas nécessairement les mêmes choses, mais tant qu'ils restent dans la conceptualisation d'un projet, et pas dans la conceptualisation de sa réalisation, ce n'est pas gênant…
- Quand un Spécifique rencontre un Spécifique, ça va. Chacun écoute l'autre, attend qu'il ait fini pour pouvoir raconter son histoire à son tour, avec force détails.
- Quand un Global rencontre un Spécifique, c'est… difficile ! Le Spécifique traite le Global de rêveur, d'utopiste, dit de lui : « *Il n'a pas les pieds sur terre…, ça, des idées il en a, mais pour ce qui est de faire, il n'y a plus personne…, c'est du vent, il est sûrement très intelligent mais je ne comprends pas où il veut en venir,* etc. » Quant au Global, il ne supporte pas le discours d'un Spécifique, il l'interrompt sans arrêt en disant : « *Venez-en au fait…, et votre conclusion, c'est quoi ? en résumé…, vous pouvez me le faire court s'il vous plaît…, et finalement ?* etc. » Et s'il le peut, le Global fuit les rencontres avec le Spécifique, et en tout cas, évite de lui demander des nouvelles de sa famille.

## • Flexibilité

L'entreprise a besoin des deux types de fonctionnement : les Globaux pour concevoir, les Spécifiques pour faire. Les Globaux sont plus intéressés par la politique (au vrai sens du terme) et la stratégie, les Spécifiques par la tactique (au sens militaire). **Si le Global « lance » (une idée, un projet, une mode…), c'est le Spécifique qui fait (réalise, construit, produit, finit).** Et cela peut être la même personne !
Le fonctionnement efficace pour une personne est de passer avec aisance de l'un à l'autre. Ce qui peut se traduire par du **Global-Spécifique** ou du **Spécifique-Global**. Le premier traite d'abord le problème de façon intuitive, puis une fois qu'il a « compris », il peut mettre de l'ordre logique et des liens entre les différents éléments de sa pensée et donc communiquer ce qu'il « avait dans la tête ».
Le Spécifique-Global commence par relier les différents éléments à sa disposition, et le sens se fait jour quand la construction avance.
Pour prendre un exemple concret (caricatural !), un Global-Spécifique ne pourrait faire un puzzle que s'il connaissait la représentation finale (un Global « pur » ne ferait jamais un puzzle de plus de… disons dix pièces !). Un Spécifique-Global pourrait se lancer sans savoir quelle sera la représentation finale : il commencerait

par emboîter les pièces qui s'emboîtent et il découvrirait les motifs au fur et à mesure, ce qui l'aiderait à continuer plus rapidement.
En entreprise, les binômes qui fonctionnent bien sont composés de personnes qui ont ces fonctionnements très complémentaires (Global-Spécifique et Spécifique-Global).
En pratique, nous avons toute la gamme à notre disposition, même s'il arrive que dans certains contextes on privilégie un fonctionnement aux dépens de l'autre.

## • Comment faire avec les Globaux ?

La difficulté quand on travaille avec un Global, c'est d'obtenir des informations concrètes. Ce n'est pas qu'il s'y refuse, mais il a beaucoup de mal à « expliquer » ce qui lui paraît « évident ». Cela dit, si c'est un « vrai » Global, on peut réussir à l'aider à formaliser ses idées.
Petit aparté : il existe des **« vrais »** Globaux et des « **faux** ». Les vrais savent de quoi ils parlent, ils ont une représentation précise et claire de leur projet, sauf… qu'ils ne savent pas la transmettre. Les « faux » sont des imposteurs : ils utilisent les mêmes mots que les vrais, très abstraits et refusent avec condescendance de « rentrer dans les détails ». Sauf que les mots sont vides.
Reprenons : en posant des questions précises au vrai Global et en prenant la responsabilité de l'incompréhension (« ***je*** *ne comprends pas le rôle du service X dans votre projet et* ***j'****ai besoin que vous m'expliquiez l'historique de cette association…* »), il va maugréer mais si vous insistez, il vous répondra (et même au bout d'un moment avec plaisir… parce qu'il ne faut pas croire que les Globaux sont si heureux de ne pas savoir se faire comprendre !). Si c'est un « faux », il ne sait pas vraiment lui-même de quoi il parle et il camoufle son incompétence derrière des mots… Il ne pourra alors évidemment pas vous donner des informations pertinentes ! Il peut réagir en se mettant en colère, ou en vous dépréciant, ou en ironisant. N'insistez pas… Sa réaction est de l'**Aller vers** (la colère, l'ironie) **pour Éviter de** (que l'on sache qu'il est incompétent dans ce domaine) et ce genre de fonctionnement peut provoquer de la violence envers les personnes qui font émerger ce qu'ils veulent le plus cacher. Vous aurez à vous débrouiller, soit pour ne pas travailler avec lui dans les domaines où il joue au Global, soit pour traiter le sujet en question sans lui !
Quand vous avez à informer ou à échanger avec un Global, restez dans les grandes lignes, les détails et le cheminement ne l'intéressent pas. Certains Globaux peuvent faire autre chose (lire ou signer leur courrier, traiter un dossier…) tout en vous parlant. Cela ne signifie pas qu'il ne vous écoute pas…

## • Que faire avec un Spécifique ?

Si vous lui posez une question, acceptez qu'il vous réponde à sa manière, ou ne lui posez pas de question !
On peut nuancer et (si vous savez que pour lui, toute explication n'est pertinente que s'il en a donné l'historique, le contexte, la liste exhaustive de toutes les actions qu'il a menées et de toutes les pensées qu'il a eues, etc.) lui préciser d'emblée les limites pour sa réponse. Par exemple en durée : « *J'ai cinq minutes à vous consacrer, mais pas davantage, est-ce que ça vous va ?* » et pendant les cinq minutes vous l'écoutez vraiment. C'est une façon de faire qui peut lui convenir : le Spécifique, étant « habitué » à ne pas être écouté, peut apprécier ce message clair et cette vraie écoute.
Quand il parle, ne lui coupez pas la parole, ça ne sert à rien, il reprendra au commencement. En effet, quand on fonctionne en Spécifique, la pensée est linéaire, et le discours n'a de sens que si une idée est accrochée à une autre, comme les wagons d'un train. Alors, si on coupe le convoi, c'est fini, il faut raccrocher les wagons pour avoir le train en entier !
Ne lui dites pas à chaque phrase « *venez-en au fait* ». Même s'il vous répond « *j'y arrive* », il ne comprend pas votre demande, puisque des faits, il vous en donne, il ne vous donne même que ça !
Une méthode pour mettre fin au flot continu des informations, quand on n'a pas pris la précaution de donner une règle de limitation préalable : quand il respire (quand même, il s'arrête de temps en temps de parler !), reprenez la parole, **reformulez** en faisant une synthèse de tout ce qu'il a dit. Vous pourrez alors lui demander la conclusion et avec un peu de chance, il vous la donnera. Reformuler, c'est quelque chose qu'on ne fait jamais avec un Spécifique, parce que dès qu'on a réussi à « reprendre la main », c'est pour tenter, en vain, de l'amener ailleurs que là où est resté son train. Ce qui est insupportable pour lui, puisqu'il ne se sent jamais écouté (et donc reconnu).
Quand il commence un travail, laissez-le finir (sa satisfaction est de terminer ce qu'il a entrepris ; c'est seulement là que ce qu'il a fait prend sens pour lui) : ne lui demandez pas d'arrêter ce qu'il est en train de faire pour faire autre chose.
Quand vous lui parlez, même si vous avez un fonctionnement Global, ne faites pas autre chose (règle valable avec n'importe quel interlocuteur, même s'il n'a pas de dominante Spécifique).
Et pourquoi pas, de temps en temps, l'écouter « en vrai » et en s'intéressant à ce qu'il dit. La plupart des personnes à dominante Spécifique ont un savoir-faire remarquable (puisqu'ils « font ») et ils l'offrent en le racontant, à ceux qui veulent l'entendre

## ■ Associé/Dissocié

Ces fonctionnements correspondent à notre « position » dans une situation. Être **Associé**, c'est vivre une expérience « de l'intérieur ». C'est ressentir directement les émotions et sensations correspondant à cette situation. Quand on est Associé, on voit ce que nos yeux voient. Par exemple, on voit nos mains si elles sont devant nous, mais pas notre dos ou nos yeux (s'il n'y a pas de miroirs !). On entend ce que les autres disent. On voit nos interlocuteurs mais on ne ressent pas leurs émotions. Pour soi, on a accès l'état interne (EI) et aux processus internes (PI), pour les autres à leur comportement externe (CE).
Être **Dissocié**, c'est observer la situation de l'extérieur, comme si nous étions à l'extérieur de notre corps et que nous puissions observer nos propres comportements. On se voit (y compris les yeux ou le dos, ça dépend où l'on se place). On s'entend parler. Étant extérieur, on n'est plus en contact direct avec notre état interne.
Dans le langage courant, on dit « être en recul » de la situation. Quelquefois, on est si loin que les autres nous lancent : « Hé, reviens avec nous, où étais-tu parti ? »

La **notion du temps** n'est pas la même pour les deux fonctionnements. Pour le Dissocié, la durée d'un événement se mesure comme n'importe quelle autre grandeur et « être à l'heure » est une évidence pour lui. Pour l'Associé, la durée est liée principalement aux émotions ressenties. Quand il est « pris » dans une activité qui lui plaît, son horloge subjective bat très lentement et il « ne voit pas le temps passer ». Au contraire, dans certaines situations, il juge « le temps long ». Le film botswanais, réalisé par Jamie Uys, *Les Dieux sont tombés sur la tête*, commence sur ces différences fondamentales de conception du temps.

Ce n'est pas tant par les mots que vont se distinguer ces deux fonctionnements, mais plutôt par le non-verbal et le paraverbal.

## • Attitudes et comportements

| Associé | Dissocié |
|---|---|
| Gestuelle large, dynamique. Bouge beaucoup | Bouge peu. Gestuelle mesurée |
| Dans l'action et dans le sentiment | Est en recul par rapport à l'action |
| Traite les informations sur le mode affectif (dominante kinesthésique) | Traite les informations de manière rationnelle et logique (dominante neutre) |
| Le temps est une grandeur subjective | Le temps est une grandeur objective |
| N'aime pas « gérer » son temps | Gère son temps avec montre et agenda |
| Est considéré comme enthousiaste et chaleureux | Est considéré comme froid et distant |
| A besoin d'être persuadé (1) | A besoin d'être convaincu |

## • Rencontre

Les rencontres entre deux Associés, tout comme celles de deux Dissociés, se passent bien quant à leurs modes d'approche des situations.
Quand un Associé rencontre un Dissocié, les relations sont difficiles et tendues. L'Associé dit du Dissocié qu'il est « *froid, inhumain, pas spontané, tatillon, qu'il ne ressent rien, robot, qu'il ne sait pas se décider...* », le Dissocié que son interlocuteur « *en fait trop, exubérant, fatigant, est dans l'apparence, hystérique, ne réfléchit pas, est ingérable, pas fiable, pas compétent...* ». Et plus l'Associé fait des efforts pour « détendre l'atmosphère », plus le Dissocié... se dissocie avec agacement (enfin, avec une impression de contretemps). Et si l'Associé se rapproche trop, tente de le « toucher » (au sens propre), on frise la rupture...

(1) Persuader, c'est convaincre avec une adhésion complète, sentimentale autant qu'intellectuelle. « On peut convaincre les autres par ses propres raisons ; mais on ne les persuade que par les leurs ». Joubert, cité *in* Le petit Robert.

## • Flexibilité

Il est plus facile de gérer son relationnel quand on s'adapte au fonctionnement de l'interlocuteur, c'est vrai aussi pour ces fonctionnements.
L'habitude, en France, est de mettre le curseur davantage du côté du Dissocié en entreprise que dans la vie privée.
À titre personnel, l'« idéal » est de fonctionner en mode Associé dans les situations agréables (on est alors en chaîne positive et on « profite » de toutes les émotions et sensations) et Dissocié dans les situations désagréables, traumatisantes ou douloureuses. Comment faire ? S'imaginer assis (ou debout !) dans une autre partie de la pièce, ou en hélicoptère au-dessus de la scène réelle, ou spectateur dans un cinéma où passe le film de la situation en question, et « se voir » avec les autres de ce nouveau point de vue. Même quand une personne est « bon public » (c'est-à-dire qu'elle est « associée » au héros ou à l'héroïne), qu'elle pleure si la fin est tragique, la situation est moins dramatique pour elle que pour la personne à l'écran ! Woody Allen a joué avec ces deux réalités (Associé-Dissocié) dans son film *La Rose pourpre du Caire*.
**Le fonctionnement Associé/Dissocié est celui qui permet la plus grande efficacité** : la personne est **à la fois associée** (elle est complètement présente et impliquée dans la situation) et en même temps, **par moments, dissociée** (elle prend une position de recul, observe la situation, l'analyse et apporte si nécessaire, des corrections à son discours ou à ses attitudes).
Pour ceux qui ont des souvenirs agréables de la partie scientifique de leur scolarité (pour les autres, rendez-vous au paragraphe suivant), on pourrait comparer ces fonctionnements avec des modes de mesure dans un circuit électrique.

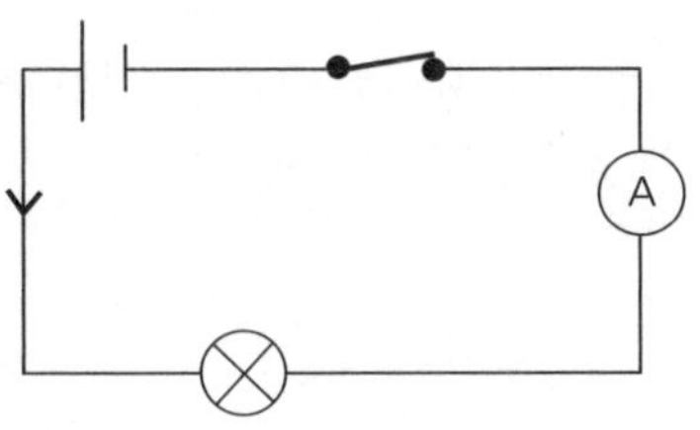


❶

L'ampèremètre reçoit « tout » le courant

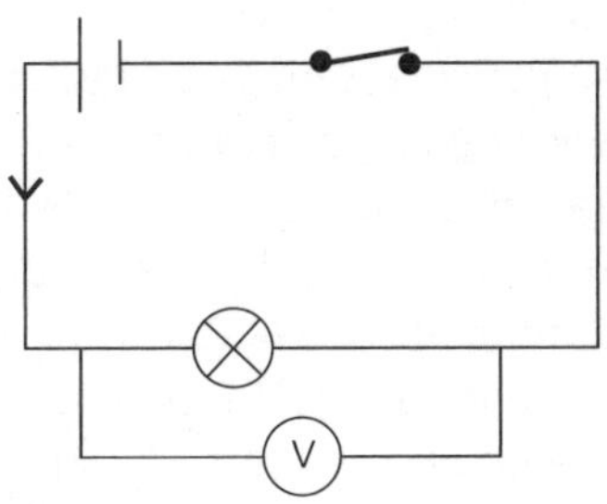


❷

Le voltmètre reçoit une partie du courant

Dans le schéma ❶, l'ampèremètre mesure l'**intensité** du courant en un point, il est branché en série : il est **dans** le circuit et est traversé par **tout** le courant. C'est la position **associée**.
Dans le schéma ❷, le voltmètre mesure la **tension** aux bornes de la lampe, il est branché **en dérivation** et est traversé **par une partie** (la partie peut varier suivant le calibre utilisé et l'intensité qui le traverse peut être très faible). C'est la position **dissociée.**
(Il existe même un instrument qui mesure à la fois l'intensité et la tension. C'est un wattmètre et il mesure la **puissance** moyenne de la lampe.)

## • Comment faire avec les Associés ?

S'il s'agit de relations personnelles, sans enjeux particuliers, synchronisez-vous et soyez Associé. Évidemment, quand on va passer une soirée chez un Associé, on ignore à quelle heure on va dîner et encore moins à quelle heure on va rentrer. Et quand on invite un Associé, il vaut mieux savoir que la ponctualité ne signifie pas grand-chose pour lui…
Tant que la personne, en fonctionnement Associé, est en état interne positif, tout va bien. Si elle passe en chaîne négative, passez en Associé/Dissocié pour être suffisamment en synchronisation avec elle et suffisamment en contrôle pour ramener la situation sur des versants plus agréables. En effet, si vous restiez uniquement en Associé, vous pleureriez avec elle ; ce qui est certainement « gentil » mais ne ferait que vous faire passer tous les deux en « cercle vicieux négatif ». Si vous restiez uniquement en Dissocié, vous seriez désynchronisé et vous ne feriez qu'augmenter son état négatif (puisqu'en plus d'être malheureuse ou en colère ou inquiète, elle se sentirait « incomprise »).
Une personne en fonctionnement Associé passe très facilement d'un état à un autre. Tout événement étant « analysé » à partir du ressenti, n'importe quel déplaisir peut la faire basculer. De même que l'évocation d'un souvenir, s'il était désagréable, la « replonge » immédiatement dans les émotions du moment passé, « comme si c'était maintenant ».
Cette capacité à ressentir les émotions qui étaient les leurs au moment d'un événement passé leur permet d'être des narrateurs hors pair et de faire « vivre » les choses au « public ». Quand c'est drôle, plaisant, tonique, profitez-en, mais vous n'êtes pas obligés de suivre quand c'est désagréable. C'est le théâtre qui est fait pour la catharsis, pas les relations « normales ». Au théâtre, on peut se laisser aller à être Associé, parce que la règle est claire : on est au théâtre, pas dans la vie « réelle ». Et on a nécessairement une partie qui fonctionne en Dissocié.

En situation professionnelle (ou personnelle avec des enjeux, des décisions à prendre), on commence par une synchronisation sur son fonctionnement, puis on l'amène, si cela est possible, à prendre un peu de recul, par exemple en la faisant quitter la situation actuelle pour passer dans l'imaginaire (par exemple : « et si on choisissait la première solution, quelles seraient les conséquences d'après vous ? »). L'Associé sait très bien faire « comme si » puisqu'il sait revivre les événements du passé lointain « comme si c'était hier ».
Rappel : on ne peut conclure un accord avec une personne en fonctionnement Associé que si elle est dans un état interne positif !

## • Comment faire avec un Dissocié ?

En situation personnelle avec objectif concret ou en situation professionnelle :
- Soyez à l'heure et respectez le timing prévu.
- Soyez calme et pondéré (toute manifestation d'enthousiasme ou expression de sentiments est considérée comme déplacée et peut relever même de l'incompétence).
- Ayez un dossier « béton ». Le contexte, la problématique, l'objectif, les arguments, les objections, les échéances…
- Exprimez des faits. Prenez des exemples (réussis) dans des domaines qu'il connaît.
- Faites des synthèses et laissez-lui du temps.
- Verrouillez les points d'accord au fur et à mesure.
- Prenez en compte toutes ses objections.
- Il lui faut du temps pour « conclure », étant donné qu'il rationnalise complètement et qu'une dose d'émotionnel est nécessaire pour prendre une décision. Si vous avez réussi à établir le rapport, vous pouvez, quand les choses sont en voie d'achèvement, tenter une désynchronisation en mettant un peu de kinesthésique dans votre comportement (gestuelle plus ample ou/et sourire, respiration plus profonde, phrase avec du vocabulaire kinesthésique). S'il vous suit, c'est (presque) gagné. S'il ne vous suit pas, c'est qu'il n'est pas encore totalement en confiance : retournez à la case précédente !

Fiche 52

# Comment lever certaines imprécisions du langage ?

Quand nous parlons la même langue, nous avons un code linguistique en commun. Nous utilisons les mêmes mots, mais pas toujours pour dire les mêmes choses. Les **mots et le langage** utilisés appartiennent à une **structure de surface** : ils sont l'énoncé de notre expérience subjective à travers tous nos filtres.
Si nous avions les mêmes filtres que notre interlocuteur, une phrase représenterait pour nous deux la même expérience. Or nous n'avons pas les mêmes filtres. Même des « vrais » jumeaux, élevés « de la même façon », ont des filtres différents. Donc, un même mot ne recouvre pas la même expérience pour deux personnes. Ce qui n'est pas gênant dans la plupart des cas. Nous ne parlons pas exactement de la même chose, mais l'écart est acceptable dans de nombreux contextes. Sauf dans certains cas.
Si, au cours d'une conversation, un ami vous dit : « Je cherche à recruter un responsable de production compétent », il y a de fortes chances que vous ne cherchiez pas à savoir ce qu'il entend par un responsable compétent. D'ailleurs, vous vous en doutez bien (en tout cas vous le croyez !). Mais si la même phrase est prononcée dans un cabinet de recrutement, le recruteur ne va pas s'en contenter et il va poser un tas de questions. Ce qui intéresse le recruteur, c'est la représentation « exacte » d'un « responsable de production compétent » pour l'employeur. Cette représentation exacte appartient à la **structure profonde** de la personne.
Pour s'approcher de cette structure profonde, on **pose des questions**, comme le fait le recruteur, pour retrouver la structure profonde à partir de la structure de surface.
La méthode de questionnement, fondée sur notre système d'expression linguistique, est appelée *métamodèle*.
Les transformations, les dérivations, entre le niveau de profondeur et le niveau de surface, sont répertoriées suivant trois mécanismes : les **suppressions (ou omissions ou sélections)**, les **généralisations** et les **distorsions.**

Ces mécanismes sont certes créateurs de difficultés de communication, mais sont indispensables à notre adaptation au monde.

Sans **omissions**, on aurait en permanence TOUTES les informations relatives à une situation ; or nous stockons consciemment cinq à sept éléments en simultané… des choix s'imposent ! Si on en sélectionne cinq ou sept, cela implique que l'on supprime (ou que l'on omet) tous les autres. Le choix se fait automatiquement, en fonction des filtres en place.

**Le questionnement** cherchera à retrouver les informations manquantes et pourtant pertinentes dans le contexte.

- Sans **généralisations,** on aurait à découvrir le monde et son fonctionnement tous les matins. On sait ouvrir une porte (non fermée à clé) qu'on n'a jamais vue parce qu'on a généralisé notre expérience d'ouverture de portes. On peut généraliser à partir d'une seule expérience : en une fois, on a appris que placer son doigt dans la flamme d'une bougie, ça brûle ! Les généralisations sont donc indispensables pour les apprentissages et pour acquérir des automatismes, mais certaines généralisations nous enferment dans des limites imaginaires (*je dois faire trois heures de sport tous les jours et... je n'aime pas faire du sport*).
  **Le questionnement** cherchera à ouvrir une brèche dans ces généralisations limitantes.
- Les **distorsions** permettent de transformer nos expériences en générant des relations entre elles et entre nos informations sensorielles. Observer la disparition du soleil à l'horizon et s'imaginer qu'il va réapparaître le lendemain est une distorsion. Les distorsions sont à l'origine de toute création, invention. Mais là encore, parfois, elles nous limitent en donnant à nos expériences un sens qui nous emprisonne (« *il ne m'a pas dit bonjour, il ne m'aime pas* »).
  **Le questionnement** cherchera à faire émerger les liens générateurs de modèles limitants.

## ■ Remarques

La grande majorité de nos phrases comportent des suppressions, des généralisations, des distorsions. Il ne s'agit pas de tout relever. Le questionnement le plus utile dans le domaine professionnel concerne les suppressions (et donc les questions du QQOQCP : Qui (et à qui) ? Quoi ? Où ? Quand ? Comment (combien) ? Pour quelles raisons ?).

Les généralisations et les distorsions concernent les croyances et les règles de vie de la personne et on ne voit pas à quel titre on irait lui contester son modèle du monde. Le questionnement en PNL est une technique pour se rapprocher de la structure de profondeur de l'interlocuteur, pour lui permettre de préciser ses attentes ou ses critères ou ses croyances. Cela ne peut donc se faire que si l'on est **légitime pour le faire**, que l'on a un **objectif en commun** et qu'il vaut mieux pour les deux qu'on parle de la même chose. Par exemple, le questionnement de précision aurait été le bienvenu de la part de *l'employé à qui son hiérarchique avait demandé de s'occuper de faire presser les oranges pendant son absence. C'était en Afrique et dix tonnes d'oranges venaient d'arriver. Le responsable avait donné des instructions « claires » : « Tu ne fais presser que la moitié des oranges arrivées. » Quand il est revenu, il a retrouvé cinq tonnes de demi-*

*oranges. L'ordre avait bien été exécuté : chaque moitié d'orange avait bien été pressée...*

– Le questionnement est une recherche d'informations ; il ne comporte ni jugements, ni conseils, ni interprétation. C'est la raison pour laquelle les questions sont « neutres », c'est-à-dire qu'elles ne sous-entendent pas la réponse que vous attendez ou aimeriez entendre... contrairement aux questions inductives. Toutes les questions interro-négatives (« **ne** pensez-vous **pas** que... ») sont inductives. Toutes les questions dans lesquelles on émet un jugement ou un avis (« j'ai trouvé cette réunion **intéressante**, et toi, qu'en as-tu pensé ? », « pour quelles raisons as-tu été **désagréable** hier soir ? ») sont inductives. Attention au non-verbal et surtout au paraverbal : n'importe quelle question à formulation neutre peut devenir inductive... (1)
– Encore une dernière recommandation : quand vous utiliserez des questions issues du métamodèle, vérifiez que le rapport est établi et synchronisez-vous, sinon l'interlocuteur risque de le vivre comme un interrogatoire !

**Exemples de questions du métamodèle**

| | Quoi | Exemple | Questions (au choix suivant le contexte) |
|---|---|---|---|
| Information manquante | L'objet | J'ai peur<br><br>Je ne suis pas d'accord | De quoi (ou de qui) ?<br><br>Avec qui (ou quoi) ? |
| Information vague | Le comparatif | Il est plus compétent<br><br>C'est mieux | Que qui ?<br><br>Que quoi ? |
| | Le sujet | Cela n'a pas d'importance<br><br>On ne m'apprécie pas | Qu'est-ce qui n'a pas d'importance ?<br><br>Qui ne t'apprécie pas ? |
| | Le verbe | Il m'a blessé<br><br>Mon chef m'ignore | Qui, quoi, où, de quelle manière, comment a-t-il fait ?<br><br>Comment fait-il ? Donnez-moi un exemple |
| | Le processus (un mot abstrait remplace un verbe : on appelle normalisation cette omission) | Je regrette ma décision<br><br>Je veux une amélioration de mes conditions de travail | Comment vous êtes-vous décidé ?<br><br>Comment voudriez-vous les voir améliorer ? |

(1) Nathalie Sarraute a écrit une courte pièce *Pour un oui, pour un non* qui est une merveille d'illustration de l'importance du paraverbal. Dans un premier temps, il est plus intéressant de l'entendre que de la lire... tout étant dans l'intonation.

## ■ Généralisation

| | Exemple | Question |
|---|---|---|
| Adverbes généralisants (toujours, jamais, tous, tout le monde, personne, aucun, rien...) | Il est toujours en retard<br><br>Personne ne m'écoute | Toujours, vraiment toujours ?<br><br>Vraiment personne ? As-tu déjà rencontré une personne qui t'a écouté ? |
| Règles personnelles (je dois, il faut que je...) | Il faut que je lui parle avant demain | Qu'est-ce qui t'en empêche ? Que se passerait-il si tu lui parlais après-demain ?<br><br>Qu'est-ce qui pourrait faire que ce soit possible ? |
| Règle universelle (il faut, on doit) | Il ne faut jamais mentir<br><br>Les enfants doivent dormir dans leur chambre et pas dans celle des parents | Que se passerait-il si quelqu'un mentait ?<br><br>Qui dit cela ?<br><br>Que se passerait-il si, une fois, ils dormaient avec les parents ? |
| Jugements personnels | Je suis incapable de prendre la parole en public | Comment le sais-tu ? Qu'est-ce qui pourrait faire que ce soit possible ? |
| Jugements universels | C'est mal de mentir<br><br>C'est bien de ne jamais renoncer | Mal pour qui ? Mal d'après qui ?<br><br>Bien pour qui ? Qui dit ça ? |

## Distorsion

| | Exemple | Question |
|---|---|---|
| Cause à effet (présupposition qu'il y a un lien direct entre le comportement de X et l'état interne de Y) | Il m'énerve | Comment fait-il ? Comment savez-vous que c'est lui qui fait ça ? |
| Lecture de pensée (la divination). Lorsque X présuppose qu'il sait lire dans la tête de Y et confond son interprétation avec la réalité | Mon collègue me déteste<br><br>Je sais ce que tu vas me répondre | Comment le sais-tu ?<br><br>Comment fais-tu pour le savoir ? |
| Équivalences complexes (elles établissent un parallélisme entre deux réalités) | Il mange vite, il a très faim<br><br>Il est en retard, il ne m'aime pas<br><br>Il ne regarde pas quand il parle, il n'est pas sincère | En quoi l'un prouve l'autre ?<br><br>S'il était à l'heure, t'aimerait-il ?<br><br>T'est-il déjà arrivé de ne pas regarder quelqu'un, alors que tu étais sincère ? |
| Présupposition (certaines sont des résumés de croyances ou règles limitantes) | Il a déjà fini, c'est sûrement mal fait (présupposé : pour faire bien, il faut beaucoup de temps) | Mêmes questions que pour les équivalences |

Nos croyances, opinions, comme toutes nos pensées, sont construites à partir de ce métamodèle. Chacune de nos phrases comporte un joyeux mélange de ces constructions.

Indépendamment du plaisir intellectuel qu'il peut y avoir à découvrir le métamodèle, les questions associées permettent de mettre de nouveaux programmes en place (ou au moins de bousculer ceux déjà en place). Encore une fois, il n'est pas plus « vrai » de penser « *la situation économique est suffisamment complexe pour que je me débrouille pour trouver une place dans cette complexité* » que de penser « *la situation économique est suffisamment complexe pour que je n'y comprenne rien et n'aie aucune chance de trouver ma place dans cette complexité* ». Mais les conséquences ne sont pas les mêmes pour l'avenir professionnel de la personne.

Les questions ne remettent pas en cause les affirmations des personnes qui parlent, ni les liens qu'elles établissent entre les différentes propositions. La personne qui pose les questions croit à la « vérité » des choses affirmées (respect de la carte du monde de l'interlocuteur), elle cherche à savoir comment ces liens se sont mis en place et quelle est l'origine des affirmations. Parce que, par exemple, si quelqu'un est vraiment devin, il serait bien agréable de pouvoir modéliser son savoir-faire.

Il est recommandé de multiplier les questions telles que « *comment le sais-tu* ? », « *qu'est-ce qui te fait dire que...* ? », « *toujours* ? », « *que se passerait-il si...* ? » à toutes les personnes de votre entourage si... vous souhaitez perdre vos amis, être évité par vos collègues, vous quereller avec les membres de votre famille et vous retrouver complètement isolé... Pour se familiariser avec le métamodèle, on peut se brancher en fonctionnement Dissocié et décoder ce que l'on dit et se poser les questions : **expérimentez d'abord sur vous-même !**

**Résumé**

Schéma réduit du métamodèle présenté par Génie Laborde.
La main gauche identifie et la droite interroge.

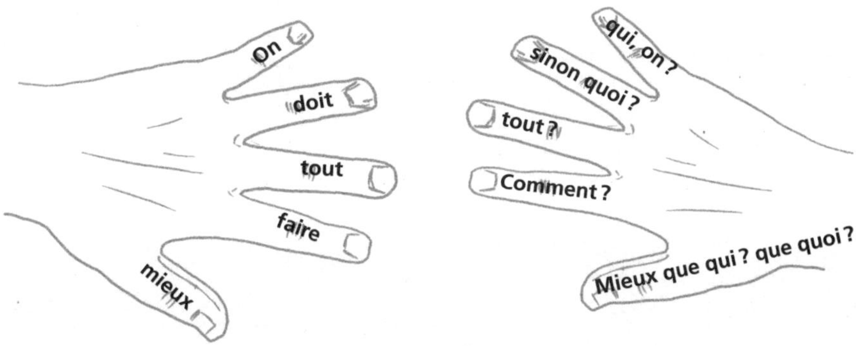

# CONCLUSION

Au-delà d'une simple présentation de diverses approches actuellement utilisées de façon plus ou moins complète par nos lecteurs, nous avons voulu leur apporter une présentation globale de chacune d'entre elles.

Les saynètes décrites ont pour seul but de présenter des exemples d'illustration.

L'entreprise dont nous avons parlée propose probablement des situations de travail que notre lecteur rencontre dans sa propre entreprise, voire ailleurs…

Ces diverses situations sont le reflet de celles que les auteurs croisent le plus communément lors de leurs interventions.

Nous n'hésitons pas à suggérer à notre lecteur de tenter l'expérience suivante : prendre différentes situations de travail récemment vécues dans son entreprise (ou dans une association, ou ailleurs) et tenter de les décrire (sans nécessairement les transformer en saynètes comme nous l'avons fait). Puis, après les avoir décrites le plus fidèlement possible, les « passer au crible » de l'une (voire de toutes) les grilles de lecture ici proposées, à savoir AT, PNL, PCM et santé émotionnelle.

Le résultat de cette opération devrait apporter des éléments de réflexion sur ces différentes situations. Ensuite, tout dépend de ce qui est possible dans l'organisation concernée : simple recadrage, remise en cause profonde ou… pas de changement possible.

Nous pensons aussi que la bibliographie qui figure dans cet ouvrage devrait apporter des éléments complémentaires importants pour la mise en œuvre de l'une ou l'autre de ces grilles de lecture.

# BIBLIOGRAPHIE

Nous présentons dans la liste suivante les ouvrages dont nous avons parfois tiré certains éléments, mais aussi des ouvrages qui peuvent permettre d'approfondir la réflexion sur les sujets abordés.
Étant donné le nombre considérable de références possibles, un choix a dû être fait en s'interdisant toute tentation d'exhaustivité.


- *La Santé émotionnelle au travail*, Charles Henri Amherdt, Éditions Demos
- *Communiquer, Motiver, Manager en personne,* Taibi Kahler, Interéditions (Livre sur le PCM)
- *Comment leur dire... la Process Communication,* Gérard Collignon , Interéditions
- *Développez votre intelligence relationnelle,* Dominique Chalvin, ESF
- *Virtuoso teams - Prentice Hall,* Andy Boynton et Bill Fischer, Financial times
- *L'Étude des postes de travail,* Roger Mucchielli, EME
- *Diriger*, Gérard Schoun, Éditions d'organisation
- *Oser travailler heureux*, Jacques Salomé et Christian Potié, Albin Michel
- *N'obéissez plus !*, Éric Albert et Daniel Nguyen Nhon, Éditions d'Organisation
- *Le Plaisir de travailler - Favoriser l'implication des personnels,* Maurice Thévenet, Institut Manpower, Éditions d'Organisation
- *Démarches compétences et pratiques managériales,* Jean-Jacques Néré, Éditions Demos
- *La Tête du client – Ce que les neurosciences disent au marketing,* Gérard Zaltman, Éditions d'Organisation
- *Team Management,* Charles Margerison et Dick Mac Cann, Interéditions
- *62 jeux de communication,* Dominique Gilbert, Nicole Serrat et Christophe Compan, Egico
- *52 jeux d'rôles,* Dominique Gilbert et Yves Rozé, Images pour la formation
- *L'ennéagramme,* Helen Palmer, Les Éditions de l'Homme
- *Comprendre et gérer les types de personnalité – guide de l'ennéagramme en entreprise,* E. Chabreuil et P. Chabreuil, Dunod
- Œuvres complètes, Shakespeare, Gallimard, « La Pléiade ».
- *Vivre* et *Mieux vivre*, Mihaly Csikszentmihalyi, Éditions Pocket.
- *La Répétition des scénarios de vie*, Jean Cottraux, Odile Jacob
- *Sur l'interaction*, Paul Watzlawick et John H. Weakland, Seuil
- *La Nouvelle communication*, Bateson, Birdwhistell et Watzlawick, Seuil
- *Faites vous-même votre malheur*, Paul Watzlawick, Seuil
- *Les Rites d'interaction*, Erving Goffman, Les Éditions de Minuit
- *Stigmate*, Erving Goffman, Les Éditions de Minuit

- *Façons de parler*, Erving Goffman, Les Éditions de Minuit
- *À fleur de peau*, Pascal Lardellier, Belin
- *Le Parfum*, Patrick Süskind, Livre de Poche
- *Le Manager Minute*, Kenneth Blanchard, Spencer Johnson, Éditions d'Organisation
- *Apprendre !*, André Giordan, Belin
- *Les Outils du manager*, Bertrand Poulet, Éditions Demos
- *Pour un oui ou pour un non*, Nathalie Sarraute, Gallimard


**Analyse transactionnelle :**


- *Analyse transactionnelle et psychothérapie*, Éric Berne, Petite Bibliothèque Payot
- *Des jeux et des hommes*, Éric Berne, Stock
- *Que dites-vous après avoir dit bonjour ?*, Éric Berne, Tchou
- *Structure et dynamique des organisations et des groupes*, Éric Berne, Les Éditions de l' Analyse transactionnelle
- *Le Triple moi*, Gysa Jaoui, Laffont
- *Transactions*, Gysa Jaoui et Marie-Claude Gourdin, Interéditions
- *Des scénarios et des hommes*, Claude Steiner, Desclée de Brouwer
- *Le Conte chaud et doux. Les chaudoudoux*, Claude Steiner, Interéditions
- *L' Analyse transactionnelle*, Gérard Chandezon et Antoine Lancreste, PUF, Que sais-je
- *Les Outils de l' analyse transactionnelle*, Dominique Chalvin, ESF
- *Les Nouveaux outils de l'analyse transactionnelle*, Dominique Chalvin, ESF
- *États du moi, transactions et communication*, Agnès Le Guernic, Dunod
- *Manuel d'analyse transactionnelle*, Iann Steward et Vann Joines, Dunod
- *D'accord avec soi et avec les autres*, Thomas A. Harris, Desclée de Brouwer
- *Désamorcer les conflits par l'analyse transactionnelle*, Jean-Yves Fournier, Éditions d'Organisation
- *Gérer les rapports de force par l'analyse transactionnelle*, Jean-Yves Fournier, Éditions d'Organisation
- *L'Analyse transactionnelle*, Alain Cardon, Vincent Lenhardt et Charles Vincent, Éditions d'Organisation
- *Développez votre pouvoir par l'analyse transactionnelle*, Charles Vincent, Éditions d'Organisation
- *Pratique de l'analyse transactionnelle*, Laurène Genain, Martine Lerond, de Vecchi Poche
- *L'Analyse transactionnelle*, René de Lassus, Marabout
- *De l'analyse transactionnelle à l'action transactionnelle*, Claudine Catry, Gilda Derouet, Jean-Louis Muller, ESF

- *Techniques de communication interpersonnelle. Analyse transactionnelle,* Michel Josien, École de Palo Alto, Éditions d'Organisation
- *Le Manager et son équipe. Analyse transactionnelle et École de Palo Alto,* Alain Cardon, Éditions d'Organisation

**PNL :**

- *Les Secrets de la communication,* Richard Bandler, John Grinder, Le Jour Éditeur
- *Le Recadrage,* Richard Bandler et John Grinder, Interéditions
- *Transe-Formation*, Richard Bandler et John Grinder, Interéditions
- *Un cerveau pour changer*, Richard Bandler, Interéditions
- *Le Temps du changement,* Richard Bandler, La Tempérance
- *Comprendre la PNL*, Catherine Cudicio, Éditions d'Organisation
- *Maîtriser l'art de la PNL*, Catherine Cudicio, Éditions d'Organisation
- *Le Grand livre de la PNL*, Catherine Cudicio, Éditions d'Organisation
- *Influencer avec intégrité*, Génie Laborde, Interéditions
- *Derrière la magie : la PNL*, Alain Cayrol et Josiane de Saint-Paul, Interéditions
- Choisir sa vie, Josiane de Saint-Paul, Interéditions
- *L'Esprit de la magie, la PNL,* Josiane de Saint-Paul, Sylvie Tenenbaum, Interéditions
- *Guide du praticien en PNL*, Louis Fèvre, Gustavo Soto, Chronique Sociale
- *Contes et métaphores thérapeutiques*, David Gordon, Interéditions
- *La Communication efficace par la PNL*, René de Lassus, Marabout
- *Efficace et épanoui par la PNL*, René de Lassus, Marabout
- *Agir en leader avec la PNL*, Pierre Longin, Dunod
- *La PNL appliquée à la négociation*, Chantal Selva, ESF
- *Savoir définir et gérer ses objectifs*, Chantal Selva et Guy Missoum, ESF

# Éditions Demos

Les Éditions Demos, en créant des collections destinées à tous ceux qui sont impliqués dans la vie professionnelle, prolongent les activités du groupe Demos, dont le savoir-faire en formation est reconnu depuis 30 années avec plus de 200 000 personnes formées à ce jour.

**MANAGEMENT/ RESSOURCES HUMAINES**

- *Comment devenir formateur occasionnel*, Béatrice Dameron
- *Comment réussir les entretiens annuels d'évaluation*, Patricia Joly-Pierrefeu
- *Comment réussir son plan de formation*, Annick Saint-Sauveur
- *Savoir former, bilan et perspectives des recherches sur l'acquisition et la transmission des savoirs*, Collectif
- *La Communication appliquée aux organisations et à la formation*, Collectif
- *Le Management aujourd'hui*, Collectif
- *La Conduite de réunion*, Bertrand Poulet
- *La Conduite humaine du changement*, Thierry Chavel
- *Savoirs et compétences en éducation, formation et organisation*, Collectif
- *Comment manager un projet*, Jean-Jacques Néré
- *Changement et innovation en formation et organisation*, Collectif
- *Compétences et performances : une alliance réussie*, Claude Flück
- *Le Coaching démystifié*, Thierry Chavel
- *Devenir Manager*, Jean-Jacques Néré
- *Profession : coach*, Thierry Chavel
- *Administrateur : un métier, des risques, un savoir-faire*, François Haffen
- *Le Management de la communication globale*, Dominique Scalia et Patrick Duncombe,
- *L'Aventure de la création d'entreprise*, Philippe Bonnamy
- *Profession : formateur*, Jocelyne Lotrian Capitaine
- *Transmettre en éducation, formation et organisation*, Collectif
- *Les Outils du manager*, Bertrand Poulet
- *Guide pratique de la réduction des coûts*, Olivier Brongniart, Jean Chalvidant, Emmanuel Le Gouguec
- *Les Clés de la performance*, Emmanuel Maire et Matthieu Dubost
- *Démarche compétences et pratiques managériales*, Jean-Jacques Néré
- *Le Coaching en interne*, Annick Richet
- *La Gestion des compétences* : analyse des pratiques et prospectives, Jacques Picard

**MARKETING/ACTION COMMERCIALE**

- *Comment réussir vos mailings*, Xavier Lucron
- *Savoir négocier pour mieux vendre, nouvelle édition*, Hassan Souni
- *Le Marketing-Prix*, Michel Hugues
- *Marketing direct et relation client*, Anne Julien

**COMMUNICATION**

- *Maîtriser ses écrits professionnels*, Dominique Berthod et Andrée Plot
- *Savoir lire, vite, bien..., avec plaisir*, Pauline Bel
- *Se préparer au secrétariat de demain*, A. Broilliard, P. Clairay et P. Joly-Pierrefeu
- *Les Relations presse*, Jean-Nöel Nouteau
- *Entre management et marketing : la communication interne*, Pierre-André Lestocart et Jean-Pierre Beal
- *La Communication de crise*, Véronique Sartre
- *Le Web de crise*, Pascal Lointier et Philippe Rosé
- *Communiquer efficacement sur le développement durable*, Bruno Cohen-Bacri

**COMPTABILITÉ ET FINANCES**

- *Gestion financière : analyse et décisions*, Alain Coulaud
- *Maîtriser les règlements à l'export*, Jean Hesbert
- *Les Comptes consolidés*, Benoît Lebrun
- *Évaluation des entreprises du savoir*, Loubna Loudiyi
- *Solvency II. Du projet de réforme à l'approche par les modèles internes*, David Fitouchi
- *Pratique des mathématiques financières*, Marc Girard

**QUALITÉ**

- *Réussir le passage à la version 2000 de la norme ISO 9001*, Henri Mitonneau
- *DEmarche QUAlité pour un Projet d'Entreprise*, Daniel Fromentin et Jean-Arthur Pinçon
- *Gestion pratique de la chaîne logistique*, Jean-Pierre Breuzard et Daniel Fromentin

- *Réussir la logistique des activités de services,* Jean-Pierre Breuzard et Daniel Fromentin

**ACHATS**
- *Le Guide de l'acheteur*, Patrick Caverivière
- *Profession : acheteur*, Patrick Caverivière

**COLLECTIVITÉS TERRITORIALES**
- *Décisions administratives : voies de recours et droits du citoyen,* Laurent Pascal
- *Élus et marchés publics,* Valérie Fèvre-Pelée de Saint Maurice

**ENVIRONNEMENT**
- *Pollution de l'environnement, risques et responsabilités,* Solange Viger

**SANTÉ/BIEN-ÊTRE/DÉVELOPPEMENT PERSONNEL**
- *Le Stress intelligent,* Christiane Donati
- *Le Management de soi,* Sylvie Lainé
- *Vivre mieux plus longtemps*, Gabrielle-Jacqueline Amel
- *Le Sommeil réparé,* Docteur Max Fleury
- *Vers une santé citoyenne,* Claire Brossier
- *Le Cœur en danger,* Docteur Max Fleury
- *La Santé émotionnelle au travail,* Professeur Charles-Henri Amherdt
- *Histoire personnelle, destinée professionnelle,* Isabelle Méténier

**DES FICHES POUR AGIR**
- *L'Accréditation hospitalière,* Daniel Fromentin et Laurent Benaïoun
- *Le Best of du secrétariat,* Anne Broilliard, Karine David, Florence Farelle
- *Guide pratique d'entraînement à la conduite de réunion,* Sylvie Lainé
- *Maîtriser la gestion de son temps,* Sylvie Lainé
- *100 Fiches pour mieux se connaître et développer ses talents,* Marie-Jeanne Marti

**INNOVATION ET NOUVELLES TECHNOLOGIES**
- *La Maîtrise de l'innovation technologique,* Michel Mabile
- *Comment réduire vos coûts informatiques,* Olivier Brongniart

**« LES PRATIQUES DEMOS »**
- *Vivre l'euro,* Benoît Lebrun
- *Se réconcilier avec l'orthographe,* Bernard Fripiat
- *Valider les compétences avec les NVQ's,* Maureen Layte et Serge Ravet
- *Compétences managériales : le guide,* Trevor Boutall
- *Comment entrer dans la fonction publique territoriale,* Anne Jauffret et Frédéric Sourdel
- *Réussir son bilan de compétences,* Yves Bayard
- *Comment prendre la parole en public,* Jacques-René Martin
- *Gérer avec succès sa recherche d'emploi,* Christian Malécot
- *Bien réussir ses recrutements*, Françoise Petit
- *S'entraîner à réussir tous les tests,* Pierre Simon
- *Le Relationnel utile*, Sylvie Lainé
- *La Communication événementielle,* Arnauld du Moulin de Labarthète
- *Être Européen aujourd'hui*, Laurence d'Andlau
- *Optimisez votre investissement salon*, Xavier Lucron
- *Comment devenir une cybersecrétaire,* Karine David et Camille Syren
- *Le Guide du savoir-faire au téléphone,* Patricia Richard-Postal
- *L'Accueil des publics en difficulté,* Yves Bernabeu et Delphine Siegrist
- *Le Temps maîtrisé,* Josette Dubost
- *Écrire efficace,* Isabelle Hamonic-Muller
- *Dynamisez votre culture générale,* Pierre Simon
- *S'entraîner à développer sa mémoire,* Pierre Simon
- *La VAE, quand l'expérience vaut le diplôme*, Sofia Adjas
- *Note administrative, note de synthèse,* Jérôme Duez
- *Le Télétravail,* Patrick Duncombe

**Aux Éditions Eyrolles/Demos**

**Collection AUTODIDAKT**
- *Je me forme à Windows XP,* Julien Razé
- *Je me forme à Excel 2003,* Alain Di Maggio
- *Je me forme à Word 2003,* Maxime Réthoré
- *Je me forme à Photoshop CS2,* Thomas Bourguet, Maxime Réthoré
- *Je crée mon blog,* Benjamin Martinie
- *Je crée mon site Internet,* Cédric Bergé

Imprimé en France
N° d'impression : 96413
Dépôt légal : novembre 2006